PRINCE DE JOINVILLE

VIEUX SOUVENIRS

1818-1848

PARIS
CALMANN LÉVY, ÉDITEUR
ANCIENNE MAISON MICHEL LÉVY FRÈRES
3, RUE AUBER, 3
—
1894

VIEUX SOUVENIRS

ÉDITION DE GRAND LUXE

ORNÉE DE TRENTE-SIX HÉLIOGRAVURES

Exécutées par Boussod, Valadon et Cie

D'APRÈS LES AQUARELLES DE L'AUTEUR

IL A ÉTÉ TIRÉ DE CETTE ÉDITION :

1° Cinquante exemplaires numérotés sur papier des Manufactures impériales du Japon.

2° Deux cent cinquante exemplaires sur papier vélin de cuve du Marais.

VIEUX SOUVENIRS
— 1818-1848 —

I

1818-1830

Je suis né à Neuilly-sur-Seine, banlieue, le 14 août 1818. Sitôt né et mon sexe constaté par le chancelier de France, M. Dambray, je fus confié à une nourrice et à une bonne. Trois ans après je passai aux hommes, un peu plus tôt que de coutume, ma bonne ayant eu un accident, de concert avec le précepteur de mon frère aîné, un prêtre défroqué, à ce qu'on apprit alors. Mon plus ancien, mais bien vague souvenir, mêlé à une histoire de perroquet, est d'avoir vu à Ivry ma grand'mère, la duchesse d'Orléans-Penthièvre. Je me souviens ensuite d'être allé au château de Meudon, chez ma grand'tante, la duchesse de Bourbon, une toute petite femme, d'avoir été conduit chez la princesse Louise de Condé, au Temple, et enfin d'avoir vu jouer Talma dans *Charles le Téméraire*, où sa cuirasse dorée m'avait fait un grand effet...

Mais le premier événement dont je garde un souvenir très précis est un dîner de famille aux Tuileries chez Louis XVIII, le jour des Rois 1824. Encore aujourd'hui, à soixante-six ans de distance, je vois tous les détails de cette soirée, comme si elle était d'hier ; notre arrivée dans la cour des Tuileries, saluée successivement par le poste des gardes suisses au pavillon Marsan, et de la garde royale au pavillon de Flore ; notre descente de voiture sous le vestibule de l'escalier de pierre, au bruit assourdissant du tambour des cent Suisses. Puis, grand étonnement pour moi, quand, au milieu de l'escalier, nous dûmes nous ranger pour laisser passer « la viande du Roi ! » c'est-à-dire le dîner qui montait de la cuisine au premier étage, escorté par les gardes du corps. Arrivés en haut, nous fûmes reçus par un maître d'hôtel en rouge que l'on me dit être M. de Cossé, et, traversant la salle des Gardes, on nous indroduisit dans le salon où toute la famille fut bientôt réunie, à savoir : Monsieur, depuis Charles X, le duc et la duchesse d'Angoulême, la duchesse de Berri, mon père, ma mère, ma tante Adélaïde, mes deux frères aînés, Chartres et Nemours, mes trois sœurs, Louise, Marie, Clémentine, et enfin moi, le cadet de tous. Une seule personne n'appartenant pas à la Maison de France était présente, le prince de Carignan, depuis Charles-Albert, un grand maigre, d'une figure dure. Il venait de faire la campagne de 1823 en Espagne, dans les rangs de l'armée française, et y avait déployé toute la vaillance de sa race. Aussi portait-il ce soir-là sur son uniforme les épaulettes de laine que les soldats du 4e de la garde, avec qui il était monté à l'assaut du Trocadéro, lui avaient conférées sur le champ de bataille. Bientôt la porte du cabinet du Roi s'ouvrit et Louis XVIII parut sur son fauteuil à roulettes, avec sa belle tête blanche et l'habit bleu à épaulettes, que les portraits ont rendu familier. Il

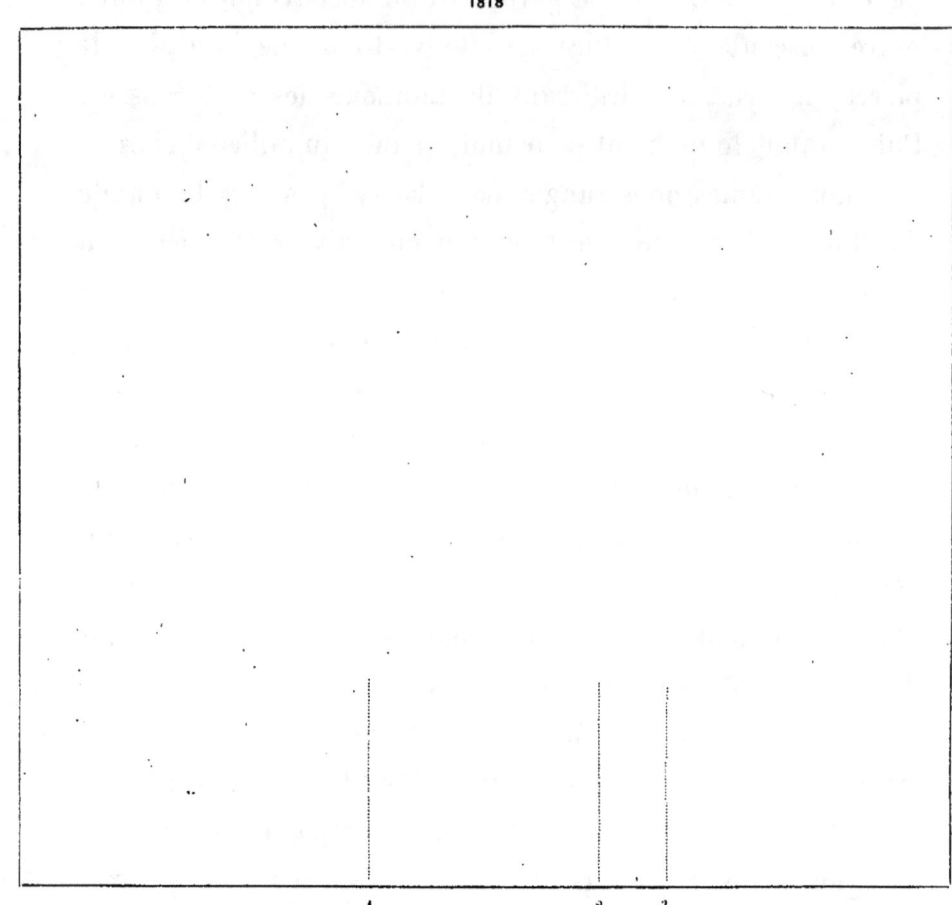

1. Le chancelier Dambray. — 2. Le duc d'Orléans. — 3. Ambassadeur de Naples.

MA NAISSANCE

nous embrassa tous à tour de rôle, n'adressant la parole qu'à mon frère Nemours qu'il questionna sur ses études latines. Nemours balbutia et ne dut son salut qu'à l'entrée opportune du prince de Carignan.

Au dîner on tira les Rois, et voilà qu'en ouvrant mon gâteau j'y trouve la fève. Je dois dire que ce résultat n'était pas absolument imprévu, et ma mère m'avait fait la leçon en conséquence. Je n'en fus pas moins très embarrassé quand je vis tous les yeux fixés sur moi. Je me levai de table et portai la fève sur un plateau à madame la duchesse d'Angoulême. Je l'aimais déjà tendrement cette bonne duchesse, à cause de sa bonté pour nous dès le bas âge et des superbes étrennes qu'elle ne manquait jamais de nous donner. Cette respectueuse affection a grandi quand j'ai été d'âge à connaître ses malheurs et son noble caractère, et j'ai été heureux, quand les événements de 1830 nous ont séparés, de pouvoir lui en faire parvenir toujours l'inaltérable expression. C'est elle qui rompit la glace en buvant la première quand je l'eus faite ma reine et ce fut Louis XVIII qui cria le premier : « La reine boit ! » Quelques mois après, Louis XVIII était mort et je voyais, des fenêtres de la caserne des pompiers de la rue de la Paix, son cortège funèbre allant à Saint-Denis.

Puis vinrent les échos du sacre de Charles X, de la grande cérémonie dont la cathédrale de Reims avait été le théâtre, cérémonie qui, après les désastres de la période révolutionnaire, faisait espérer que la vieille monarchie, comme au temps de Charles VII, allait tout réparer. Mais nos pensées n'allaient pas si loin ; ce qui nous intéressait, nous, enfants, c'était la pompe déployée, les costumes, les équipages des princes, des ambassadeurs venus de partout pour saluer l'avènement du nouveau règne. Une foule de peintres demandaient à mon père de faire son portrait dans les robes d'or et d'hermine de prince du sang, qu'il portait au sacre, et aller voir papa poser en Pharamond était pour nous l'amusement du moment. Je disais Pharamond comme mes aînés, bien que mes connaissances historiques fussent plus que rudimentaires. Disons le mot, j'étais très arriéré, — je l'ai toujours été. Ma mère m'avait appris à lire, mais, hors cela, j'étais arrivé à l'âge de six ans sans savoir rien ou presque rien. Par exemple, j'étais très bon cavalier et je montais tout seul et très solidement, en casse-cou, oserais-je dire, un poney que lord Bristol avait donné à mon père. Le poney s'appelait Polynice ; nous nous entendions à merveille lui et moi, et je suis toujours resté son ami. Par mes soins il a eu ses « invalides » dans le parc de Saint-Cloud, où il était en liberté, avec une écurie à lui, pour se retirer à sa guise. Que de fois ne suis-je pas allé le voir à cette écurie, d'où il ne sortait plus que pour venir causer avec nous et se chauffer au soleil. Il y est mort plein d'années et, heureusement pour lui, juste avant les aménités révolutionnaires de 1848, aménités dont il aurait certainement eu sa part.

Mais mon père voulait faire de moi autre chose qu'un homme de cheval ; il me donna un précepteur, et, à partir de ce jour, pendant des années, mes souvenirs se partagent exclusivement entre mon éducation et la vie de famille.

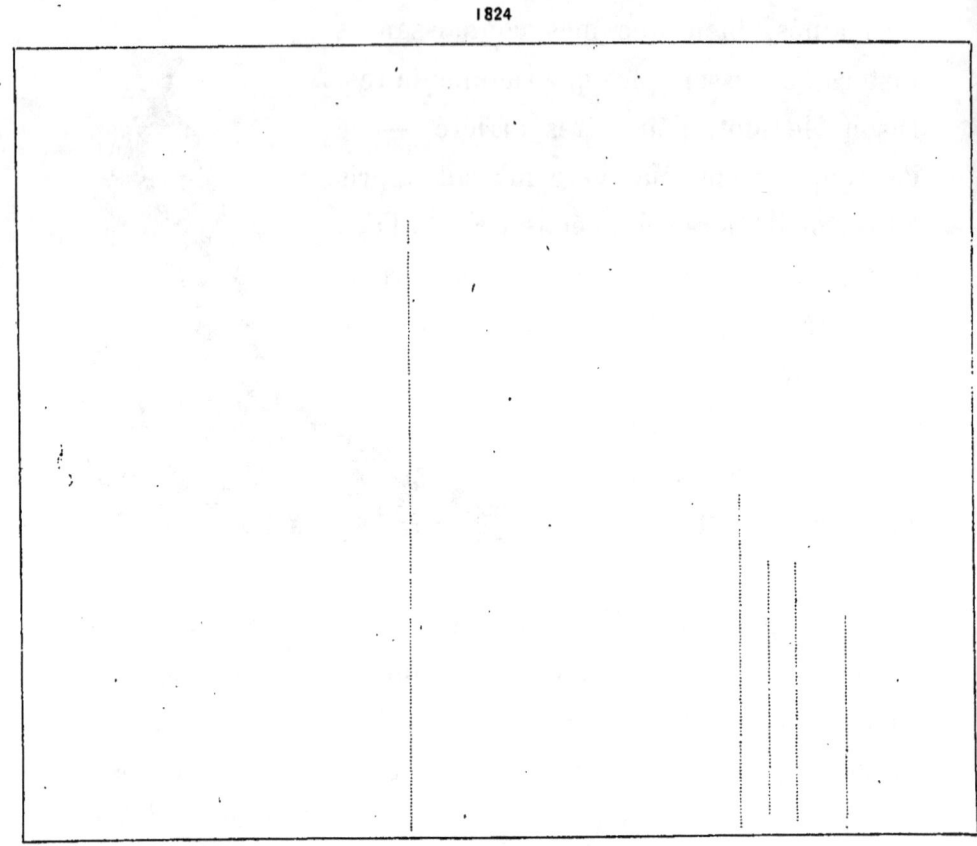

Nº 2.
1. M. de Cossé. — 2. Duc de Chartres. — 3. Princesse Clémentine. — 4. Prince de Joinville. — 5. Duchesse d'Orléans.
ESCALIER DES TUILERIES

Mon précepteur s'appelait M. Trognon, nom qui lui valut bien des plaisanteries, entre autres un vers de Victor Hugo, dans *Ruy-Blas*, sur cette :

> Affreuse compagnonne,
> Dont la barbe fleurit et dont le nez trognonne.

« Fleurit » était une allusion à Cuvillier-Fleury, précepteur de mon frère Aumale. Victor Hugo croyait avoir à se plaindre de ces deux messieurs.

Normalien distingué, M. Trognon avait débuté dans l'enseignement comme professeur de rhétorique au collège de Langres où, venant un jour faire sa classe, il trouva sa chaise occupée par un âne que ses élèves y avaient installé. « Je vous laisse, messieurs, avec un professeur digne de vous », dit-il en se retirant.  Il fut bientôt rappelé à Paris comme suppléant du cours d'histoire de M. Guizot au Collège de France. Universitaire accompli, il était autre chose encore, comme nous l'apprit un jour un numéro du *Figaro* que mon frère aîné rapporta du collège. Nous lûmes, en effet, dans ce numéro une pièce de vers de Baour-Lormian, qui débutait ainsi :

> Que me veut ce Trognon, pédagogue en bésicles,
> Dans la fosse du *Globe* enterrant ses articles !

Plus de doute : mon précepteur était journaliste et ces vers, une réponse vengeresse à un article de lui paru dans le journal *le Globe*, journal dont il avait été, comme nous le sûmes bientôt, un des fondateurs avec Pierre Leroux, Dubois, Jouffroy, Rémusat et autres. Nous découvrîmes aussi que le journaliste se doublait d'un libre-penseur, auteur d'un gros in-octavo condamné par la commission de l'Index, ce qui ne l'a pas empêché de mourir le plus religieusement du monde et presque en odeur de sainteté. Mon précepteur était, en effet, un esprit trop éminent pour persévérer dans le nihilisme religieux, dans cette négation de tout lendemain, qui de la religion passant dans la famille, dans l'État, ne laisse debout que la bête et ses appétits. La longue agonie d'une sœur qu'il aimait passionnément, pendant laquelle elle fut constamment assistée par M. Feutrier, évêque de Beauvais, sa fin sereine dont il fut témoin, commencèrent chez lui l'œuvre de transition. Quand plus tard l'abbé Dupanloup, alors vicaire de l'Assomption, fut chargé de mon éducation religieuse, Trognon et lui se lièrent intimement et une communauté absolue s'établit jusqu'à la mort entre ces deux grandes intelligences.

Les premiers temps de mon éducation furent très doux. Ce qu'elle avait d'aride était largement compensé par l'intimité de tous les instants de la vie de famille. Nous étions trois sœurs et six frères, bientôt réduits à cinq par la mort de mon frère Penthièvre, vivant tous ensemble, mangeant ensemble, souvent associés dans les leçons, toujours dans les récréations et les parties de plaisir. On devine quelle bande joyeuse nous faisions. Chacun des garçons était pourvu d'un précepteur, deux gouvernantes avaient charge de mes sœurs. Quand précepteurs et gouvernantes n'avaient affaire qu'à leurs propres

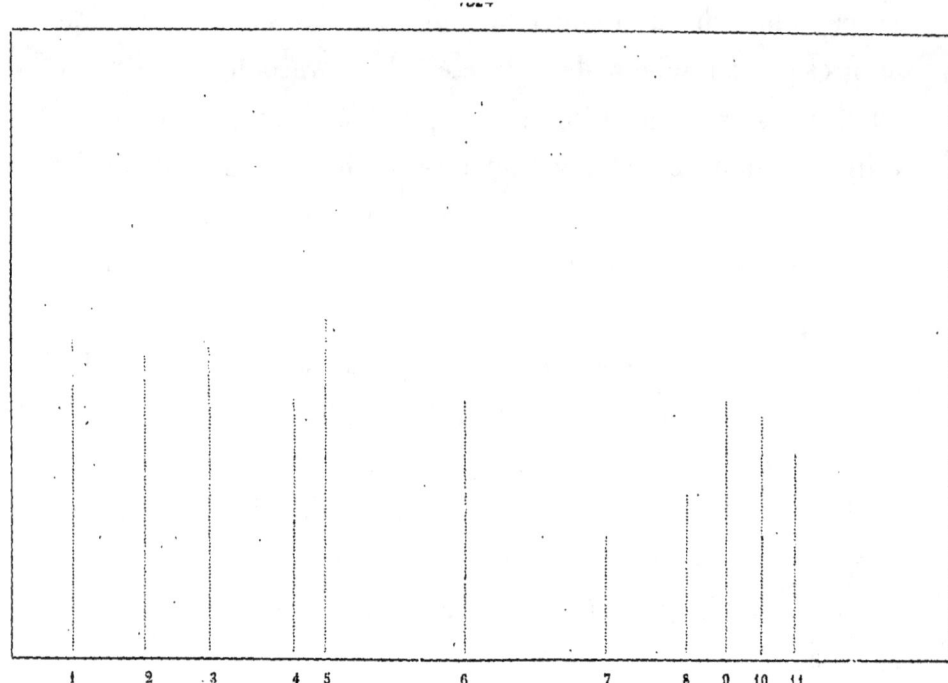

N° 3.

1. Monsieur. — 2. Duc d'Angoulême. — 3. Duc d'Orléans. — 4. Duc de Chartres. — 5. Duchesse d'Orléans. — 6. Louis XVIII. — 7. Princesse Marie. — 8. Princesse Louise. — 9. Duc de Nemours. — 10. Princesse Clémentine. — 11. Prince de Joinville.

LOUIS XVIII

élèves, cela allait, mais quand tous les frères et sœurs étaient réunis, influencés par l'esprit d'insubordination et de gaminerie que les aînés rapportaient du collège, nous rendions la vie dure au corps préceptoral. Cela marchait pourtant. Les *grands-parents*, comme nous les appelions, absorbés par la vie mondaine, laissaient toute initiative aux précepteurs; ceux-ci seulement devaient chaque jour consigner sur un registre leurs notes et impressions sur l'élève qui leur était confié. Ce registre passait sous les yeux de mon père qui ajoutait ses observations, ses ordres et le renvoyait.

La journée commençait généralement à cinq heures du matin. Les aînés allaient au collège pour la classe, prenaient leurs repas et leurs récréations avec les internes et revenaient après la classe du soir. Les non-collégiens et les filles passaient la journée en leçons. Le soir, élèves et précepteurs des deux sexes dînaient tous ensemble, puis allaient au salon, où il y avait toujours du monde, mes parents recevant tous les soirs. Le jeudi et le dimanche, jours de congé du collège, étaient particulièrement consacrés aux leçons de ce qu'on appelait les arts d'agrément : dessin, musique, physique, équitation, escrime, bâton, danse, etc. Le dimanche, grands et petits dînaient à la *grande table* et cette vie-là était réglée comme une pendule, hiver comme été.

L'hiver nous habitions le Palais-Royal, qui n'était pas alors ce qu'il est aujourd'hui. Là où l'on voit la galerie d'Orléans, s'élevaient d'affreuses galeries de bois, au sol boueux, peuplées exclusivement de boutiques de marchandes de modes et, disait-on, de milliers de rats. Pour abattre cet ensemble de baraques, on leur scia les pieds et on fit tout tomber d'un coup. Il était venu des foules pour assister à ces écroulements, dans l'espoir d'en voir sortir la multitude de rats annoncés ; il n'en sortit pas un ; ils avaient tous déménagé en temps utile. Oh ! l'esprit des bêtes !

J'habitais d'abord, au Palais-Royal, une chambre qui donnait rue de Valois, sur la maison du Bœuf à la mode, et vis-à-vis de moi demeurait une vieille dame toujours habillée de noir, qui mettait régulièrement, tous les jours, à la même heure, son pot de chambre sur sa fenêtre, si bien qu'il nous servait d'horloge. Plus tard je changeai de chambre pour aller demeurer sur la cour, en face du logement occupé par un artiste de la Comédie-Française nommé Dumilâtre et ses filles. Dumilâtre, que je connaissais bien pour lui avoir vu jouer ces petits rôles de tragédie qui consistent à sortir noblement en disant : « Oui, Seigneur », avait les mêmes habitudes que ma dame noire, et son pot de chambre apparaissait sur la fenêtre avec la même exactitude : j'avais seulement changé d'horloge.

C'était aussi pendant le séjour d'hiver au Palais-Royal que les leçons de maître se multipliaient pour nous, et parmi ces maîtres, on comptait quelques originaux, notre professeur d'allemand entre autres. Imaginez un petit vieux, mielleux, tout de noir vêtu, culotte de satin, bas de laine, immenses souliers et chapeau à larges bords. Il avait été, dans sa jeunesse, précepteur du prince de Metternich. Je ne sais quel accident l'avait jeté ensuite en France où, pendant la Terreur, il était devenu un des secrétaires du redoutable Comité de Salut public de Strasbourg. Il vivait seul avec sa fille, qu'il envoyait souvent en Allemagne, non pas par les moyens de communication ordinaires, mais cachée dans le fourgon qui allait périodiquement en Hongrie, chercher l'approvisionne-

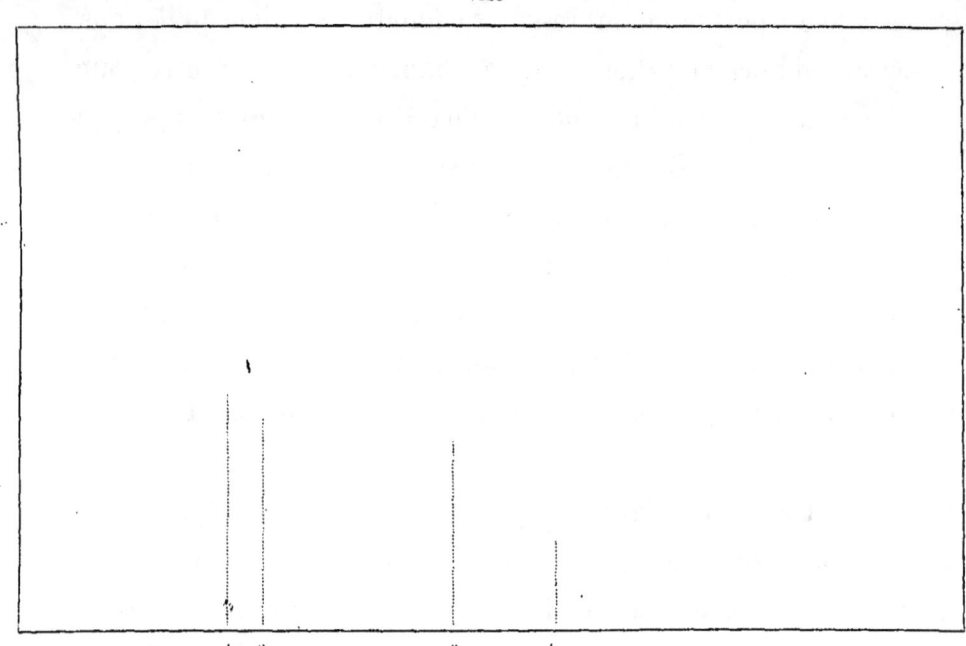

N° 4.

1. Duc de Chartres. — 2. Duc de Nemours. — 3. M. Trognon. — 4. Prince de Joinville.

ARRIVÉE D'UN PRÉCEPTEUR. — « Il a des lunettes! »

ment de sangsues de nos hôpitaux, toutes circonstances qui nous faisaient supposer que le nom de : Herr Simon, tout court, qu'il se donnait, pouvait bien cacher quelque gros mystère. De son allemand, comme de celui d'un valet de chambre de même race que l'on m'avait donné, il ne m'est, hélas! rien resté, tant ma nature a toujours été rebelle aux langues étrangères.

Autre original, notre maître de danse, un danseur de l'Opéra, nommé Seuriot; une belle prestance! Sa leçon que nous prenions en commun, comme un petit corps de ballet, nous amusait beaucoup, surtout à cause des histoires de théâtre qu'on lui faisait raconter. Un jour, il arriva tout excité et, s'adressant aux gouvernantes : « Vous voyez, mesdames, un homme qui a échappé hier à un grand danger. On donnait le ballet des *Filets de Vulcain*. Je faisais Jupiter et j'allais m'enlever dans ma gloire avec Mercure, lorsque soudain, je sens ma gloire qui se détraque et je n'ai que le temps de m'élancer en criant à Mercure : — Saute, mon ami, il n'y a pas un instant à perdre : Ah! mais!! » Pendant l'intervalle des reprises, quand son violon s'arrêtait et qu'il essuyait la sueur de son front, nous l'entourions pour le questionner. Les aînés le poussaient toujours sur une danseuse appelée mademoiselle Legallois, sur laquelle il ne tarissait pas; la même qui, remplissant dans un ballet le rôle allégorique de la Religion, avait fait dire de certain maréchal qu'il s'était éteint dans les bras de la religion. Mais dès qu'on nous voyait groupés et chuchotant autour du vieux danseur, une charge de gouvernantes arrivait aussitôt avec des : « Qu'est-ce que c'est! Qu'est-ce que c'est? » et nous reprenions les battements, les sissones et les jetés-battus.

Personnellement je dus au père Seuriot un de mes premiers succès dans la vie. J'avais si bien profité de ses leçons que je dansais, paraît-il, le menuet d'une façon remarquable, tellement que mes parents me firent faire un costume complet du dernier siècle, en velours cramoisi, complété par le tricorne obligé et l'épée à nœuds de rubans en civadière. Ainsi accoutré, la tête poudrée et la bourse à la nuque, je dus donner plusieurs représentations de mon menuet, que je dansais avec ma sœur Clémentine, en déployant tous deux toutes les grâces de l'ancien temps. Mon habit de marquis,

dont j'étais très fier, me servit aussi pour un bal costumé, chez la duchesse de Berri, où, entrant trop dans mon personnage, je me querellai, à propos d'une danseuse, avec un cosaque de mon âge, le jeune de B... Furieux, je dégainai, il tira son sabre et nous nous élancions l'un contre l'autre, lorsque madame la duchesse de Berri accourut en criant : « Arrêtez, méchants enfants ! Monsieur de Brissac, désarmez-les ! » Quant à ma sœur Clémentine, venue aussi à ce bal dans son costume de menuet, et absolument ravissante sous la poudre et en robe à paniers, elle attira l'attention de Charles X auquel elle rappela sans doute des souvenirs de jeunesse. Il vint l'embrasser, la tint par la main en la regardant longtemps et, se tournant vers mon père, lui dit : « Monsieur ! si j'avais quarante ans de moins, votre fille serait reine de France, » et il l'embrassa derechef.

Nos leçons de danse, comptant comme récréations, alternaient avec les promenades dans Paris, les filles d'un côté, les garçons de l'autre. Dans nos sorties nous étions confiés à un précepteur de corvée. Quand c'était Trognon qui était de promenade, on s'attendait à être mené chez Sautelet, un libraire de la rue de Richelieu, dont l'établissement devint plus tard, s'il m'en souvient, les bureaux du *National*. Là, Trognon pérorait au milieu des journalistes, pendant que les commis causaient avec nous. Je me rappelle qu'ils me firent voir le superbe manuscrit des *Mémoires de Saint-Simon*, que Sautelet éditait. Quand, au contraire, c'était Cuvillier-Fleury qui était chef de file, les buts de promenade étaient plus variés et nous ne tardâmes pas à nous apercevoir qu'il y avait souvent du cotillon dans l'air. Je lui dois pourtant d'être allé dans l'atelier d'Eugène Delacroix, un grand souvenir ! De même chez M. de Lavalette, le très intéressant ministre des postes de Napoléon Ier, si connu par sa célèbre évasion, à la veille d'être exécuté, après les Cent-Jours, quand sa femme vint prendre sa place et lui donner des vêtements pour fuir. Mais le plus souvent nous allions chez un libraire de la rue Saint-André-des-Arts, avec qui Fleury était très lié et que nous trouvions toujours au logis, lui ou sa charmante femme. L'amitié de Fleury pour ce libraire amena même une plaisante aventure : Au moment de la révolution de 1830, dans le désordre du premier instant, nous vîmes apparaître le libraire en question, avec une buffleterie blanche et un sabre par-dessus son habit bourgeois : « Voyons, Fleury, à quoi puis-je être bon aujourd'hui ? » Fleury réfléchit un moment, et lui dit : « Qu'il ne voyait pas... mais que, cependant, personne ne s'était occupé de la Préfecture de police. — J'y cours, » dit mon libraire. Et, de fait, il se nomma lui-même préfet de police et en exerça les fonctions pendant quelques jours. Depuis, je n'en ai plus entendu parler.

Ces promenades alternaient encore avec des leçons de gymnastique, une science, dont un certain colonel Amoros a été l'apôtre. Ce brave colonel, pour populariser son cours, donnait des prix à tout le monde. Ces prix, sous forme de hausse-cols, portaient, peint en grosses lettres, le mérite particulier de l'élève récompensé : agilité, courage, vigueur, etc. Un de mes camarades reçut le prix de *vertu cachée?* Après les leçons de gymnastique venaient les leçons d'équitation, pour lesquelles on nous conduisait au Cirque olympique, confiés toujours, mes deux frères aînés et moi, à un seul précepteur. Seulement celui-ci, trouvant invariablement la salle trop froide, allait s'enfermer dans le cabinet du directeur, nous laissant aux soins de Laurent Franconi et des écuyers, c'est-à-dire à nous-mêmes. Ce glacial théâtre, situé place du Château-d'Eau, se composait d'une vaste salle ayant au lieu de parterre un cirque ou manège pour les exercices équestres, cirque qu'on reliait à la scène par des plans inclinés lors des batailles des pièces militaires. C'est dans ce manège que Laurent Franconi nous faisait faire de la haute école et que les sous-écuyers Bassin et Lagoutte nous initiaient à la science de la voltige et à tous les exercices qu'elle comporte, à califourchon, assis, debout. De plus, à notre grand amusement, nos leçons ayant lieu le dimanche après-midi, coïncidaient généralement avec les répétitions des pièces sur la scène, répétitions auxquelles nous nous mêlions avec joie dans l'intervalle des reprises, escaladant les praticables, ou prenant part avec les artistes à quelques intermèdes qui n'étaient pas sur le programme.

Ce n'était pas là, du reste, notre seule initiation à l'art théâtral, à une carrière qui a, sur bien des points, tant d'analogie avec celle de prince. Mon père, profitant du voisinage du Palais-Royal et de la Comédie-Française, avait fait entrer un cours régulier de littérature dramatique dans le plan de notre éducation. Très souvent donc, lorsqu'on jouait aux Français le vieux répertoire, il nous y conduisait par une porte donnant de son salon dans le passage qui sépare des coulisses le foyer des artistes. Il nous laissait dans sa loge formée des trois premières de face, pour venir nous reprendre à la fin de la représentation. Ces soirées de la Comédie-Française faisaient notre bonheur et étaient des leçons très utiles, qui nous ont mis nos classiques dans la tête bien mieux que n'eussent pu le faire toutes les lectures et tous les cours du monde. Ces pauvres classiques étaient pourtant bien négligés ; la mode n'y était pas. A peine voyait-on deux cents personnes dans la salle : les loges étaient toutes désertes. Un affreux orchestre, dirigé par un gros homme appelé Chodron, grinçait un air à porter le diable en terre. Soudain, la toile se levait sans avertissement, au beau milieu d'une phrase musicale qui s'interrompait sur un soupir de clarinette, et la pièce commençait lugubrement. Malgré cela nous étions tout yeux et tout oreilles et rien dans le jeu de mesdames Duchesnois, Paradol, Bourgoin, pour la tragédie, ne nous échappait.

Je vois, j'entends encore tout le répertoire de Corneille, de Racine, puis *Zaïre, Mahomet,* l'*Orphelin de la Chine*... etc., etc. Mais nous attendions toujours Molière avec impatience. Là, étaient toutes nos prédilections et quels acteurs ! Monrose,

Cartigny, Samson, Firmin, Menjaud et aussi Faure, dont nous saluions toujours l'apparition, dans Fleurant du *Malade*, Truffaldin de l'*Etourdi*, à cause des accessoires qu'il avait à la main. Ce Faure, ancien soldat de 1792, ne manquait jamais de dire à mon père, de sa voix nasillarde quand il l'accompagnait le flambeau à la main : « Hein ! Monseigneur !

Nous ne sommes pas ici au camp de la Lune », faisant allusion à un bivouac qui avait précédé la bataille de Valmy.

Pour nous, la traversée des couloirs des coulisses était toujours un grand amusement, surtout quand on y formait, pour la tragédie, le cortège romain classique, parce que nous reconnaissions dans les Romains, les licteurs, bien des employés ou ouvriers travaillant au Palais-Royal, auxquels nous disions bonjour en les appelant par leur nom, tout fiers de parler à des artistes, et nous rentrions au bercail en imitant les cris de la maison : « On va-a-co-mmencer ! On co-mmence ! »

On nous menait bien quelquefois aussi au répertoire moderne, mais c'était rare. Cependant, j'entends encore, à la veille de 1830, l'acteur Armand grasseyant au fond de sa cravate Directoire dans *Tom-Jones* :

... Point d'amis, point de grâce,
A la session prochaine il faudra qu'on y passe !

et la salle de crouler ! Je me rappelle également avoir été mené à la première de *Henri III*, où les bilboquets et les sarbacanes m'amusèrent beaucoup, et où je pris une grande part à la mort d'Arthur, un charmant page violet, que jouait mademoiselle Despréaux, depuis madame Allan. Je n'avais eu d'yeux que pour elle. En sortant, comme mon père nous ramenait par la main, nous trouvâmes dans le couloir la duchesse de Guise, mademoiselle Mars, halelante, drapée dans un manteau de satin rose doublé de cygne, qui attendait les compliments que mon père lui prodigua. Elle m'avait bien moins impressionné que le page violet.

Puisque j'ai parlé de *Henri III* auquel nous avions pris un grand intérêt parce que son auteur, alors inconnu, était de chez nous, je consignerai ici un souvenir se rattachant au nom d'Alexandre Dumas. Tout le monde sait qu'il avait débuté comme employé à la bibliothèque de mon père au Palais-Royal. Le bibliothécaire en chef était Vatout que ses œuvres et peut-être des chansons bien connues ont mené à l'Académie. Mais Vatout était partout ailleurs qu'à la bibliothèque. Le vrai bibliothécaire, un très brave homme, se nommait de Tallencourt. Sa qualité d'ancien militaire l'avait fait élire capitaine de grenadiers dans la garde citoyenne, fonctions auxquelles, dans la ferveur des premiers temps, il attachait une importance exagérée. Or quelque temps après que Dumas eut quitté sa place, au milieu des émeutes si fréquentes à cette époque, nous vîmes un jour rentrer de Tallencourt, en tenue de guerre, capote et bonnet à poils, la physionomie très sombre : « Vous ne savez pas ce qui vient de m'arriver ? Je commandais une patrouille dans mon quartier ; où on avait entendu quelques coups de fusil, nous avancions avec précaution, sur deux files, rasant les murs, l'œil et l'oreille au guet. Tout à coup j'entends un cri :

« A toi de Tallencourt! » suivi d'un coup de feu. Eh bien! ce cri! cette voix!! C'est la voix d'Alexandre Dumas! — Allons donc! » nous sommes-nous tous écriés; mais il n'en voulait pas démordre, aussi une furieuse envie de rire nous prit-elle convaincus que s'il avait réellement reconnu la voix, le brave homme avait été victime d'une gaminerie de Dumas, heureux de se donner le spectacle de la déroute de son ancien chef et de ses braves *Guernadiers!*

Quand notre père ne nous menait pas aux Français, nos soirées se passaient dans ces beaux salons du Palais-Royal où il avait accumulé tant de tableaux, d'œuvres d'art admirables saccagées ou dispersées depuis par la gent révolutionnaire, ainsi qu'un superbe mobilier qui a servi à brûler vif, le 24 février, un détachement du 14ᵉ de ligne, de garde place du Palais-Royal. Et dire qu'il s'est trouvé une Chambre française pour voter des récompenses nationales à ceux qui avaient fait un *autodafé* de soldats français, coupables de défendre jusqu'à la mort le poste que le devoir et l'honneur leur avaient confié! Mais passons! De nos jours, on en voit bien d'autres. A l'époque heureuse dont je parle, on n'imaginait pas la possibilité de pareilles infamies. C'est ce qu'on appelle le progrès!! Quant à nous, avec l'insouciance de la jeunesse, nous passions nos soirées à jouer gaiement, bruyamment, tous ensemble dans le salon de famille, une grande galerie située entre la cour et la rue de Valois. C'était le dimanche et le jeudi que les jeux étaient le plus animés, parce que, les jours de sortie du collège, notre bande se renforçait des camarades de classe de mes frères, MM. de Laborderie, de Guillermy, d'Eckmül, Albert, etc..., et aussi Alfred de Musset que je vois encore avec son habit bleu à boutons d'or, ses cheveux blonds bouclés et ses allures mélancoliques un peu affectées. On jouait habituellement aux barres, un jeu auquel la grande galerie se prêtait très bien. Parfois on dansait, et l'œil de ma mère ne quittait pas Musset qui semblait dédaigner nos jeux pour rechercher assidument mes grandes sœurs.

Nos jeux n'empêchaient pas l'allée et venue des visiteurs, des habitués : les vieux amis de mon père, amis d'avant la Révolution... Le duc de la Rochefoucauld, « le bon Duc », comme on l'appelait, très redouté des enfants parce qu'il les embrassait sans cesse et empestait la pipe ; M. de Lally Tollendal ; puis des amis plus récents, le général Gérard, Raoul de Montmorency, madame de Boigne, la princesse de Poix, la princesse de Vaudémont, puis enfin des militaires, des artistes, des diplomates, des femmes ; tout ce qu'il y avait de distingué par l'éclat des carrières, l'esprit, le charme. Dans le nombre quelques-uns attiraient plus que les autres mes sympathies. C'était François Arago, l'astronome, avec son esprit, sa verve intarissable, soit qu'il racontât les aventures de sa captivité chez les Barbaresques, soit les tourments qu'il infligeait à son collègue Ampère, soldat comme lui dans le régiment des « Perroquets en deuil ». Ainsi appelait-il, avec son accent méridional, l'Institut, à cause de son habit vert et noir. C'étaient Macdonald, Marmont, Molitor, Mortier, les quatre maréchaux *en M*, les héros de cent combats, la légende vivante de nos armées. Tous nous tâchions d'entendre ce qu'ils disaient, ce qu'ils racontaient, de recueillir un renseignement ou une anecdote se rattachant à nos gloires militaires.

Les diplomates nous intéressaient moins. Je ne parle pas

de M. de Talleyrand, dont la physionomie et la tournure étaient saisissantes, mais ne disaient rien à nos imaginations ignorantes. Un fou rire nous prit cependant un jour où mon père, en complète distraction, alla au-devant de lui au salon en singeant sa boiterie. — L'ambassadeur de Russie, le comte Pozzo di Borgo, nous plaisait beaucoup, parce que, dès que ce gros homme arrivait, le rire provoqué de toutes parts, par ses saillies, ses anecdotes, son esprit, éclatait et ne tarissait plus. Les enfants aiment les gens gais. Il y avait un autre diplomate, dont nous attendions toujours l'entrée, le bailli de Ferrette, ministre de Bade, d'abord à cause de ce titre de bailli, qui semblait sortir d'un autre monde, ou bien d'une arlequinade, et puis, à cause de l'étrange aspect du personnage, sorte de squelette poudré. Nous ignorions alors, bien entendu, que ce bailli si froid, si correct, fût un grand musicien, un exécuteur hors ligne du *Stabat Mater*, à qui pourtant l'inspiration ne venait que lorsque sa musique avait pour pupitre les épaules, décolletées jusqu'aux talons, d'un charmant rossignol, qu'Opéra et Opéra-Comique se sont longtemps disputé. Quelquefois, au milieu de la soirée, on entendait une cloche comme au quatrième acte des *Huguenots*. « La grosse cloche », criions-nous. C'était le signal annonçant que madame la Dauphine ou madame la duchesse de Berri venait en visite, et mon père partait au pas gymnastique, suivi par nous tous, pour aller recevoir la visiteuse sur l'escalier. Mais la saison du Palais-Royal finissait avec l'hiver et aux premiers beaux jours nous émigrions à Neuilly, à la joie générale.

Neuilly! Je n'écris jamais ce nom sans émotion, car il se lie pour moi aux souvenirs les plus doux de mon enfance; je le salue avec le respect dont on salue les morts. Que ceux qui n'ont pas connu le Neuilly dont je parle se figurent un vaste château sans prétention, sans architecture, composé presque exclusivement de rez-de-chaussée ajustés les uns au bout des autres, de plain-pied, avec de ravissants jardins. Autour, un parc immense s'étendant des fortifications à la Seine, là où passe aujourd'hui l'avenue Bineau.

Dans ce parc, des bois, des vergers, des champs, des îles, dont la principale, l'île de la Grande-Jatte, enfermant un bras tout entier de la Seine, et tout cela à un quart d'heure de Paris.

Si ce beau domaine était un lieu de prédilection pour mon père et ma mère qui l'avaient créé, qui l'embellissaient tous les jours et qui y vivaient à cette époque loin des soucis de la politique, entourés de ces nombreux enfants dont ils étaient tendrement aimés, il l'était aussi pour nous. Grâce à la proximité de la ville, l'éducation, les maîtres, les leçons, le collège se continuaient là comme à Paris ; nous avions de plus l'air, la campagne avec toute sa liberté, ses exercices de corps, spontanés, naturels. Le matin, dès cinq heures, avant les études, avant le collège, nous galopions dans le grand parc. Pendant les récréations, les congés du jeudi, du dimanche, la bande d'enfants s'en allait aux champs presque sans surveillance, les aînés initiant les jeunes. On allait faire les foins, grimper sur les meules, récolter les pommes de terre, monter aux arbres fruitiers, gauler les noyers. Il y avait des fleurs partout, des champs de roses où, sans qu'il y parût, on faisait tous les jours de magnifiques bouquets. Puis le canotage, les parties de natation que les garçons comme les filles, tous bons nageurs, faisaient à tour de rôle sur le petit bras de la Seine enclos dans le parc. Rien de délicieux, dans les langueurs des chaudes soirées d'été, comme ces *pleine-eau* où, se jetant près du pont de Neuilly, on se laissait dériver presque jusqu'à Asnières, à l'ombre des grands saules, pour revenir à pied par l'île de la Grande-Jatte. Dévastée aujourd'hui et devenue un coupe-gorge, cette île était alors couverte d'arbres séculaires et sillonnée de ces « sentiers ombreux » chantés par Gounod, où nous aimions à nous égarer avec l'insouciance de la jeunesse et peut-être les premiers éveils de l'adolescence.

De ce Neuilly charmant il ne reste plus que le souvenir. Confisqué par Napoléon III, sans prétexte plausible, il a été immédiatement déchiqueté, pour effacer jusqu'à la trace de ceux qui l'avaient acquis et habité. C'est à peine si, quand je passe avenue Bineau, je retrouve dans les villas qui s'y sont élevées, quelque arbre de connaissance, derrière lequel je m'embusquais pour tirer les lièvres que me rabattait un gros chien dressé par moi à cette tâche. Quant au château, témoin d'une orgie épouvantable, il a été mis à sac et incendié par les glorieux vainqueurs de Février 1848. Il n'en reste rien. Tous les objets d'art qu'il contenait ont été détruits. J'en connais cependant une épave. Le voyageur qui visite le musée de Neufchâtel, en Suisse, verra, à côté du tableau où M. de Montmolin, officier aux gardes suisses, est représenté, se

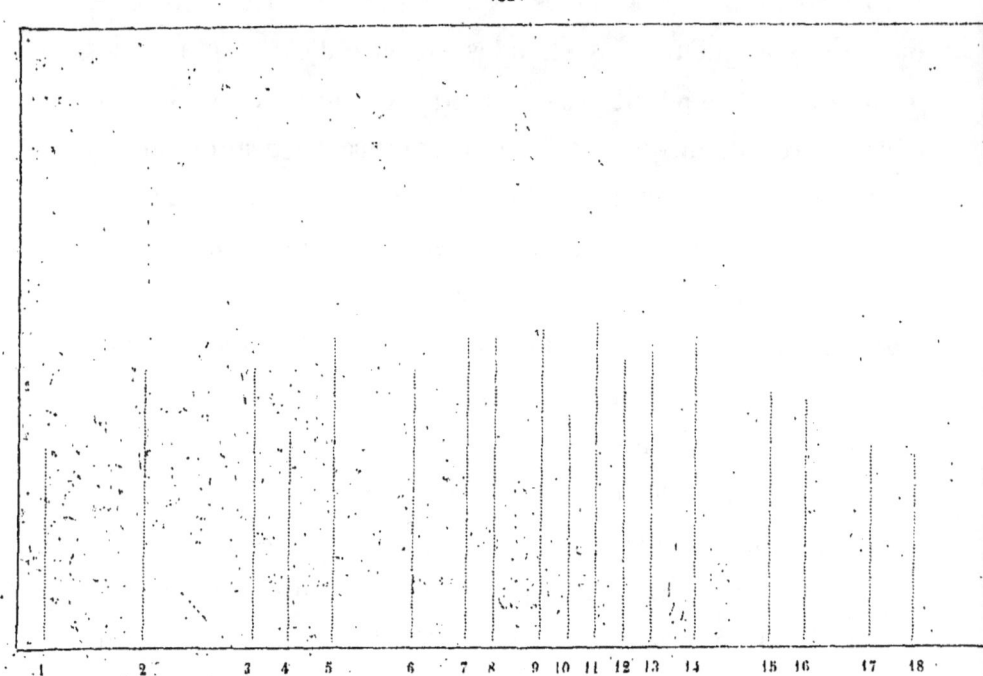

N° 5.

1. Duc d'Orléans. — 2. Comte de Rochefort. — 3. Abbé de Labordère. — 4. Prince de Joinville. — 5. Comtesse de Montjoie. — 6. Marquis d'Armaillé. — 7. Maréchal Gouvion-Saint-Cyr. — 8. Duc de Chartres. — 9. Amiral comte de Sercey. — 10. Mme Angelet. — 11. Abbé de Saint-Phar. — 12. Colonel Athalin. — 13. Comte de Canouville. — 14. Abbé de Saint-Albin. — 15. Duchesse d'Orléans. — 16. Princesse Marie. — 17. Amiral Villaumetz. — 18. Princesse Clémentine.

BILLARD DU CHATEAU DE NEUILLY. — L'abbé de Labordère vient de faire la jonne.

faisant massacrer le 10 Août, plutôt que d'abandonner le drapeau confié à sa fidélité, une toute petite toile soigneusement raccommodée. Ce fragment est la figure principale du premier tableau et du chef-d'œuvre de Léopold Robert, *l'Improvisateur*, qui se trouvait dans le billard du château. Un sauveteur ou un pillard éclairé a découpé ce fragment avec un canif au milieu de l'incendie, et c'est tout.

Mais je reviens à mon récit.

Il y avait aussi à Neuilly le salon de mon père et en particulier un billard où, portes ouvertes sur les terrasses, on passait les soirées au milieu des voisins, des amis, des habitués. Si je parle de ces soirées, c'est qu'elles ont eu une influence décisive sur ma destinée. Je vois d'ici ce billard, avec les tableaux qui l'ornaient: *l'Improvisateur*, de Léopold Robert ; *la Femme du brigand*, de Schnetz ; le *Faust* et la *Marguerite au rouet*, d'Ary Scheffer ; *la Venise*, de Ziegler, tous des chefs-d'œuvre. Je vois aussi les habitués : deux abbés d'abord, aux noms significatifs : l'abbé de Saint-Phar et l'abbé de Saint-Albin, héritage des faiblesses d'arrière-grands-parents, bien avant la Révolution ; puis encore un abbé à ailes de pigeon, l'abbé de Labordère, ancien grand vicaire de Fréjus, devenu, je ne sais comment, maire de Neuilly. Puis le maréchal de Gouvion Saint-Cyr, notre voisin immédiat, autour duquel il y avait toujours un cercle ; puis des amiraux : le comte de Sercey, avec sa queue, un vétéran des guerres de l'Inde ; l'amiral Villaumetz, des généraux, des officiers qui nous fanatisaient avec les récits de leurs campagnes.

Parmi ces généraux, amis de la maison, figurait le général Drouot, qui m'aimait beaucoup, me prenait sur ses genoux, me contait des histoires. J'avais vu le tableau d'Horace Vernet :

la Bataille de Hanau, où Drouot est représenté à pied, au milieu de ses canons, au moment où passe sur eux la charge des cuirassiers bavarois. Il n'en avait pas fallu davantage pour m'enflammer : je voulais être artilleur. A la même époque, l'artillerie de Vincennes fit cadeau à mon père d'un obusier de montagne de 12, et le colonel de Caraman vint l'essayer avec nous. On tira à boulet, dans le parc, sur les buttes de Villiers, ce qui porta au plus haut point mon enthousiasme militaire. Je persécutai ma mère pour qu'elle me fît faire un uniforme d'artilleur. Dès que j'en fus revêtu, je crus que... c'était arrivé, et comme on m'avait mené à la foire de Neuilly, où j'avais vu les sous-officiers du régiment de la garde caserné à Courbevoie, danser au bal avec les jolies blanchisseuses du village, je voulais forcer mes sœurs à imiter avec moi le genre de danse que je leur avais vu exécuter. Il paraît que je me tirais assez bien de cette imitation chorégraphique. Mais là s'arrêta ma velléité de carrière militaire ; le général Drouot retourna à Nancy, je ne le vis plus et je fus bientôt sous l'empire d'autres influences qui furent plus durables.

Parmi les aides de camp de mon père se trouvait un jeune lieutenant-colonel de cavalerie, le comte d'Houdetot, qui avait débuté dans la vie comme aspirant de marine. Homme de beaucoup d'esprit, il n'y avait pas de conteur plus charmant. Or, le hasard voulait que, créole de l'Ile-de-France, il eût été, lui et sa famille, ramené en Europe sur la corvette *la Régénérée*, commandée par ce même amiral Villaumetz, notre voisin, et habitué du billard. D'Houtetot était en bas âge, lors de ce voyage, si bien que *la Régénérée* ayant eu un combat avec les Anglais aux îles de Loos, sa nourrice avait

été coupée en deux par un boulet, ce qui lui faisait dire :
« J'ai bien plus de titres à l'avancement qu'un autre ; tout le
monde a eu des chevaux tués, je suis le seul dans l'armée
française qui ait eu une femme tuée sous lui. »

Rapprochés par ce souvenir, l'ancien aspirant et le vieil
amiral passaient leurs soirées à échanger le récit de leurs
aventures, et ces récits qui m'avaient intéressé dès le début
finirent par me passionner. Il fallait entendre d'Houdetot
raconter Trafalgar, où il était comme aspirant sur l'*Algésiras*,
le vaisseau de son oncle, l'amiral Magon ; comment, lui,
d'Houdetot, étendu sur la dunette, les jambes brisées par un
éclat, avait vu son oncle l'amiral recevoir le coup mortel, au
moment où, blessé déjà, son chapeau et sa perruque emportés
par un projectile, il s'élançait sur le bastingage en criant à
son équipage : « Je promets la croix au premier qui sautera
à bord du vaisseau que je vais aborder ; » comment encore,
l'abordage repoussé, le mât de misaine de l'*Algésiras* coupé
par les boulets était tombé en travers du vaisseau anglais,
lançant à la mer, par-dessus ce vaisseau, l'aspirant, camarade
de d'Houdetot, qui commandait dans la hune ; lequel aspirant
était revenu à la nage à bord de l'*Algésiras*. Puis venait
le récit de la tempête qui suivit la bataille, où vainqueurs et
vaincus s'efforcèrent en commun d'échapper au naufrage
sous les ordres du lieutenant de la Bretonnière, qui plus
tard a été mon chef, et qui réussit à faire entrer le vaisseau à
Cadix. Là, d'Houdetot, déposé sur le môle, brisé, fiévreux,
et sous un ciel ardent, vit la main d'une femme, touchée
de sa jeunesse, étendre un éventail au-dessus de la tête de
« ce pauvre petit », pour le garantir du soleil. Il attira à
lui cette main providentielle, la baisa et dut à cette action

si simple d'échapper aux horreurs d'un hôpital encombré et ravagé par le typhus. Il guérit, fut embarqué de nouveau sur la frégate *Hermione* et fit naufrage avec elle. « Trafalgar et un naufrage en deux ans, nous disait-il, me suffirent comme campagnes de mer. » Il obtint de passer dans la cavalerie, pour aller se couvrir de gloire dans les charges héroïques de la bataille de la Moskowa, mais son cœur était resté avec ses anciens compagnons les marins, et il ne se lassait jamais de parler d'eux.

Quant au vieux Villaumetz, sa vie tout entière s'était passée sur nos vaisseaux ; il était allé à la recherche de La Peyrouse avec M. d'Entrecasteaux, il avait commandé l'escadre que le prince Jérôme Bonaparte abandonna avec son vaisseau *le Vétéran*, et ses récits de combats et d'aventures de mer étaient intarissables. C'est en les écoutant que le désir de suivre à mon tour la carrière navale me prit et ne me quitta plus. Je fis mes premiers essais sur mer au Tréport, pendant les petits voyages de vacances que nous faisions au château d'Eu. Chaque fois je fus horriblement malade du mal de mer, mais cela ne me découragea pas. Je me sentais aussi entraîné par une vive sympathie pour ces braves matelots à figures si ouvertes, si simples, si résolues. J'enviais leurs dangers quand, de la jetée du Tréport, je voyais leurs barques rentrer pendant la tempête : bref ça y était : j'étais pris. Et cet amour-là ne finira qu'avec moi.

En dehors de ma passion maritime du Tréport, Eu, Randan, marquent encore de bien bons souvenirs de mon enfance. Mes parents avaient l'habitude, à l'époque des vacances, de nous emmener faire un petit voyage, soit à Eu, soit à Randan, grande propriété de ma tante en Auvergne.

Pendant ces voyages, les études, les leçons, le collège étaient suspendus et cela seul suffisait à parer le voyage de mille attraits. Il faut dire aussi qu'on ne voyageait pas alors comme aujourd'hui et que les trajets étaient une source de petites aventures qui nous tenaient toujours en éveil. Mon père avait fait faire une grande voiture à douze places où tenait toute la famille et qui ressemblait, sauf respect, à une ménagerie ambulante. Un courrier partait en avant pour commander les chevaux de poste, un autre précédait la voiture. Au relais on amenait les six chevaux qui  devaient nous traîner, chevaux entiers, méchants, hargneux, hurlant, mordant, ruant. Ça s'attelait tant bien que mal, puis arrivaient les postillons fringants, le chapeau enrubanné sur l'oreille, quelques-uns encore poudrés et ornés de la grosse queue à catogan. Leurs vestes étaient garnies de cent boutons d'argent, leurs jambes passées dans des pantalons collants. Margot apportait les grandes bottes cerclées de fer où ils fourraient leurs jambes, on les hissait laborieusement à cheval, le maître de poste criait : « Allons ! Feu ! et lâche la main ! » et tout partait ventre à terre, au bruit des grelots, des coups de fouet, à l'admiration des femmes et des enfants du village groupés pour le spectacle. Une fois en route, ça se calmait, mais les postillons n'avaient aucun commandement sur leurs chevaux qui, connaissant le chemin, faisaient le relais par habitude, à leur guise. Si on rencontrait d'autres voitures, des rouliers sur la route, c'était une question de savoir si nos attelages se dérangeraient de leur chemin trop ou pas assez. Les rencontres s'annonçaient par les hurlements des postillons : si les chevaux ne se dérangeaient pas assez, un abordage formidable se produisait avec un torrent de jurons et cliquetis de lanternes et de glaces brisées. Si les chevaux au contraire se rangeaient trop, la voiture s'inclinait d'abord sur le bas-côté, et l'inclinaison augmentant, elle finissait souvent par verser doucement dans le fossé. Il sortait alors une clameur de la ménagerie, chacun se tâtant et de rire ensuite, pendant qu'on relevait la machine pour un nouveau départ. Plus loin, autre accident ; c'était la traversée d'un village, et les postillons, pour faire de l'effet, commençaient un concert de coups de fouet : les chevaux s'excitaient, l'allure s'accélérait, cela allait bien si la rue du village était droite, mais s'il y avait un tournant, les chevaux le prenaient trop court et une collision violente se produisait avec la borne du coin. Aussitôt on voyait accourir les charrons et les hôteliers, toujours à l'affût de ces accidents. Quatre heures de réparations ! Les *grands-parents* fulminaient, mais les enfants jubilaient, c'était le désordre, et on écrivait aux petits amis : « Nous avons versé à tel endroit, cassé à tel autre. » Ça faisait de la copie !

Le séjour de Randan n'offrait pas grand intérêt. On quittait la grand'route à Aigueperse ; on attelait six ou sept paires de bœufs à la voiture ; des Auvergnats en grands chapeaux et costumes (il y avait encore des costumes), armés de gaules, dirigeaient l'attelage ; la voiture oscillait, dans des chemins boueux, coupés de montagnes et de vallées ; on arrivait péniblement, mais on arrivait au château. La grande distraction du séjour était d'aller faire visite à madame la Dauphine, qui faisait une cure annuelle à Vichy.

Plus agréable le séjour d'Eu ! Le vieux château des Guise

n'était à cette époque qu'une baraque avec des corridors ondulés comme des vagues. Dans les tempêtes toute la maison tremblait, et quand le soir, après les histoires de revenants d'Anatole de Montesquiou, il fallait traverser la galerie des Guise, avec ses terribles portraits qui semblaient descendre de leurs cadres au sifflement lugubre du vent de mer, les bas enfants éprouvaient une petite émotion. Mais nous l'aimions, le vieux manoir ; il n'était pas banal.

Si de Randan on allait voir madame la Dauphine à Vichy, on allait d'Eu voir madame la duchesse de Berri à Dieppe, dont elle avait fait son séjour d'été. Nous l'accompagnâmes une fois au phare d'Ailly, sous l'escorte de sa garde d'honneur; un escadron de Cauchoises à cheval. *In illo tempore,* en ce temps-là toutes les femmes de Normandie, du pays de Caux, en particulier, faisaient leurs courses, allaient au marché à cheval; on voyait très peu de voitures. On avait choisi, parmi toutes ces paysannes, les plus jolies filles et c'était un plaisir de les voir caracoler, au nombre d'une quarantaine, autour de la voiture de la duchesse, la capitaine et la lieutenante à la portière, toutes uniformément habillées de blanc, avec le costume complet de Cauchoise, le chignon, le bonnet à barbes de dentelles, et montées sur leur bidet d'allure, qu'elles menaient parfaitement. Dans les haltes, l'escadron mettait pied à terre, et, tenant ses chevaux par la bride, faisait, dans le paysage normand, le plus charmant effet. Je n'ai jamais su où casernait l'escadron, mais, à coup sûr, il ne devait pas manquer de billets de logement. C'est M. de Murat, préfet de la Seine-Inférieure, qui avait eu l'idée de cette création ; — un homme charmant que ce préfet, mais si distrait, qu'appelé un matin chez madame la duchesse de Berri, il s'était hâté de ceindre son épée, de passer son grand uniforme et de courir en chapeau à trois cornes chez Madame, ne s'apercevant que là qu'il avait oublié sa culotte.

En 1828, un grand changement se fit dans mon existence ; j'avais dix ans ; mon tour arrivait, on me mit au collège, j'entrai à Henri IV. *Ay de mi!* dit la complainte espagnole. Quand je passe devant Saint-Etienne du Mont, que je regarde la tour de Clovis et les grands murs de la docte prison où j'ai passé trois ans, ce ne sont pas des souvenirs agréables qui me reviennent, bien loin de là! Je m'y suis mortellement ennuyé et n'y ai fait rien de bon. Mon éducation s'est faite par la lecture (j'étais et suis resté un lecteur passionné), par l'observation, et aussi en écoutant ceux qui savaient s'emparer de mon attention. J'ai écouté de toutes mes oreilles, de tout mon cœur, l'abbé Dupanloup, quand il faisait mon éducation religieuse, Pouillet quand il nous enseignait la physique, le grand Arago quand il m'a

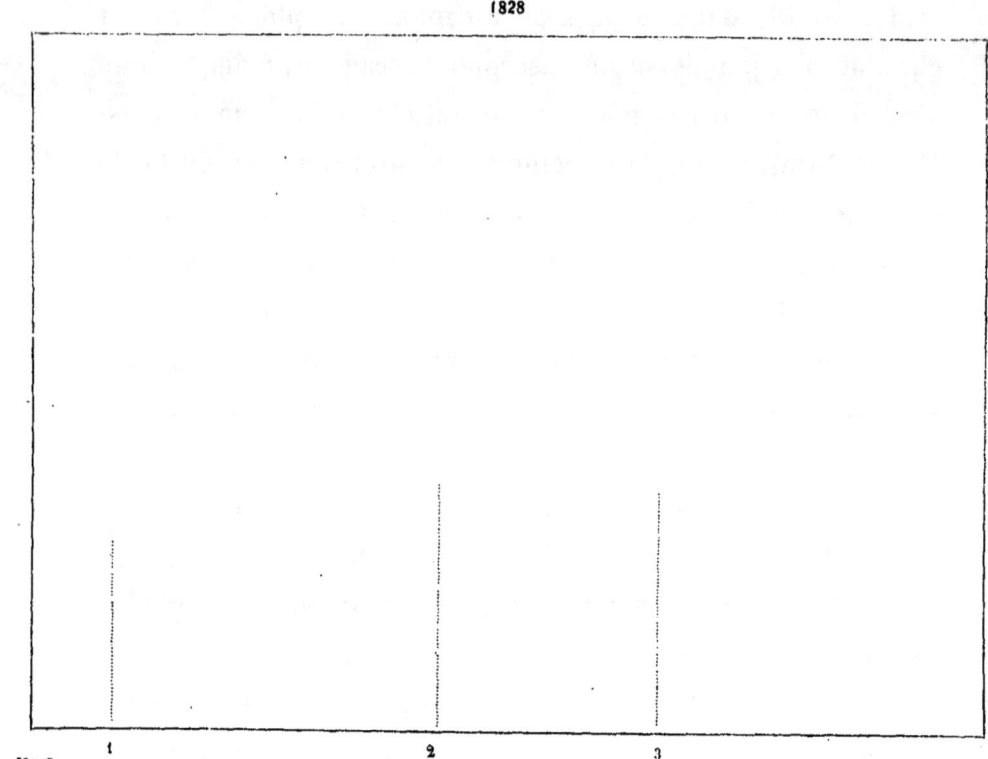

1. Pavillon. — 2. Prince de Joinville. — 3. Petit.

AU COLLÈGE HENRI IV. — La petite cour.

mis pour la première fois un sextant dans les mains; plus tard Michelet, quand je suivais le cours d'histoire qu'il faisait à ma sœur Clémentine; plus tard encore les leçons de droit que nous donnait M. Rossi, le ministre de Pie IX. Mais le latin, le grec, les heures passées sur un thème, une version, en compagnie d'un gros dictionnaire! Oh! la! la! Au point de vue universitaire j'ai donc été un cancre, rien qu'un cancre. J'ai pourtant décroché un prix, le plus misérable de tous : le second prix de version latine en septième! J'ai été couronné à la distribution des prix, pendant que la musique jouait en mon honneur : « Vive Henri IV! Vive ce roi vaillant, ce diable à quatre !... » J'ai reçu du même coup, d'un gros homme rouge, un baiser humide, trop humide, qui ne m'a fait aucun plaisir. Je me rappelle que le portier du collège s'appelait *Boit-sans-soif*, que ma plus grande joie était de sortir par sa porte après la classe du soir, pour descendre par la rue de la Montagne ou la rue des Sept-Voies, en faisant mille gamineries, et que ma douleur était poignante quand je devais rentrer le lendemain. J'avais pourtant de bons camarades que j'aimais, au milieu desquels je me suis perfectionné dans l'art de battre la semelle à six, de donner coups de pieds et coups de poings et d'en recevoir. Mais, somme toute, mon temps de collège reste pour moi, comme on dit en mathématiques, « affecté du signe moins! »

II

1830-1833

C'est pendant mes années de collège qu'éclata la révolution de 1830. J'avais douze ans ; j'étais par conséquent beaucoup trop jeune pour en apprécier le caractère politique et social. Je me souviens seulement qu'elle me causa une surprise profonde. N'ayant jamais assisté à aucun désordre, je n'imaginais pas ce que pouvait être une révolution. J'avais toujours vu le roi et la famille royale l'objet d'un respect qui ne s'est, du reste, jamais démenti, et j'étais à cent lieues de penser qu'on pût les chasser. Mais il est certain que les commencements de l'année 1830 ne ressemblaient pas aux années précédentes et qu'il paraissait y avoir quelque chose dans l'air. Au collège, même parmi les petits, on répétait beaucoup de propos singuliers ; nos précepteurs, affiliés à la presse, étaient, comme on disait alors, dans le mouvement et ne cessaient de parler politique. Où n'en parlait-on pas ? C'était une maladie. On se rappelle le mot de M. de Salvandy, lors de la fête que mon père donna au mois de mai au Palais-Royal, en l'honneur du roi de Naples, mon oncle et parrain : « Une fête toute napolitaine, monseigneur, car nous dansons sur un volcan. » Fête toute napolitaine en effet, non seulement à cause de la présence des souverains des Deux-Siciles, de la beauté idéale de la nuit, mais aussi à cause d'une tarentelle, sorte de ballet dansé au milieu de la soirée par madame la duchesse de Berri et une trentaine des plus charmantes jeunes femmes du faubourg Saint-Germain, en costumes napolitains, au milieu desquelles je revois toute grâce et élégance, la ravissante Denise du Roure, bientôt comtesse d'Hulst. A cette tarentelle succéda une polonaise conduite par le comte Rodolphe Appony et la duchesse de Rauzan, superbe en bleu et or, danse plus grave, exécutée par de nobles seigneurs et dames, tous en costumes hongrois, escortés de pages portant leurs bannières. Qui l'emportait, pour l'aristocratique beauté, des femmes qui prirent part à ces deux quadrilles ? c'est ce qu'il aurait été bien difficile de dire : la race était dignement représentée.

La famille royale, Charles X en tête, assistait à cette fête splendide où toutes les supériorités étaient réunies, toutes les classes représentées et où la cordialité semblait universelle. Après l'entrée des quadrilles costumés, le roi alla se promener sur la terrasse qui s'étend au-dessus de la Galerie d'Orléans. Les femmes y circulaient décolletées tant la nuit était belle et chaude, éclairée comme en plein jour, par des illuminations éblouissantes. La cour du Palais-Royal était fermée, mais une foule immense remplissait le jardin et tâchait de voir ce qu'elle pouvait de la fête. Je courais devant Charles X pendant qu'il faisait cette promenade et je le vis s'avancer avec sa taille droite et son air vraiment royal vers le parapet de la terrasse du côté du jardin. Il agita plusieurs fois la main pour saluer la foule qui, à cette petite distance et avec l'éclat des lumières, devait parfaitement le reconnaître, non seulement à ses traits, mais à son grand uniforme de colonel-général de la garde, et au cortège qui l'entourait; mais il n'y eut ni cris de : « Vive le roi ! » ni cris hostiles. La foule houleuse s'agita seulement un peu plus, en faisant entendre ce brouhaha qui s'élève un jour de feu d'artifice, quand éclate une belle pièce. Un dernier salut de la main, accompagné d'un : « Bonjour, mon peuple ! » que le roi dit moitié sérieusement, moitié plaisamment, et Charles X s'en alla. Je ne devais plus le revoir. Presque immédiatement la foule prit les chaises du jardin, les empila dans le parterre où était le canon de midi et y mit le feu. Il fallut appeler la troupe, faire évacuer le jardin, et cette première scène de désordre public, nouvelle pour moi, me remplit d'étonnement et aussi de colère.

Peu après cette fête, survint la prise d'Alger, un acte de puissance nationale, de politique courageuse et prévoyante, un brillant fait d'armes accompli sous le drapeau blanc, qui eut dû exciter l'enthousiasme, resserrer les liens entre la France et son roi, réconcilier la nation avec le vieux drapeau. Il n'en fut rien. La prise d'Alger fut accueillie comme une nouvelle ordinaire, les regrets pour le drapeau tricolore restèrent aussi vifs. C'est que la tribune et la presse, la presse surtout, le plus puissant instrument de destruction des temps modernes, avaient fait leur œuvre. Les jours du gouvernement

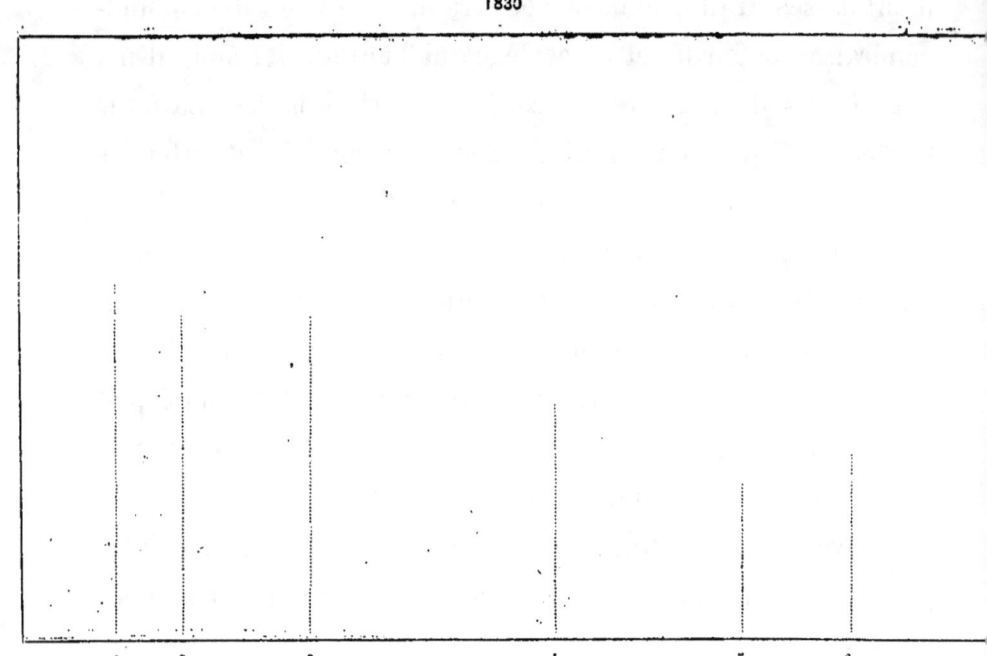

1. Capitaine des gardes. — 2. Duc d'Orléans. — 3. Charles X. — 4. Prince de Joinville. — 5. Le duc de Chartres. 6. M. de Salvandy.

BAL AU PALAIS-ROYAL

de la Restauration étaient comptés ; on n'avait rien à lui reprocher : au dehors, comme au dedans, il avait été assurément le meilleur des régimes qui se soient succédé depuis 1789. Mais il avait voulu gouverner en bon père de famille, pour le bien de la France dans le présent, pour sa grandeur dans l'avenir et résister aux assauts des déclassés, qui ne voyaient en elle qu'une ferme à exploiter. On l'avait démoli pièce à pièce, comme on démolit tout depuis cent ans, au nom de lois et de principes qui dissolvent tout gouvernement et rendront bientôt toute société impossible. L'heure du : « Ote-toi de là que je m'y mette », le seul but sincère de nos révolutions successives, de quelque déguisement qu'on l'affuble, allait bientôt sonner.

Le 25 juillet, nous avions tous dîné à Saint-Leu, chez monsieur le duc de Bourbon, un vieux cousin, qui ne se mêlait pas de politique, et qui menait une grande et belle existence à Chantilly et à Saint-Leu, sans venir jamais à Paris autrement qu'en passant, bien qu'il y possédât le charmant palais qui portait son nom, le palais Bourbon. Sa grande passion était la chasse où il excellait, et mon père, en lui abandonnant la chasse à courre de toutes ses forêts, s'en était fait un ami. Il y avait encore une autre raison à cette cordialité et peut-être la principale : c'est que mes parents avaient consenti à recevoir la baronne de Feuchères, qui exerçait sur monsieur le duc de Bourbon un grand empire, mais qui n'était pas admise à la cour. Je vois encore ce beau vieillard à la parole brève, au profil où le type de la maison de Bourbon était si vivement accentué, avec sa chevelure blanche et sa queue, son habit bleu boutonné d'où sortait un jabot, et son pantalon toujours beaucoup trop court laissant voir des bas blancs. Le soir dont je parlais il y avait grande réunion à Saint-Leu, grand dîner, puis comédie de société, jouée par madame de Feuchères et les gentilshommes de monsieur le duc de Bourbon. Dans l'assistance, des officiers de la garde royale et nombre de personnages dont je connaissais les noms pour les avoir entendus cités parmi ceux des conservateurs ardents appelés alors les ultras! L'un deux, M. de Vitrolles, attira mon attention par une longue conversation qu'il eut avec mon père pendant un entr'acte. M. de Vitrolles a depuis raconté dans ses *Mémoires* cette conversation et la conviction qu'il en rapporta de l'horreur que l'idée d'une révolution nouvelle inspirait à mon père. Ils n'avaient différé que sur les moyens de l'éviter. Lequel des deux avait raison?

Nous rentrâmes le soir à Neuilly et le lendemain 26, au moment où nous nous apprêtions, Nemours et moi, à partir pour le collège, quelqu'un ouvrit la porte et jeta à nos précepteurs ces mots : « Le coup d'État est au *Moniteur*. — Comment? — Oui! Les Ordonnances. » Sur quoi nos précepteurs coururent au salon de famille où nous les suivîmes. Nous y trouvâmes mon père assis, comme anéanti; il tenait le *Moniteur*. En voyant arriver les précepteurs, il leva le bras en l'air avec désespoir et le laissa retomber. Au bout d'un silence pendant lequel ma mère mettait ces messieurs rapidement au courant, mon père dit seulement : « Ils sont fous! » puis, après un nouveau et long silence : « Ils vont se faire exiler encore! Oh! pour moi je l'ai déjà été deux fois! Je n'en veux plus, je reste en France! » Je n'en entendis pas davantage, parce que l'heure du collège était arrivée et que nous montâmes en voiture, mais ces paroles de

1830

N° 8.

LA GARDE ROYALE. — Les Suisses (27 juillet).

première impression me sont restées gravées dans la mémoire.

Notre journée du collège se passa comme à l'ordinaire, mais le lendemain 27, quand nous revînmes de Henri IV, il était facile de voir qu'une grande agitation régnait dans Paris. L'école de natation Deligny, au coin du quai d'Orsay, où, suivant l'usage, nous allâmes, après la classe, prendre notre bain, était pleine de jeunes gens qui discutaient, péroraient et racontaient les incidents vrais ou faux de la journée. Les troupes occupaient la place Louis XV, aujourd'hui place de la Concorde. Il y avait un régiment de la garde à pied, un bataillon suisse, les lanciers de la garde, l'artillerie de l'école militaire, troupes superbes, les plus belles que j'aie vues en aucun pays et dont les gardes à pied anglaises pourraient seules, aujourd'hui, donner une idée. Officiers animés au plus haut degré de l'esprit de corps et du dévouement chevaleresque; vieux sous-officiers dont beaucoup avaient vu les guerres de l'Empire, commandant à des soldats vigoureux, jeunes d'âge, mais vieux d'instruction, de discipline et tout fiers de porter les plus charmants uniformes : telle était la garde royale. Que dire aussi de ces superbes bataillons suisses, par tradition séculaire, l'infanterie la plus solide du monde. Ces magnifiques troupes, qui auraient pu rendre de si grands services à la France sur le champ de bataille, allaient disparaître en deux jours : je les voyais aussi pour la dernière fois.

Près de la porte Maillot, nous rencontrâmes madame la duchesse de Berri, à cheval, entourée d'un groupe nombreux d'écuyers ; nous nous saluâmes amicalement. Sans doute son instinct de femme et de mère lui faisait chercher à se rapprocher des événements.

Le lendemain 28, on savait Paris en pleine insurrection : le canon grondait ; le bourdon de Notre-Dame sonnait le tocsin ; nous n'allâmes pas au collège, bien entendu. Mais les maîtres qui donnaient des leçons à mes sœurs vinrent à Neuilly, et par eux on apprit successivement ce qui se passait dans la capitale : toutes les rues couvertes de barricades, la troupe sur la défensive, le drapeau tricolore partout arboré.

Le 29, la lutte se rapprocha de nous ; un boulet vint en sifflant s'abattre dans le parc. D'après les dires des gens échappés de Paris, l'insurrection était triomphante, la troupe de ligne fraternisait avec elle ; la garde se retirait sur Saint-Cloud pour se grouper autour du roi. Je néglige tous les bruits, tous les canards qui accompagnaient ces nouvelles trop réelles. Que faisions-nous pendant ces heures d'angoisse ? Nous obéissions à divers sentiments. Le premier était celui d'une ardente sympathie pour nos soldats engagés dans la lutte, pour *ces pauvres soldats*, la vraie France, le vrai peuple, obéissant aux plus nobles mobiles l'honneur, le devoir, en opposition à la populace, dont l'envie et les mauvais instincts étaient déchaînés par une poignée d'ambitieux. Aussi n'eûmes-nous de repos que lorsque tout le personnel du château se fût porté aux diverses portes du parc, pour les ouvrir aux soldats isolés, dispersés, menacés de massacre. On les faisait entrer, on les faisait manger, on leur donnait des casquettes, des blouses, au lieu de leurs uniformes, et on les passait en bateau sur l'autre bord de la Seine. A côté de cela, tant le cœur de l'homme et surtout de l'enfant est rempli de contrastes, nous obéissions au courant, nous fabriquions, mes sœurs, moi, nous tous, des cocardes tricolores !! Bien certainement cette fascination du drapeau tricolore a été une des causes de la rapidité avec laquelle a pris la traînée de poudre révolutionnaire.

Et comme il y a toujours le côté pour rire au milieu des événements les plus sérieux, la note comique fut donnée par nos maîtres de langues, de dessin et autres, qui, sortis de Paris le 28, n'avaient pas osé y retourner à cause de la bataille. Quand ils s'y décidèrent, le 29, nous persuadâmes à ceux d'entre eux qui portaient des moustaches, qu'ils courraient de grands dangers et seraient pris pour des soldats déguisés. Tout aussitôt la salle d'étude fut transformée en une boutique de barbier, où s'opéra un *rasage* général, avec les changements de physionomie qu'il comporte et qu'augmentait encore l'effarement des personnages.

En même temps que nos maîtres rasaient leurs moustaches, mon père disparaissait de Neuilly. Ses mouvements nous furent rigoureusement cachés et, même depuis, je ne les ai jamais bien connus. Aussi n'en dirai-je rien[1]. Nous sûmes seulement bientôt qu'il était à Paris, qu'il y exerçait des fonctions mal définies et, le 31 au soir, ma mère nous

---

1. Je n'ai pas à juger la conduite de mon père en acceptant la couronne en 1830. La révolution de Juillet a sans doute été un grand malheur : elle a porté un nouveau coup au principe monarchique, et donné un funeste encouragement aux spéculateurs en insurrections. Mais j'ai l'absolue certitude que mon père ne l'avait jamais souhaitée et que, au contraire, il l'avait vu venir avec une profonde douleur. Quand le trône de Charles X s'est écroulé, sans qu'il pût en aucune façon le défendre, il a sans doute désiré passionnément échapper à l'exil commun et continuer à mener en France une existence heureuse entre toutes. La lutte terminée et la France soulevée d'un bout à l'autre, il a compris qu'il n'échapperait à l'exil qu'en s'associant au mouvement et il est certain qu'il ne l'a fait au début qu'avec la pensée de ramener Henri V sur le trône. Cet espoir déçu, il a cédé aux instances de tous ceux qui le conjuraient, comme seul en position de le faire, d'arrêter la France sur la pente fatale qui, de la république, la mènerait encore à la dictature, à l'invasion, à l'amoindrissement. Il a reculé de dix-huit ans ce funeste enchaînement, au péril de ses jours sans cesse menacés. Ce sera son honneur dans l'histoire, quelle que soit l'injustice des hommes.

annonça que nous allions aller le rejoindre au Palais-Royal. Sur les huit heures du soir nous partîmes, ma mère, ma tante Adélaïde et tous les enfants, dans un omnibus, afin de ne pas attirer l'attention. A la barrière de l'Étoile nous commençâmes à trouver des barricades, mais on y avait pratiqué déjà des ouvertures qui permettaient le passage d'une voiture, ouvertures toutes gardées par des postes de gens, pardon, je me trompe, de citoyens armés qui jouaient au soldat, à la police, arrêtaient, questionnaient comme de vrais enfants. L'omnibus ne put dépasser la place Louis XV, à cause de la multiplicité des obstacles. Nous mîmes pied à terre et ma mère, nous divisant deux par deux, nous dit de nous disperser avec rendez-vous au Palais-Royal.

Paris était, ce soir-là, bien curieux : entièrement illuminé, avec des lampions et des drapeaux tricolores à chaque fenêtre. Comment avait-on eu le temps en deux jours de confectionner une si grande quantité d'emblèmes ? Les rues complètement dépavées et tous les pavés empilés en barricades, avec mélange de voitures versées, de tonneaux, de débris de toute sorte : derrière tous ces barrages, des gardiens improvisés, des passants, des promeneurs armés et tirant des coups de fusil à chaque instant ; tout le monde, hommes et femmes, avec de gigantesques cocardes tricolores au chapeau, à la casquette, au bonnet, dans les cheveux. Sur la place du Palais-Royal, on voyait, au milieu d'une grande foule, une diligence *Laffitte et Caillard* qui avait servi à une barricade et qu'on avait relevée. Elle était pleine de monde et surchargée de grappes humaines qui chantaient en chœur. Où le refrain s'arrêtait une vive fusillade éclatait, et la diligence, traînée par trois ou quatre cents personnes attelées à des cordes, faisait à fond de train le tour de la place, au milieu d'un concert de hurlements variés. Bien qu'il fût tard quand nous arrivâmes au Palais-Royal, il était tout éclairé, toutes portes ouvertes ; entrait qui voulait, et lorsque nous montâmes l'escalier, bien des gens étaient déjà installés sur les degrés, s'apprêtant à y passer la nuit. Nous vîmes mon père dans son cabinet et on nous envoya coucher, c'est-à-dire bivouaquer dans nos chambres habituelles.

Le lendemain la fusillade se ralentit, mais le désœuvrement continua ; tout le monde se promenait. Bientôt on commença à se préoccuper des questions de nourriture, tous les arrivages de provisions, tout commerce étant arrêtés par le barricadage général. On se questionnait réciproquement pour savoir ce qui se passait, ce que tout le monde, hors les meneurs, ignorait complètement. La foule ressemblait à un immense troupeau de moutons dont on avait chassé les bergers et qui s'étonnait de ne pas voir paraître les nouveaux chiens destinés à les morigéner. Aucun mauvais instinct ; quelquefois une panique : tout le monde se sauvait à toutes jambes sans savoir pourquoi, puis on s'arrêtait et on se mettait à rire. Une clameur se faisait entendre et s'approchait en ronflant. C'était un homme populaire se rendant de l'Hôtel de Ville au Palais-Royal, précédé de quelques claqueurs, qui allumaient un enthousiasme auquel tout le monde prenait part, sans avoir idée du nom du héros qu'on acclamait, heureux seulement de pouvoir faire ainsi acte de civisme. Puis il survenait un attendrissement général ; on s'embrassait avec fureur ; pour quelques-uns, c'était un élan du patriotisme qui se soulageait ; pour d'autres, un effet de l'extrême chaleur et de la soif satisfaite qui en résultait ; pour d'autres enfin, le relâchement de mœurs d'une ère de fraternité. Le héros de ce baisage universel, contagieux, était Lafayette, à qui tous voulaient donner l'accolade et un grand bruit de tambours ayant annoncé son arrivée au Palais-Royal, il dut prendre place devant moi dans un salon et embrasser des milliers de personnes de tout âge. J'y passai comme les autres, mais je vis des gens de connaissance qui repassèrent bien des fois devant l'illustre vieillard pour se faire embrasser et… chaque fois… avec une émotion toujours croissante.

Au Palais-Royal entrait et sortait qui voulait ; c'était un défilé curieux de personnages de toute sorte, venant observer, prendre le vent, faire leur adhésion plus ou moins désintéressée. Quelques-uns venaient, poussés par leur dévouement, essayer de servir encore la cause qui leur était chère. C'est ainsi que je vis Anatole de Montesquiou introduire M. de Chateaubriand dans le salon de ma mère. Par contre je vis Savary, duc de Rovigo, l'homme du duc d'Enghien, sortir en uniforme et botté du cabinet de mon père où il était venu offrir ses services. Le soir, comme nous étions tous réunis, on entendit un grand bruit du côté de l'escalier ; on se précipita ; une foule d'hommes

N° 9.

1. Colonel de Berthois. — 2. Duc d'Aumale, duc de Montpensier. — 3. Général Sébastiani. — 4. Duchesse d'Orléans. 5. Duc d'Orléans. — 6. Prince de Joinville.

UNE HÉROÏNE DE BARRICADE

armés, éclairés par des torches montaient en poussant de grands cris et agitant des drapeaux. En tête marchaient cinq ou six élèves de l'Ecole polytechnique, tricorne en Sambre-et-Meuse et l'épée à la main. Derrière eux on portait en triomphe une femme en habits d'homme : ceinture rouge et pantalon collant, une héroïne de barricade, que cette foule hurlante voulait présenter à mon père et qu'il fut obligé de recevoir. Cette scène me fit une impression de dégoût, suivie bientôt d'une autre non moins pénible. Les meneurs de la révolution avaient fait partir une armée de volontaires pour déloger de Rambouillet le vieux Roi et sa garde. Ils ne l'en délogèrent point, parce que, d'abord, le Roi prit lui-même la décision de licencier sa garde et de se retirer à Cherbourg sous la seule escorte de quatre compagnies des gardes du corps et ensuite parce que les volontaires, sortis de Paris en grand nombre, s'égrenèrent rapidement en chemin et se gardèrent bien surtout de s'aventurer à portée des canons de la garde. Leur retour de Rambouillet ne fut pas moins triomphant, ramenant les voitures, les équipages royaux dont on s'était emparé, sans coup férir. Ce furent ces carrosses à six, à huit chevaux, conduits encore par les malheureux cochers et postillons en grandes livrées, que je vis avec horreur déboucher sur la place du Palais-Royal, croyant qu'ils ramenaient le souverain et sa famille prisonniers, dans le coupe-gorge révolutionnaire. Il n'en était rien heureusement : les voitures contenaient seulement des voyous affublés de costumes ridicules, robes de chambre, bonnets de coton et je ne sais quelles autres mascarades destinées à provoquer les quolibets de la foule. C'était dégoûtant.

Puis les jours s'écoulèrent ; Paris reprit peu à peu sa vie ordinaire ; les rues se repavèrent, la circulation se rétablit ; on revit des soldats, des gendarmes, des sergents de ville, une certaine sécurité reparut ; en tout cas l'éternelle lutte de l'ordre contre le désordre reprit son cours. Les plus turbulents éléments de la révolution furent amenés, petit à petit, à contracter des engagements militaires et on les expédia en Algérie sous le nom de régiments de la Charte. Il fut plus difficile de se défaire d'une garde d'honneur de deux ou trois cents hommes, qui s'était formée de son autorité privée, pour garder soi-disant mon père et le Palais-Royal. Elle habitait l'escalier, le vestibule nuit et jour. C'était un ramassis de gens sans aveu, de rôdeurs de barrières de la pire espèce, de chenapans couverts de haillons, porteurs d'armes pillées partout, au Musée d'artillerie entre autres, où quelques-uns avaient emprunté jusqu'à des cuirasses, des casques de ligueurs. Bien entendu, il fallait les payer, les nourrir. Cette bande avait pour chef un aspirant de marine en congé à Paris au moment de la révolution, nommé Damiguet de Vernon, qui depuis est mort général. Quand mon père sortait pour aller à la Chambre des députés ou ailleurs, cette troupe prenait les armes, et avec tambours et trompettes rendait les honneurs à sa manière. C'était une scène digne du crayon de Callot. Pour se défaire de ces braves gens, on nomma d'emblée l'aspirant de Vernon lieutenant de la garde municipale à cheval, à titre de récompense nationale et on donna à sa bande des habits avec lesquels ils se hâtèrent de

décamper au premier signe d'une introduction de discipline dans leurs rangs.

Le trantran régulier recommença aussi pour nous. — Après plus d'une semaine de vacances, je fus remis au collège, où nous fîmes, nous aussi, notre révolution en exigeant que la cloche, qui sonnait les heures de classe et de réfectoire, fût remplacée par le tambour. Quand, en allant à ma classe, mon porte-feuille-pupitre sous le bras, je me croisais avec la colonne des grands, descendant des *quartiers*, je recevais plus d'une bourrade avec un : « Tiens, attrape ! Petit-Sa-Majesté ! » ou la scie du jour : « As-tu vu Léontine ? » — du nom de Léontine Fay, actrice très populaire auprès de la jeunesse. Mais, à part cela, mon existence avait repris sa monotonie habituelle. C'est à peine si les émeutes, les essais d'insurrection qui se succédèrent presque régulièrement vinrent y faire parfois diversion. Je ressentis pourtant une certaine émotion la première fois que je fus témoin d'une de ces tentatives de désordre. La soirée du Palais-Royal venait de finir et j'étais remonté dans ma chambre, lorsque de grands cris, accompagnés d'un « Ah ! mon Dieu ! » de mon valet de chambre, me firent courir à la fenêtre. La cour du Palais-Royal était fermée, mais les galeries étaient remplies d'une foule tumultueuse, hurlante, dont les plus ardents billardaient la porte de l'escalier faisant face à la boutique de Chevet : « Ils vont l'enfoncer et monter. Dans un instant ils seront ici ! disions-nous. Qu'allons-nous faire ? » On distinguait, au milieu des hurlements, les cris de : « Mort à Louis-Philippe ! » lorsque soudain, je vis, à la lueur du gaz, étinceler les épées des sergents de ville, lardant de tous côtés ; bientôt la troupe accourut, baïonnettes en avant, et devant elle la foule se sauva à toutes jambes. Cette foule revenait de Vincennes où elle était allée demander au général Daumesnil, l'homme à la jambe de bois, la tête des ministres de Charles X, enfermés dans sa forteresse, et n'ayant pu l'obtenir, elle voulait avoir celle de mon père en échange.

L'affaire en resta là, mais de nouvelles occasions d'émeutes ne tardèrent pas à se présenter et furent saisies avidement. Une fois ce fut pendant un grand dîner diplomatique, donné par mon père, dans cette salle à manger du Palais-Royal, dont les fenêtres donnent sur la cour des Fontaines. J'étais à côté de la fille de lord Granville et m'efforçais d'être aimable, lorsque le vacarme de l'émeute éclata tout à coup et vint interrompre les conversations. Tout le monde se regardait, regardait dans son assiette, chacun paraissait bien fâché d'être là en pareil moment, lorsqu'un grand bruit de ferraille et de piétinement de chevaux sur le pavé survenant, on comprit que la cavalerie chargeait ; après quoi, le ciel se rassérénant, les colloques reprirent, mais avec effort.

Une autre fois, les choses furent plus sérieuses. L'émeute, je ne me rapelle plus laquelle (il y en eut tant !) devint à un moment très menaçante. Je vois encore mon père, prenant Casimir Périer par le bras et lui criant à l'oreille : « Dites qu'on donne des cartouches, des cartouches ! » Casimir Périer, aussi excité que lui, se précipita, mais fut arrêté au passage par un officier qui lui dit : « Il y a là trois élèves de l'École polytechnique envoyés en parlementaires. — Parlementaires de quoi ? de l'émeute ? De l'insurrection ? Faites-les saisir ! Fourrez-les au cachot ! — Mais, monsieur le ministre, reprit l'officier, ancien polytechnicien lui-même, ils ont ma parole, je ne peux pas... » Mais Casimir Périer n'écoutait plus. A ce moment j'aperçus, dans un coin du salon où se passait cette scène, un homme assis et faisant triste mine. Devant lui se promenait de long en large un aide de camp de mon frère aîné, le général Marbot, qui ne le quittait pas de l'œil. « Qu'est-ce que vous faites donc là ? demandai-je au général. — Je garde à vue ce monsieur que vous voyez, — Qui est-ce ? — Le préfet de police. — Ah ! — Il trahit, dit-on. » Et voilà dans quelles situations on se trouve le lendemain des révolutions, quand il s'agit de rétablir l'ordre non seulement dans la rue, mais dans la hiérarchie gouvernementale.

Du reste, j'entendais toujours avec plaisir battre le rappel, qui à chaque émeute nouvelle appelait sous les armes la garde nationale et, bien entendu, précepteurs, maîtres, professeurs qui en faisaient partie. C'était la suspension des études et surtout suspension du collège où, heureusement, je ne devais plus rester longtemps. Au printemps de 1831, comme je n'y faisais plus rien de bon, on se décida à m'en retirer; mon goût pour la carrière navale allant toujours croissant, mon père résolut de faire de moi un marin. Seulement il voulut qu'avant d'embrasser sérieusement la profession, je fisse une campagne de mer. On m'envoya donc à Toulon, pour être embarqué comme pilotin volontaire sur la frégate *l'Arthémise*, commandant Latreyte. Je n'avais pas treize ans, c'était le bon moment pour commencer.

Après les adieux les plus tendres à ma mère, mon père, ma tante, mes frères et sœurs, que je n'avais jamais quittés, on m'emballa dans une chaise de poste avec monsieur Trognon, et en route !

Le trajet se fit sans incidents jusqu'à Lyon, mais là, le préfet, M. Paulze d'Ivoy et M. Vitet, l'auteur des *Barricades*

des États de Blois, s'emparèrent de moi pour me faire voir la ville, en réalité pour faire de moi un prétexte à manifestations en faveur du nouveau régime. On me promena en voiture à Fourvières, à la Croix-Rousse, où je reçus de l'énergique population le meilleur accueil. Je dus, moi, bambin de treize ans, recevoir les officiers de la garde nationale, très militaires, par exemple, sous l'uniforme à revers blancs, imité de la garde impériale, dont ils étaient revêtus. Toutes ces réceptions, ces représentations, fort peu de mon goût, allaient se reproduire tout le long de la route, jusqu'à Toulon, augmentant de vivacité à mesure que nous descendions plus au midi et que nous traversions des populations plus divisées par les passions politiques.

A Valence, je trouvai une foule immense, avec la garnison et la garde nationale sous les armes, et un grand lieutenant-colonel du 49e de ligne, un homme superbe, insistant pour me faire passer la revue des troupes. Il me prit d'une main, tandis que de l'autre il brandissait son épée et donnait le signal de l'enthousiasme. Il s'appelait Magnan et il est mort maréchal de France. A Mornas, patrie du fameux baron des Adrets, la réception prit une forme originale. En arrivant au relais, j'aperçus une grande foule et la garde nationale rangée sur deux files, à droite et à gauche des postillons qui allaient relayer. La voiture vint s'arrêter entre ces deux files et je crus lire comme un sourire contenu sur les visages des gardes nationaux, sourire qui dura peu, le commandant, au comble de l'excitation, émettant rapidement les commandements de : « Présentez, armes ! — Feu ! » suivis d'une pétarade abominable, tous les gardes nationaux ayant le doigt sur la gâchette en présentant les armes. La foule poussa un immense hurrah, les chevaux épouvantés se cabrèrent, se renversèrent, ce fut un désordre terrible, qui parut transporter de joie le commandant.

Rien de saisissant à Orange ou à Avignon; discours des autorités, visite aux monuments publics, à peu près la routine, devenue aujourd'hui si familière à tous, de la réception officielle. Mais à Orgon, entre Avignon et Aix, ce fut différent. Foule immense des plus agitées à l'arrivée, cris de toute sorte, puis la voiture prise d'assaut par des gens qui semblaient ivres, mais qui n'étaient ivres que de passion politique. Il paraît que la ville d'Orgon passait pour ne pas être favorable au régime de 1830. Aussi fus-je salué de tous côtés de cris : « Nous sommes les gens de Cavaillon ! — Nous sommes descendus de la montagne pour que vous puissiez dire à votre papa que les Provençaux ne sont pas carlistes. » Et en avant la *Marseillaise !* La voiture est dételée, la foule l'entoure, monte sur les marchepieds, les roues, l'avant-train, l'impériale. Je suis prisonnier dans ma cage, ne voyant devant les portières que les bottes de tous ceux qui sont assis sur l'impériale. Tous les couplets de la *Marseillaise* se suivent accompagnés de vociférations. Un monsieur parvient à se glisser jusqu'à la portière, se donne comme le maire et cherche à nous délivrer en s'écriant : « Messieurs ! c'est indécent ! » ce qui ne lui attire qu'un : « Qui est-ce qui nous a f... un *mayré* comme ça ! » Je ne sais pas combien de temps cela aurait duré si nous n'eussions été délivrés par un détachement du bataillon d'ouvriers d'administration, en garnison à Orgon, qu'on était allé querir.

D'Orgon à Marseille, nous rencontrâmes des régiments de la Charte, venant de Paris et dirigés sur Alger, passage qui ne contribuait pas peu à exciter les populations. A Marseille la garde nationale bordait les allées de Meillan, chaque garde national ayant dans le canon de son fusil, un bouquet qu'il ôtait pour le jeter dans la calèche où je me trouvais avec le général Gazan, si bien que je fus bientôt complètement en-

seveli, ma tête seule émergeant, pendant que la foule criait à tue-tête : « Vivé lé Prinnche ! » et que j'entendais des voix de femmes ajouter : « Qué sis poulid ! »

A peine arrivé à Toulon la frégate sur laquelle j'étais embarqué prit la mer. Mon apprentissage commença et je me trouvai vite en famille au milieu de nos marins qui tous, officiers, maîtres, matelots, non seulement me montrèrent dès le premier jour une affection qui me gagna le cœur, mais s'étudièrent à me rendre le séjour du bord agréable, tout en m'initiant, chacun dans sa sphère, à tous les détails du métier. L'*Arthémise* était une belle frégate à voiles, de cinquante-deux canons, avec une gigantesque mâture, un des types les plus élégants de la vieille marine. C'était bien la vieille marine, en effet ; nous avions encore des câbles en chanvre au lieu de chaînes. Notre équipage, exclusivement composé d'hommes des classes, était leste, hardi dans la mâture, mais légèrement insubordonné. Les commandements se faisaient escortés d'un déluge de jurons et s'exécutaient sous une grêle de coups administrés par la maistrance. Les chefs, provenant de l'ancienne marine impériale, avaient gardé la détestable habitude qui nous a coûté tant de revers, de négliger complètement l'instruction militaire. Ils ne voyaient que la navigation. On suivait bien une routine d'exercices réglementaires, mais ces exercices étaient ridicules. Pour l'artillerie, le *nec plus ultra* de la perfection était qu'au commandement de « *Refoulez* », les treize refouloirs de la batterie frappassent l'âme des pièces avec un ensemble irréprochable. Parfois on récitait la théorie au milieu d'une somnolence et d'une inattention universelle. Pas une application, pas un coup de canon tiré pendant toute la campagne.

Le commandant me donna des maîtres et des matelots comme instructeurs de détail et j'appris vite toutes les nomenclatures, l'art de manier l'épissoir, de faire des nœuds et aussi de grimper dans la mâture, ce que je n'accomplis pas la première fois sans une peur épouvantable. Je me rappelle qu'arrivé aux barres de perroquet, je me tenais cramponné et n'osai redescendre que sous la pression du rire moqueur des assistants. Mais c'est par l'observation que j'appris le plus et j'eus tout de suite ce je ne sais quoi qui ne s'enseigne pas : l'instinct des choses de la mer. La campagne fut agréable et les relâches intéressantes.

A Ajaccio je retombai encore dans les démonstrations publiques et je fus là le héros d'une manifestation napoléonienne. On me porta comme en triomphe à la maison où Napoléon était né, où je fus reçu par son oncle, un Ramolino très âgé, frère de madame Lætitia. Comme mes sœurs, qui dessinaient partout des Napoléon, je professais une profonde admiration pour le grand homme de guerre ; je demandai donc à son oncle un souvenir de lui et il me donna un fauteuil rouge, provenant de la chambre où il était né. A Livourne, après une visite au dey d'Alger, le dernier représentant de ces Barbaresques, la *Terreur des mers*, comme on chante dans la *Muette*, je reçus du grand-duc de Toscane une invitation à venir à Florence où je fus conduit par le très aimable ministre de France, M. de Ganay. Il n'est pas de soins que n'eurent pour moi, pendant mon séjour au palais Pitti, cet excellent grand-duc et sa famille, soins que je ne pus reconnaître autrement qu'en construisant, avec mes talents de collège, un pantin articulé qui faisait le trapèze pour une des jeunes princesses que nous appelions l'archiduchesse Mimi, qui a plus tard épousé le prince Luitpold de Bavière. Je revins à bord de l'*Arthémise*, plein de reconnaissance de l'accueil que j'avais reçu, plein d'admiration pour les monuments, les merveilles d'art que j'avais vus à Florence, Pise, Pistoïa, auxquelles, malgré ma jeunesse, j'avais pris le plus vif intérêt.

Nouvel enchantement à Naples, au milieu de la famille de ma mère, de mes jeunes cousins et cousines et parmi ces dernières une admirablement belle; Antonietta, plus tard à son tour grande-duchesse de Toscane. Rien de charmant d'ailleurs comme le Naples d'alors; je ne parle pas du cadre merveilleux qui durera éternellement, mais du Naples des Napolitains, gai, bruyant, spirituel du haut en bas, avant que la peste politique l'eût gagné, divisé, assombri, dépouillé de son originalité. Le Naples des lazzaroni, du macaroni, des corricolos chargés de moines et de femmes en costumes, allant ventre à terre au bruit des sonnettes : le Naples de *Pulcinella* et de Léopold Robert.

Après Naples, Palerme, puis Malte où nous trouvâmes l'escadre anglaise, superbe et reçûmes l'accueil le plus empressé du gouverneur, général Ponsonby et de sa très aimable femme lady Emily. Notre séjour à Malte se termina par un incident désagréable, à peine concevable aujourd'hui, où la discipline navale peut être citée comme modèle. La veille du jour où nous devions appareiller, le soir, notre équipage déserta en masse. Plus de trois cents hommes, sans tenir compte des efforts de l'officier de quart et de quelques gradés présents, s'emparèrent des canots et bateaux de passage qui étaient le long du bord et filèrent à terre en bordée. Le lendemain, impossible de partir, nous n'avions plus d'équipage. Il fallut recourir à la police et à la garnison anglaises : elles organisèrent des battues, ramassèrent nos coureurs et nous les ramenèrent presque tous dans la soirée. Nous partîmes, un peu humiliés d'avoir donné aux Anglais ce triste exemple de l'indiscipline qui suit toujours les révolutions. Les Anglais eux aussi ont eu leur révolution, mais ils se sont bien gardés d'en faire plusieurs et surtout d'édicter des lois qui en rendent le retour périodique inévitable. Ayant plus de trois cents délinquants, il fut impossible de sévir ; les hommes le sentirent et avec une intention évidente de narguer leurs officiers, ils passèrent les soirées suivantes à chanter des chansons révolutionnaires dont ils venaient hurler des couplets à genoux sur le gaillard d'arrière. Peu à peu la fermeté des chefs eut raison de ces saturnales.

Des orages nous retinrent dans le canal de Malte et il s'en fallut de bien peu que nous ne nous trouvassions sur les lieux juste le jour où une éruption fit sortir du milieu de la mer une île et un volcan aujourd'hui rentrés au fond des eaux. Après une longue traversée, la frégate mouilla à Alger qui, en 1831, était encore la ville des deys. Pas une rue n'avait été élargie, pas une maison européenne bâtie. Une nombreuse population indigène y habitait encore ; la rue de la Marine, semblable à un escalier étroit et tortueux, était encombrée de négresses marchandes ; les cafés remplis de Maures coiffés d'immenses turbans. Pour ajouter au pittoresque, on se battait aux portes de la ville ; le gouverneur général, Berthezène, venait d'être ramené tambour battant de Médéah ; de la frégate je voyais pétiller la fusillade sur les coteaux de Kouba et il fallait faire colonne pour ravitailler la Maison-Carrée ! Dans ces circonstances le gouverneur pensa qu'il serait d'un bon effet de montrer le *fils du Roi* aux troupes et on décida qu'il y aurait une revue le lendemain. On retirerait momentanément les troupes des lignes de défense et la revue serait passée à Mustapha. J'avais hasardé la proposition d'aller voir les soldats aux lignes de défense même, dans l'espoir de me rapprocher des coups de fusil, désir bien naturel, puisque, malgré mes treize ans, je portais un uniforme de volontaire, mais on ne m'écouta pas, et monté sur la mule blanche de l'ex-dey, que malgré mes protestations d'écuyer, un soldat du train persistait à tenir par la bride, on me conduisit à Mustapha.

Une vraie revue, celle-là ! Les soldats s'étaient battus toute la matinée ; le teint hâlé, les yeux rougis par la fumée, le trait noir au coin droit de la bouche, là où ils déchiraient la cartouche, zouaves et liguards avaient une fière mine. Les

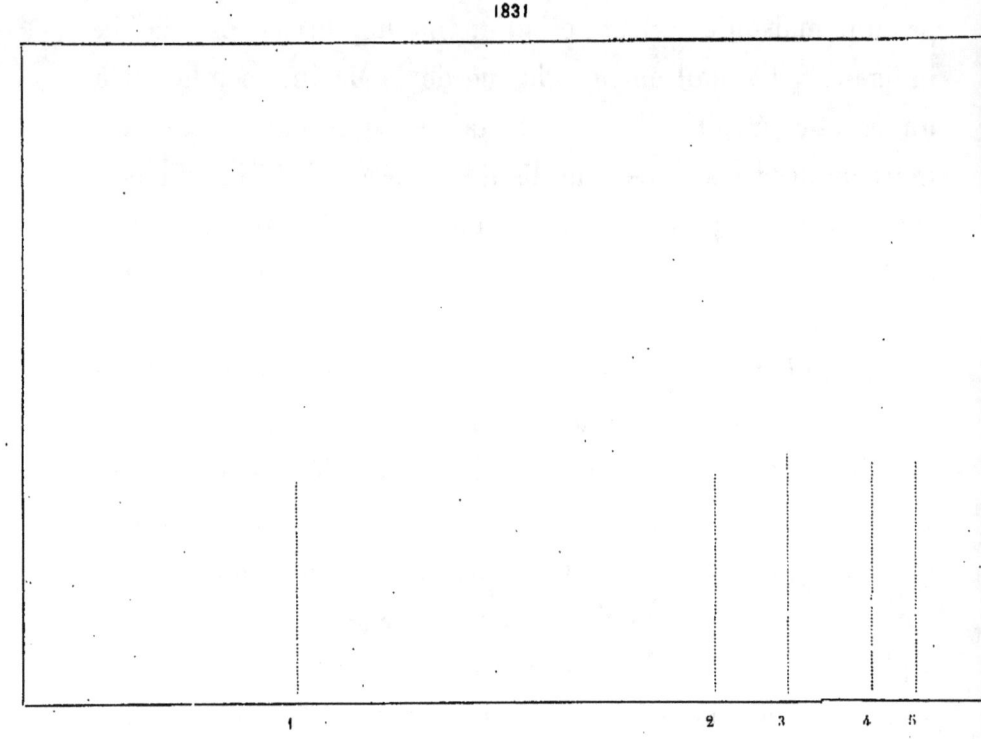

N° 10.
1. Capitaine Marey, commandant. — 2. Prince de Joinville. — 3. Général baron de Feuchères. — 4. Colonel Mounier. 5. M. Trognon.

A ALGER. — Les Zouaves.

zouaves venaient à peine d'être formés et ne ressemblaient guère aux zouaves d'aujourd'hui. Le rang se composait en majorité d'Arabes portant à peu près l'uniforme actuel, mais les jambes nues et les pieds chaussés de savates, entremêlés de voyous parisiens tirés des régiments de la Charte, la plupart en blouse et casquette. Bien des sous-officiers sortaient de la garde royale et en portaient encore la capote bleue. La tenue absolument fantaisiste des officiers complétait cette bigarrure; la plupart avaient adopté le costume mameluck, turban blanc, immenses culottes, bottes jaunes, soleil dans le dos et cimeterre. Après les zouaves, je vis défiler l'escadron des chasseurs algériens, noyau des futurs chasseurs d'Afrique, habillés aussi à la turque avec turban, sauf leur chef, un capitaine d'artillerie à grande barbe, portant le burnous et les pistolets à l'arabe sur son uniforme. Il s'appelait Marey-Monge et est mort général de division.

Après la revue on me ramena à bord. La frégate appareilla pour Port-Mahon, où nous fîmes une longue quarantaine, puis de là pour Toulon, où notre arrivée coïncida avec le retour de l'escadre qui avait forcé l'entrée du Tage, sous les ordres de l'amiral Roussin. Avec de grands regrets que l'*Arthémise* n'eût pas été de la partie, j'allai visiter ces beaux vaisseaux, et en particulier le vaisseau *l'Algésiras*. Son commandant, M. Moulac, un grand homme à robuste charpente, aux cheveux gris, un brave entre les braves, un rude combattant de nos luttes maritimes avec les Anglais, me fit un récit qui m'émut fortement et que je transcris ici tel qu'il s'est fixé dans ma mémoire :

« Il a venté, tempêté comme vous savez, tous ces jours-ci. Le vaisseau était à la cape courante, lorsque j'entendis le cri de : « Un homme à la mer! » On jette la bouée de sauvetage et en regardant en arrière, je vois que l'homme l'a saisie. Mais la mer était démontée; essayer de mettre une embarcation à l'eau pour aller chercher le malheureux, c'était exposer aux plus grands dangers les hommes qui la montaient. Je le voyais, le sentais. L'équipage, lisant sur ma physionomie l'affreux combat qui se livrait dans mon cœur, vingt, trente, quarante volontaires, des officiers, des aspirants en tête, se précipitèrent autour de moi, me suppliant presque à genoux : Commandant, laissez-nous sauver notre camarade! Nous ne pouvons l'abandonner!... J'eus la faiblesse de céder. Par un bonheur inespéré, nous réussîmes à mettre à l'eau, sans accident, une embarcation qui s'éloigna montée par douze hommes. Nous la vîmes, par un plus grand bonheur encore, atteindre et recueillir le malheureux, et je manœuvrais pour faciliter son retour, lorsqu'une énorme lame déferla sur elle. Ce fut à bord un cri d'horreur. Plus rien!!! Un instant après, je vis, sur la crête d'une lame, mon canot chaviré et deux ou trois hommes, dont un aspi-

rant, accrochés sur sa quille. Pour abréger leur agonie, je fis ostensiblement faire route; l'aspirant comprit cet abandon forcé, car il fit un geste d'adieu et se laissa aller. J'avais été faible, j'en étais cruellement puni. Treize hommes, au lieu d'un, noyés par ma faute! » Jamais je n'oublierai l'expression de sévérité que prit la figure du commandant quand il ajouta en me mettant la main sur l'épaule : « Vous commanderez un jour, jeune homme ! Que mon souvenir vous rappelle toujours l'inflexibilité du devoir. »

Après ce dernier épisode de ma première campagne, je débarquai, mais je débarquai marin dans l'âme et il ne fut plus question pour moi, une fois rentré à Paris, que d'acquérir les connaissances techniques du métier. Les années 1832 et 1833 y furent consacrées. Un homme charmant, aimé de tout le monde, un instructeur sans pareil, M. Guérard, fut mon professeur de mathématiques ; un lieutenant de vaisseau, M. Hernoux, me fit les cours de l'école navale. En même temps, je me mis aussi, et assidument, à l'étude du dessin. Mon premier maître en ce genre fut M. Barbier, le père de Jules Barbier, le poète et librettiste, condisciple, avec Emile Augier, de mes jeunes frères. Je faisais aussi de l'aquarelle avec un Anglais, William Callow, de l'huile dans l'atelier de Gudin ; mais mon véritable maître, celui qui m'a appris à dessiner, qui m'a conduit, dirigé et donné le goût des choses de l'art fut Ary Scheffer, avec qui je suis resté intimement lié jusqu'à sa mort.

Ce fut vers cette époque qu'une armée française entra en Belgique, fit le siège et prit la citadelle d'Anvers, campagne pendant laquelle mes deux frères aînés eurent pour la première fois l'honneur de conduire au feu nos soldats. Anvers pris, le gouvernement français, satisfait d'avoir fait acte de vigueur devant l'Europe, et montré à tous ce que valaient toujours nos légions, rappela immédiatement l'armée, et mon père vint la passer en revue dans les cantonnements qu'elle occupait à la frontière. Je fus de ce voyage ; les troupes étaient splendides, pleines de confiance et d'ardeur. On me montra une brigade d'infanterie, qui pour arriver à heure fixe, à point nommé, lors de la mobilisation, avait fait des étapes de soixante à soixante-dix kilomètres. Ce voyage fut bien intéressant, mais pénible : tous les jours, entrée dans les villes, revue partielle par un froid de Sibérie ; tous les jours banquets et bals le soir. La revue principale fut passée à Valenciennes ; les troupes, rangées sur la neige, avaient une magnifique apparence, et bien qu'il fît un froid terrible, un brillant soleil éclairait cette belle scène militaire. Elle fut égayée par un petit incident : Valenciennes avait pour commandant de place un vieux colonel, rentré dans l'armée en 1830, après avoir un peu trempé dans les conspirations, sous la Restauration. Il s'appelait M. de la Huberdière et il s'était fait faire un chapeau identiquement pareil à celui de Napoléon, dont il se coiffait de la même façon. Dans le défilé, désireux de se faire voir ou emporté par l'enthousiasme, il se porta insensiblement en avant de l'état-major, du côté où arrivaient les troupes, puis en ligne avec le Roi, si bien que les troupes paraissaient défiler devant lui. Cela impatienta Heymès, un des aides de camp de mon père, qui alla à lui et saluant lui dit : « Colonel, il me semble que vous seriez encore mieux placé sur le cheval du Roi. » Dire le fou rire qui accueillit l'observation.

Cet Heymès, un des rares survivants de l'expédition du général Leclerc à Saint-Domingue, était devenu, à sa sortie de ce charnier, aide de camp du maréchal Ney. C'est lui qui, dans la fameuse retraite de Russie, fut envoyé demander au général qui détruisait les ponts de la Bérésina de suspendre cette destruction pour laisser passer la colonne des blessés, voués sans cela à la mort. Il fallait voir l'expression que prenait son visage, déjà sévère, quand il répétait la réponse qu'avec un accent méridional lui fit le général en question : « Hé, mon cher ! les blessés ! l'empereur, il en a fait le sacrifice ! »

Ce brave Heymès rendit à mon père un grand service peu de temps après la revue qui m'a amené à parler de lui. C'était au moment de l'insurrection de juin 1832. Nous étions à Saint-Cloud. On savait bien que les agitateurs de toute catégorie comptaient faire une démonstration à l'occasion des funérailles du général Lamarque, mais on pensait que cette démonstration serait sans gravité. Quand, vers cinq heures du soir, nous vîmes Heymès en bourgeois entrer au galop dans la cour, monté sur un cheval de dragon couvert d'écume. Il venait de la démonstration et avait assisté au prologue ordinaire des révolutions : pillage et massacre. Pillage des boutiques d'armuriers, assassinat des officiers du 6ᵉ dragons, tués

à coups de pistolet, sans provocation aucune, devant leurs escadrons en bataille. « Il faut venir à Paris, » dit-il en descendant de cheval. Mon père ne se le fit pas répéter et une heure après il arrivait aux Tuileries et donnait de là l'impulsion qui écrasa dans l'œuf la tentative révolutionnaire. Le lendemain matin, il était à cheval au milieu des troupes, des gardes nationales qui cernaient l'émeute dans le quartier Saint-Merri. Il se passa là un fait bien caractéristique de ce peuple de Paris chez qui, au milieu de ses aberrations, vibre toujours la corde généreuse. Le Roi, accompagné de mon frère Nemours et de son état-major, s'était engagé dans la rue des Arcis, au bout de laquelle une fusillade très vive se faisait entendre. Les troupes massées dans la rue saluaient de leurs acclamations le Roi qui, avançant toujours, arriva à un carrefour où le combat était engagé. Les acclamations gagnant de proche en proche, les soldats qui tiraillaient cessèrent le feu pour s'y associer. Ce changement de musique frappa à leur tour les insurgés ; ils cessèrent le feu de leur côté et on les vit apparaître aux fenêtres, le fusil à la main, ôtant leur casquette au Roi courageux, sur lequel, un instant avant, ils n'eussent pas hésité à faire feu.

Inutile de dire que lorsque le Roi et son escorte eurent disparu dans une rue latérale, le combat reprit de plus belle et le 42ᵉ de ligne enleva le cloître Saint-Merri. Le 42ᵉ, régiment historique qui, après avoir combattu l'insurrection blanche en Vendée, l'insurrection républicaine au cloître Saint-Merri, fait échouer la tentative du prince Napoléon à Boulogne, occupé la Chambre des députés le 2 décembre et héroïquement perdu deux fois son effectif au siège de Paris, a finalement eu la chance de conserver presque seul, au milieu de nos malheurs, ses armes et son drapeau.

Le cours de mes études ne fut plus interrompu que par un voyage que le Roi fit en Normandie, où je l'accompagnai. Le but officiel du voyage était de passer en revue, à Cherbourg, l'escadre qui avait opéré dans la mer du Nord, de concert avec l'escadre anglaise; pendant le règlement de la question belge, mais le but principal était de parcourir les départements de Normandie et de se mettre en rapport avec leurs braves populations.

Ce voyage fut fertile en incidents. Le premier survint à Bernay, la ville du vertueux Dupont de l'Eure, un de ces vertueux qui vous feraient vertueusement couper la tête, plutôt que de renoncer à la moindre parcelle de leurs utopies populacières. Le préfet, M. Passy, avait averti le roi que parmi les discours qui lui seraient adressés à son arrivée, il s'en trouverait un où on lui ferait la leçon. Ainsi prévenus, nous arrivons, et montés sur une estrade en plein vent, surmontée d'un dôme de verdure, la réception et les discours commencent. Rien de particulier d'abord; enfin un président de tribunal s'avance et je vois tout de suite à la manière dont il salue, à son air pincé et à la curiosité avec laquelle toutes les têtes tendent l'oreille que le Roi va recevoir la leçon annoncée. Elle arrive, en effet, très étudiée, très impertinente; tout le monde écoute en silence; il y est question de courtisans, de danger d'écouter les flatteurs, etc., etc. Au moment où elle se termine, les têtes de M. le président et de ses amis se relèvent avec un petit air d'... « attrape mon bonhomme ».

Le Roi répond alors avec la plus grande politesse, « remerciant M. le président, des conseils qu'il veut bien lui donner. Flatteurs et courtisans ont fait bien du mal, en effet, et la race n'en est malheureusement pas éteinte, car nous avons aujourd'hui des courtisans bien plus dangereux que les flatteurs des rois et des princes, ce sont les courtisans et les flatteurs du peuple, qui, pour acheter une vaine et misérable popularité, lui suggèrent pour son malheur des rêves irréalisables, etc., etc... » Sur ce thème, mon père décoche une raclée bien appliquée, interrompue à chaque instant par des acclamations contagieuses, si bien que ce brave président ne savait plus où se fourrer. Mon père, entre autres qualités éminemment françaises possédait au plus haut degré l'esprit de répartie. Il a toujours su s'en servir, mais avec une politesse et une bonhomie qui émoussaient ce que la pointe avait de trop sensible. Cette fois-ci le coup avait bien porté.

Le voyage ainsi commencé continua avec une cordialité de réception et un succès toujours croissant. Comme métier, c'était assez fatigant. On allait à petites journées, de réceptions en réceptions. Partout la garde nationale et les troupes sous les armes. Quand le nombre en était considérable nous montions à cheval sur des chevaux prêtés ou requis, préparés d'avance ; le soir au gîte, grand banquet puis bal. C'était nous, les jeunes gens, qui avions à conduire le bal, tâche assez agréable si nous avions pu choisir au milieu de très jolies femmes que mes quatorze ans commençaient à remarquer et dont le nombre était grand, particulièrement à Grandville et à Saint-Lô. Mais nos danseuses nous étaient désignées d'office et choisies dans les familles des autorités. Nous nous évertuions quand même pour être aimables. L'étais-je trop ou pas assez à un bal où je vis paraître tout à coup entre moi et ma danseuse la tête de son mari avec un : « Hein ! elle n'est pas mal ma femme ! » suivi d'un claquement de langue de dégustateur satisfait.

Falaise fut le point culminant du voyage, quant aux incidents. Nous devions y faire étape et comme il s'y était réuni une quinzaine de bataillons de garde nationale, l'aide de camp, qui faisait fonctions de fourrier des logis, s'était occupé de trouver, pour le Roi, pour nous, pour les maréchaux Soult et Gérard, qui étaient du voyage, des montures convenables. Justement la célèbre foire de Guibray, qui se tient près de Falaise, venait de se terminer, et un cirque, venu pour l'égayer, se trouvait encore là. On fit main basse sur sa cavalerie, et, à notre arrivée, nous eûmes la très agréable surprise de trouver de beaux chevaux blancs, bien caparaçonnés, au lieu des bidets d'allure et des chevaux de gendarmes que nous montions d'ordinaire.

Nous voilà donc en selle et la revue commence. Au moment où le Roi prend la droite de la ligne, la musique se fait entendre et ce que personne n'avait prévu se manifeste. Nos fiers coursiers, se croyant en scène, chacun s'empresse d'exécuter son travail particulier. Le Roi, le maréchal Soult et deux autres personnes montaient les chevaux du *Grand-Ecart*, qui tous les quatre se réunissent à l'instant. Leurs cavaliers tirent sur la bride, aussitôt les chevaux se sentant rênés prennent le petit galop obligé. Un autre cheval exécute voltes sur voltes, la confusion est générale, personne ne devinant ce qui se passe, jusqu'à ce que l'aide de camp fourrier des logis, se frappant le front, fît cesser la musique.

Là ne s'arrêtent pas les malheurs; la garde nationale était toute fière de posséder un canon, qu'elle avait attelé tant bien que mal : un cahot en fait briser l'essieu juste pendant le défilé. Il y avait un peloton de cavalerie monté sur des chevaux entiers ou hongres, mais le trompette était sur une jument, ce qui amena de nouvelles catastrophes à la Rossinante, toujours pendant le défilé. Le soir, grand bal dans une vaste baraque construite pour la circonstance, avec gradins tout autour. Soudain la moitié des gradins s'effondre comme des capucins de cartes, et toutes les dames se trouvent, sans grand mal, sur le dos, les jambes en l'air, au milieu d'une poussière épouvantable. J'avoue que nous avons profité peu galamment de la confusion pour aller nous coucher, le Roi faisant de même de son côté, et échappant ainsi à la persécution des réfugiés polonais internés à Falaise qui étaient venus au bal dans des uniformes de lanciers dignes des clodoches du bal de l'Opéra, pour l'accabler de leurs réclamations.

III

1834-1836

Au retour de ce voyage, mon éducation technique avait repris de plus belle. Il avait été décidé qu'avant d'être admis définitivement dans le cadre des officiers de marine, j'irais passer publiquement à Brest l'examen d'élève de première classe. Je fus donc préparé en conséquence, et reçus cette dose progressive d'enseignement que les Anglais désignent d'un mot caractéristique : *cramming*, auquel je ne trouve d'équivalent dans notre langue que *gaver*. Mon professeur de mathématiques faisait une classe à un certain nombre de jeunes gens, dans une maison de la rue Gît-le-Cœur, où j'allais m'habituer à parler en public le langage de l'x et de l'y. Au contraire des leçons du collège, j'ai gardé le plus doux souvenir de celles que j'ai reçues dans cet antre, car c'était un antre! Cela tient, sans doute, aux bons camarades que j'y ai rencontrés et qui sont restés mes amis, comme aussi au charme qu'exerçait sur nous tous notre si aimable professeur. De tous ses élèves, à commencer par l'illustre maréchal Canrobert et passant par mes contemporains, Excelmans, Bonie, Morny, Daumesnil, les frères Greffulhe, Friant, Baudin,

Valbezen et tant d'autres, jusqu'aux jeunes, venus après moi, je crois qu'il n'est pas un seul qui n'ait gardé à ce brave Guérard les sentiments les plus reconnaissants et les plus affectueux. Quand l'époque de mon examen fut tout à fait proche, il me fit interroger à diverses reprises par les examinateurs officiels des écoles polytechnique et autres, afin de me familiariser avec l'imprévu des examens publics. Je passai alors par les mains du baron Reynaud, de MM. Bourdon, Delille, Lefébure de Fourcy. Ce dernier m'inspirait un véritable effroi, à cause de sa réputation de brutalité géométrique. Un de mes camarades ne m'avait-il pas rapporté ce colloque entre lui et un candidat qui, s'embrouillant en face du tableau, la craie à la main, avait entendu la voix de M. Lefébure de Fourcy dire tranquillement : « Garçon, apportez une botte de foin pour le déjeuner de l'élève. » — A quoi l'élève indigné ajouta aussitôt : « Garçon, apportez-en deux, M. l'examinateur déjeunera avec moi. »

Enfin, chargé jusqu'à la gueule de calculs d'astronomie nautique et de toutes les sciences réclamées par les programmes, je partis pour Brest, entretenu, même en voiture, dans un état superlatif de préparation. Il y eut bien quelques intermèdes pendant le trajet ; certains points de la Bretagne étaient encore agités (au commencement de 1834) par les suites de la levée de boucliers de 1831, et mon passage fut en plusieurs endroits le signal de ce qu'on appelle en style parlementaire : mouvements en sens divers. Je vis quelquefois des mouchoirs blancs agités et enrubannés autour du chapeau en guise de cocardes. En d'autres points, les démonstrations tricolores prenaient une forme originale. Je me souviens d'un relais de poste où ma voiture s'arrêta entre deux haies de gardes nationaux, contenant une foule considérable. A une portière se tenait le maire, écharpe sur le ventre, qui me salue de : « Monseigneur, cet endroit n'est qu'un trou, mais dans ce trou battent des cœurs dévoués à votre auguste famille, » pendant que le curé et son clergé, en aube et surplis, placés à l'autre portière, entonnaient avec accompagnement de serpent :

> Soldats du drapeau tricolore
> D'Orléans toi qui l'as porté...

et la suite de la *Parisienne*. A Brest, mon examen eut lieu dans la grande salle de la Préfecture maritime, par devant un jury d'officiers, d'ingénieurs, de professeurs. L'examen fut public, mais ce qui me troubla le plus au début, ce fut la présence de tous les élèves de l'École navale qui occupaient les gradins d'un côté de la salle. Il y avait heureusement parmi eux d'anciens camarades de *pioche*, dont la vue m'encouragea, et l'examen ayant assez bien marché, je m'aperçus vite aux visages de toute cette jeunesse, comme les acteurs, dit-on, voient venir le succès au théâtre, que ma cause était gagnée et que j'étais reçu non seulement par les chevronnés de la science, mais par le suffrage universel de mes contemporains. Mais quelle joie quand l'audience fut levée !

Quelques jours après, j'embarquais à Lorient, comme aspirant, sur la frégate *la Syrène*, commandant d'Oysonville, et je partais pour une campagne dans l'Océan, croisière sans intérêt, sauf quelques-uns de ces petits incidents comme il y en a toujours dans la vie de marin. Ainsi un jour, me trouvant dans la grande hune, au moment où l'on prenait des ris aux huniers par une forte brise, une manœuvre vint à casser et s'entortillant autour de mes jambes, m'enleva en l'air, la tête en bas. Sans les bras vigoureux du chef de hune et d'un gabier qui me saisirent au vol, je retombais à la mer ou sur le pont, deux alternatives également désagréables. Plus tard, à la fin de la croisière, nous rentrâmes à Brest par un coup de vent du sud-ouest dans des circonstances qui me firent une utile impression.

Il avait fait mauvais depuis quelques jours, les observations avaient été douteuses, la position de la frégate était incertaine. Poussés par la tempête avec une grande vitesse, nous comptions sur des éclaircies partielles qui se faisaient de temps en temps dans la brume, pour apercevoir et reconnaître un coin de terre, un rocher, et d'après cette vue, nous diriger à travers les écueils dont l'entrée de Brest est semée. Il fallait se tenir prêt au moindre signe à changer de route, à manœuvrer instantanément. Tout le monde était sur le pont s'écarquillant les yeux pour apercevoir quelque chose, avec ce sang-froid nerveux qu'ont les corps disciplinés en face des dangers. Pourtant un homme était absent, le chef, celui dont la promptitude de jugement et de commandement pouvait seule nous faire passer d'une incertitude pleine de péril au salut. Le commandant était en bas dans sa chambre, et persistait à y rester, malgré les essais indirects que l'officier de quart, le second, l'officier chargé de la route tentaient pour l'en faire sortir. C'était incompréhensible et très inquiétant en même temps. Le commandant d'Oysonville, mort marguillier à Saint-Roch, était un homme aimable, plein d'honneur, mais aussi peu marin que possible. Organisateur de premier ordre, il poussait le méthodisme aux extrêmes

1834

N° 11. UN ACCIDENT A BORD DE LA « SIRÈNE »

limites et s'était fait, entre autres théories, celle qu'un capitaine doit commander de sa chambre, pour ne paraître devant son équipage que dans les occasions les plus solennelles, et c'est pour rester fidèle à son principe qu'il refusait de se montrer dans les circonstances dont je parle.

Son entêtement faillit nous coûter cher, car l'éclaircie si ardemment attendue se produisant tout à coup, on aperçut un coin de terre. On crut reconnaître l'île de Molènes et on se précipita pour prévenir le commandant qui envoya un ordre de route. Une éclaircie sur un autre point de l'horizon fit entrevoir des rochers : « *Les pierres vertes devant!* » hurla un pilote côtier, spécialement embarqué pour la campagne, qui guettait, perché sur la vergue de misaine; et l'officier de route se précipita de nouveau pour avertir encore le commandant. Pendant ces allées et venues, le rideau de brume se refermait et nous continuions à nous diriger sur les écueils avec une vitesse de douze nœuds. Cela ne pouvait continuer ainsi! Autorisé ou non, le second prit le commandement et fit cesser une situation impossible. Notre brave commandant ne parut qu'au moment de mouiller en rade, quand toute incertitude avait disparu et je vois encore les regards qui accueillirent son apparition tardive. L'inquiétude avait été d'autant plus grande que chacun savait comment, peu d'années auparavant, il avait perdu sur l'île de Paros, dans des circonstances singulières, le vaisseau de 74, *le Superbe*, qu'il commandait. Pour moi, j'appris là ce que tout m'a confirmé depuis : le danger de l'autorité indécise et partagée, sur mer ou ailleurs.

Rentré à Paris, la partie technique de mon éducation terminée, je continuai à suivre des cours d'histoire, de littérature, de physique, de chimie et je m'adonnai avec passion au dessin en compagnie de mes sœurs, de ma sœur Marie surtout. Je travaillais avec elle sous la direction quotidienne d'Ary Scheffer et je me rappelle notre douleur, un matin, en trouvant que la Jeanne d'Arc, qu'elle faisait pour Versailles et qui était en cire, avait été ramollie par un calorifère surchauffé, et s'était affaissée le long de l'armature, au point de se changer en cul-de-jatte. A l'aide d'une température moins élevée et d'un cric, placé d'une certaine manière, que nous manœuvrâmes vigoureusement Scheffer et moi, Jeanne d'Arc remonta sur son armature et tout fut bientôt réparé.

Vers ce temps-là aussi, sous l'influence du génie de Victor Hugo, nous nous étions pris, ma sœur Clémentine et moi, d'une belle passion pour le vieux Paris, le charmant Paris des légendes. Nous avions acheté les gros volumes de Sauval, cherché dans tous les bouquins les traces de ces légendes et nous employions nos après-midi à aller remarquer l'emplacement et retrouver les vestiges de ce que nous avions lu dans nos livres. Il n'est pas une église, pas un monument que nous ne connussions dans tous ses détails, pas une ruelle, un coin du quartier des Halles, de l'Hôtel de Ville, de l'Arsenal, du Temple, du Panthéon, que nous n'eussions exploré avec un soin et un intérêt passionnés. Quelle joie un jour que, en essayant de reconstruire l'hôtel Saint-Paul, l'ancien palais de nos rois, nous retrouvâmes une assise qui en avait incontestablement fait partie.

Bien qu'à terre, j'étais toujours à mon métier ; je voyais presque tous les officiers de marine de passage à Paris, essayant de pousser en avant ceux d'entre eux que l'opinion du corps signalait comme chefs d'avenir. Ces questions de promotion comme toutes celles qui intéressaient la marine, me mettaient journellement en rapport avec les ministres, et de cette époque datent mes relations avec M. Thiers, mais, chose singulière, c'est l'équitation qui nous avait rapprochés. Durant les séjours de Compiègne, de Fontainebleau, les parties de campagne à Versailles, à Saint-Cloud, au Raincy, quand le Roi invitait des visiteurs étrangers, les ministres, les grands personnages à des promenades générales, ça ennuyait autant M. Thiers que moi de monter dans les voitures et chars à bancs qui se suivaient en longue file. Nous préférions de beaucoup les accompagner à cheval, et rien ne plaisait tant au petit ministre que de laisser aller sa bête au triple galop, les rênes flottantes. Il était très solide, très confiant, surtout sur un cheval de la maison appelé le « Vendôme », nom qu'il prononçait avec son accent méridional le *Vanndomme !* Je me souviens qu'un jour il galopait à côté de moi, à Fontainebleau, sur ledit *Vanndomme ;* nous passâmes à côté d'une jeune ramasseuse de bois, courbée sous son fagot. Au bruit, elle se redressa ; il faisait très chaud, sa camisole était déboutonnée et montrait à découvert une poitrine blanche très bien meublée. Elle fit la risette à M. Thiers qui arrêta tout court sa monture, revint en arrière pour mettre une poignée de monnaie dans la main de la jeune femme et, électrisé, repartit ventre à terre en sautant les arbres abattus avec une décision et une énergie que je ne lui avais jamais connues.

Une autre fois, il se montra moins brillant cavalier. On devait faire une cérémonie du rétablissement, sur la colonne, de la statue de Napoléon, de cette statue qui y monte ou en descend à chaque révolution. Les troupes, la garde nationale étaient sous les armes, avec les musiques, les tambours ayant en tête un magnifique tambour-major, massés au pied du monument. Nous arrivons en grand cortège par la rue de Castiglione, ayant en face de nous la colonne, surmontée de la statue, recouverte d'un voile qui devait tomber à un signal. Au moment où nous débouchons sur la place, M. Thiers, en grand uniforme, chapeau à plumes de ministre et toujours monté sur le *Vanndomme*, pique des deux, sort au grand galop du cortège et passe devant mon père en criant à tue-

tête de sa voix de fausset : « Je prends les ordres du Roi ! » en accompagnant ces mots d'un coup de chapeau que les mauvaises langues prétendirent avoir été étudié au Louvre, sur le geste du général Rapp, dans le tableau de la *Bataille d'Austerlitz*, de Gérard. A ce geste, les tambours battent, les musiques jouent, le voile de la statue tombe, mais M. Thiers n'est plus maître du *Vanndomme* qui, débordant d'enthousiasme, charge, tête baissée, renversant tambours et tambour-major, avec le petit ministre cramponné sur son dos, comme un singe de l'Hippodrome ; un spectacle grotesque !

Ce qui ne prêta pas à rire sous ce même ministère de M. Thiers, ce furent les attentats dirigés sans relâche contre mon père. Les spéculateurs en révolutions, alléchés par le succès facile de celle de 1830, après avoir tenté des coups semblables dans des émeutes sévèrement réprimées, étaient découragés. Ils se rejetèrent sur l'assassinat. — La plus sérieuse tentative fut celle de Fieschi. C'était le 28 juillet 1835. Je devais, avec mes deux frères aînés, accompagner le Roi à une revue de la garde nationale et de l'armée, rangées sur les boulevards. Nous étions tous réunis, princes, maréchaux, généraux, aides de camp devant faire partie du cortège, dans le salon des Tuileries, contigu à la salle du Trône, lorsque M. Thiers, ministre de l'intérieur, entra comme un ouragan, et nous faisant signe, à mes deux frères et à moi, nous emmena dans l'embrasure de la croisée.

« Mes chers princes, nous dit-il, en nous regardant par-dessus ses lunettes, il est plus que probable qu'on va attenter à la vie du Roi votre père, aujourd'hui. Il nous est revenu des avis de plusieurs côtés. Il est question de machine infernale du côté de l'Ambigu. C'est très vague, mais il doit y avoir quelque chose de fondé. Nous avons fait visiter ce matin toutes les maisons dans le voisinage de l'Ambigu. Rien ! Faut-il prévenir le Roi ? Faut-il décommander la revue ? » Nous fûmes unanimes à répondre qu'il fallait prévenir le Roi, mais qu'avec son courage bien connu, jamais il ne consentirait à décommander la revue. Il en fut ainsi : « Veillez bien sur votre père ! » nous répéta M. Thiers. Et on monta à cheval.

La revue marcha assez bien, avec cette seule remarque que nous fîmes tous, de la présence de nombreux individus à visages insolents, portant tous un œillet rouge à la boutonnière ; évidemment le personnel des sociétés secrètes, prévenu, non de ce qui allait se passer, mais d'être prêt à tout événement. Nous n'avions pu prendre d'autres précautions que de nous partager, mes frères et moi, ainsi que les aides de camp de service, la surveillance autour de la personne du

Roi. A tour de rôle un de nous et un aide de camp devaient se tenir immédiatement derrière son cheval, l'œil fixé sur la troupe et la foule, afin de s'interposer devant tout geste suspect. C'était mon tour d'occuper ce poste d'observation avec le général Heymès, aide de camp de service, à ma droite. A ma gauche se trouvait le lieutenant-colonel Rieussec, de la légion de la garde nationale devant laquelle nous passions, lorsque tout près de l'Ambigu, non pas du théâtre actuel dont on avait fouillé le voisinage, mais d'un ancien Ambigu abandonné, en face du café du Jardin Turc, une espèce de feu de peloton, comme la décharge d'une mitrailleuse, se fit entendre, et en levant les yeux au bruit, je vis de la fumée devant une fenêtre à moitié fermée par une persienne.

Je n'eus pas le temps d'en voir davantage, et je ne m'aperçus même pas sur le moment que mon voisin de gauche, le colonel Rieussec, était tué, qu'Heymès, criblé de balles dans ses habits, avait le nez emporté, ni que mon cheval était blessé. Je ne vis que mon père qui se tenait le bras gauche en me disant par-dessus son épaule : « Je suis touché. » Il l'était, en effet ; une balle lui avait éraillé la peau du front, une balle morte lui avait fait la contusion dont il se plaignait, une autre balle traversait le cou de son cheval. Mais nous ne sûmes cela qu'après coup ; nous ne sûmes également qu'après coup que l'instrument du crime était une machine. Notre première pensée fut que la fusillade allait continuer ; je mis donc mes éperons dans le ventre de mon cheval et, saisissant le cheval de mon père par la bride, pendant que mes deux frères le frappaient par derrière avec leurs épées, nous l'entraînâmes rapidement à travers l'immense

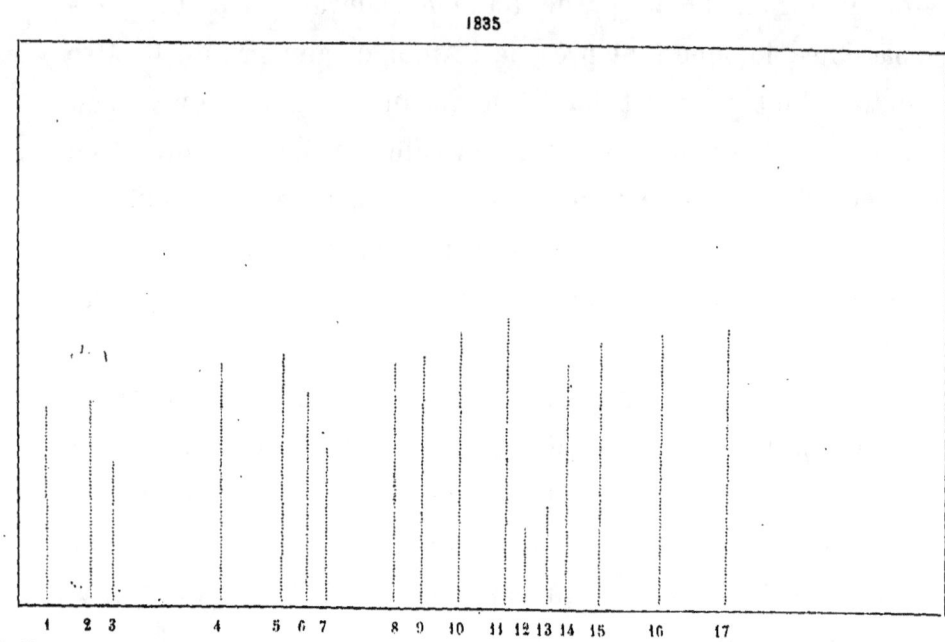

N° 12.

1. Charles Coates, piqueur. — 2. Colonel Raffet, blessé. — 3. Lieutenant d'état-major Ch. Reille. — 4. Maréchal Molitor. — 5. M. Thiers, ministre. — 6. Maréchal Mortier, tué. — 7. Capitaine Villatte, tué. — 8. Duc de Broglie, ministre. — 9. Capitaine comte P. Berthier. — 10. Duc de Nemours. — 11. Duc d'Orléans. — 12. Général Lachasse de Vérigny, tué. — 13. Colonel Ricussec, tué. — 14. Roi Louis-Philippe. — 15. Prince de Joinville. — 16. Comte Dumas, aide de camp. — 17. Colonel Heymès, aide de camp, blessé.

ATTENTAT DE FIESCHI

désordre qui se produisait : chevaux sans cavaliers ou emportant des blessés vacillants, rangs rompus, gens en blouse se précipitant sur mon père, pour toucher lui ou son cheval, avec des : « Vive le Roi ! » frénétiques. En nous éloignant, je vis encore la prise d'assaut de la maison d'où était parti le feu : les jeunes aides de camp avaient mis pied à terre, lâchant leurs chevaux et avec les gardes municipaux et les sergents de ville escaladaient la maison et sa voisine le café *Barfetti*, grimpaient sur la véranda, enfonçaient les fenêtres.

Puis la revue reprenait son cours. Nous nous étions assurés que ni le Roi ni nous n'étions blessés, mais nous ignorions encore le grand nombre et les noms des victimes. Sur ces entrefaites M. Thiers parut à côté de nous, son pantalon de casimir blanc couvert de sang, nous disant seulement : « Ce pauvre maréchal ! — Qui ça ? — Mortier, il est tombé mort sur moi avec un cri de : « Ah ! mon Dieu ! » Nous nous comptâmes tout en marchant. Quarante-deux morts ou blessés. Morts : le maréchal Mortier, le général Lachasse de Verigny, les colonels Raffet, Rieussec, le capitaine Willatte, aide de camp du ministre de la guerre ; sept autres personnes et deux femmes. Blessés : les généraux Heymès, comte de Colbert, Pelet, Blin, et tant d'autres ; le duc de Broglie frappé en pleine poitrine d'une balle qui s'aplatit sur sa plaque de la Légion d'honneur. Du théâtre du crime à l'extrémité des lignes de troupes il n'y avait pas loin ; le cortège revint donc sur ses pas. La chaussée n'était qu'une mare de sang à l'endroit où avait porté le coup ; les blessés et presque tous les morts étaient déjà enlevés et je ne vis qu'un cadavre, à plat ventre dans la boue, au milieu des chevaux morts, mais tout ce sang répandu effraya nos montures, que nous eûmes de la peine à faire avancer. Sur la place du Château-d'Eau, une foule immense, furieuse, s'agitait autour du corps de garde que défendaient de nombreux gardes municipaux, ce qui nous apprit que l'assassin, ou l'un d'eux était arrêté. La revue s'acheva, et l'imperturbabilité de mon père fut mise à une rude épreuve par l'unanimité et la violence des acclamations dont il fut l'objet de la part de tous, peuple et soldats. Inutile d'ajouter que nous ne vîmes plus aucun œillet rouge.

Le défilé devait se faire place Vendôme et la chancellerie était pleine de dames du monde officiel, groupées autour de ma mère. Nous mîmes pied à terre un moment pour aller les saluer, et là encore il y eut une scène émouvante. On avait bien pu expédier un aide de camp pour avertir ma mère, ma tante, mes sœurs que nous étions sains et saufs, mais le messager n'avait pas eu le temps de connaître les noms de toutes les victimes. Aussi, quand nous montâmes l'escalier de la chancellerie, quelques-uns de nous tout éclaboussés de sang, toutes les femmes en toilettes de fête qui contrastaient avec leurs yeux pleins d'angoisse, se précipitèrent-elles pour voir si ceux qui leur étaient chers se trouvaient bien là. Quelques-unes ne devaient plus les revoir.

Peu après ce sanglant épisode de notre histoire, je fus embarqué avec le grade d'enseigne de vaisseau sur la frégate *la Didon*, capitaine de Parseval. Entré très jeune dans la marine, mon nouveau commandant était aspirant à Trafalgar, sur le vaisseau de Villeneuve, *le Bucentaure*. Chef de la hune d'artimon, il avait vu le vaisseau de Nelson, *le Victory*, passer lentement à poupe du *Bucentaure*, si près que la vergue de l'un accrocha le pavillon de l'autre, pendant que les cinquante pièces du vaisseau anglais, faisant feu l'une après l'autre dans l'arrière du vaisseau français, balayaient les batteries de long en long et jetaient par terre quatre cents hommes de son équipage. Après ce début de carrière, le commandant Parseval avait traversé toute une vie d'aventures, de combats, fait trois naufrages, en particulier un terrible sur l'île de Sable, côte de la Nouvelle-Ecosse, où, alors lieutenant de vaisseau, il avait gagné la terre à la nage pour chercher des secours et sauver l'équipage de sa frégate. Il est mort amiral, après avoir commandé en chef l'escadre de la Baltique pendant la guerre de Crimée. C'était un homme charmant, à la tournure svelte et élégante, toujours très soigné dans sa personne, aussi ferme dans le commandement que poli dans la forme, marin consommé, manœuvrier de premier ordre. J'ai beaucoup navigué, beaucoup appris avec lui et ai ressenti pour sa personne, dès le premier jour, une affection qui ne s'est jamais démentie et qui était réciproque. Une sympathie de plus nous avait rapprochés, il était déjà sourd quand je commençais à l'être.

Nous fîmes, sur la *Didon*, une croisière d'exercices, avec beaucoup de navigation par tous les temps, pendant laquelle je remplis les fonctions de chef de quart, premiers essais de commandement, première épreuve de responsabilité.

L'hiver de 1836 me retrouva à Paris où je repris mes cours, et me livrai surtout à ma passion pour les beaux-arts. Cette passion fut cause d'une terrible réprimande que je reçus de mon père. Le jury du Salon de 1836 refusa un tableau, le premier, je crois, de Marilhat. Des artistes qui avaient vu l'œuvre du jeune peintre trouvèrent la sentence injuste ; ils murmurèrent, et leurs murmures arrivèrent jusqu'aux journaux. J'eus la curiosité d'aller voir le tableau chez Durand-Ruel. C'était un crépuscule sur Rome, vue à travers de grands pins parasols. Je trouvai le tableau superbe, et poussé un peu, je l'avoue, par l'esprit de protestation, je fus pris d'un vif désir d'en devenir l'acquéreur. Mais je n'avais pas le sou, là était la difficulté. Pour la vaincre, j'entrepris le siège de ma tante Adélaïde, qui aimait les enfants de son frère comme s'ils eussent été les siens, et qui ne résistait guère (les scélérats le savaient) à leurs câlineries. Je réussis, comme je l'avais espéré, et le tableau de Marilhat fut mien ; seulement il se trouva des membres du jury pour s'en plaindre au Roi. Je fus mandé et je fus reçu par un : « Ah ! tu te mêles de faire de l'opposition. J'ai assez de mal avec les artistes ! C'est la liste civile, c'est-à-dire moi, qui leur donne l'hospitalité au Louvre. Je ne peux pas être seul juge, entre ce qui doit et ce qui ne doit pas être admis. Il faut un jury, l'Institut veut bien se charger de cette besogne ; tous ses membres meurent de peur, et c'est moi qui les couvre de ma responsabilité, comme je couvre celle de mes ministres, bien qu'on ait mis le contraire dans la loi, et c'est un de mes fils, c'est toi, qui viens donner l'exemple de l'insurrection ! Je t'en suis fort obligé ! ! » On voulut voir mon tableau cependant. Inutile de dire que les grands-parents, l'entourage, le trouvèrent affreux, une *croûte*. Je baissai les oreilles sous cette double réprobation, et fis la tête de chien mouillé, mais je gardai mon opinion et mon Marilhat.

Je crois me souvenir que ce fut peu après cette petite aventure que j'ajoutai à ma *galerie* une nouvelle *croûte*. Un matin, comme j'étais occupé à modeler (car je m'essayais aussi à la sculpture), dans l'atelier de ma sœur Marie,

Scheffer arrive et se met à me raconter qu'il a vu un artiste inconnu, tout jeune, mais incontestablement un homme de talent, qui se trouve dans une affreuse misère. Six cents francs le tireraient d'affaire et il donnerait en échange deux petits tableaux *faisant pendants*, qu'il vient de terminer. « Qu'est-ce qu'ils représentent? dis-je. — Ce sont des paysages, mais rattachés à des épisodes tirés des romans de Walter Scott : l'un représente la *Charge de Claverhouse* dans les *Puritains*, l'autre l'*Armée de Charles le Téméraire passant les Alpes*. — Voyons, ajoute Scheffer, en se tournant vers moi, un bon mouvement! et si vous avez les six cents francs, donnez-les-moi! » Je les avais par hasard et je les lui donnai. « Comment s'appelle votre protégé? demandai-je alors. — Théodore Rousseau. » Voyez-vous d'ici ce grand artiste, vendant pour vivre ses tableaux comme *pendants*, c'est-à-dire comme meubles !

En 1836 aussi, le 29 février, j'assistai à la première représentation des *Huguenots*, opéra qui m'enthousiasma. Le drame, la musique, la mise en scène, l'interprétation, formaient un ensemble unique, une œuvre d'art incomparable.

Comme éloquence lyrique rien n'a jamais, selon moi, surpassé sur la scène le duo du quatrième acte tel que l'ont créé et chanté Nourrit et mademoiselle Falcon. Ces deux artistes, entraînés par la situation dramatique et musicale, ne se possédaient plus et l'émotion qu'ils ressentaient évidemment était absolument contagieuse. Mademoiselle Falcon avait une manière d'interrompre son chant pour parler le : « Raoul ils te tueront! » avec un accent où elle mettait tout son être, qui était la passion même. Oh! la passion! C'est la passion dont sont remplies les pages de cet admirable livre, *la Chronique de Charles IX*, de Mérimée, qui a enfanté successivement ces chefs-d'œuvre : *le Pré aux Clercs, les Huguenots*. Et qu'est-ce que la vie sans la passion?

Si l'année 1835 est marquée d'une lettre rouge par le crime de Fieschi, 1836 est l'année de l'attentat d'Alibaud. La chronologie du règne de mon père n'est qu'une suite d'innombrables attentats venus à terme ou avortés. Alibaud, comme on sait, tira à bout portant sur le roi avec un fusil-canne qu'il appuya sur le bord de la portière, pendant que la voiture débouchait lentement du guichet des Tuileries, et le manqua, la bourre seule lui brûlant les favoris. Le courage de mon père ne se démentit pas une minute, non plus que celui de ma mère et de ma tante qui l'accompagnaient. Je les vis descendre de voiture à Neuilly, sans me douter un instant du danger auquel ils venaient d'échapper.

Mais l'heure de reprendre la mer revint bientôt pour moi, et je reçus l'ordre de m'embarquer, comme lieutenant de vaisseau, sur la frégate *l'Iphigénie*, dont mon ancien capitaine, M. de Parseval, avait pris le commandement. Nous fîmes route pour la station du Levant. De cette nouvelle campagne il me reste le souvenir d'un accident de mer bien extraordinaire. Nous étions dans l'Archipel, à la hauteur de l'île d'Andros; je venais de quitter le quart de huit heures à minuit et j'étais couché, lorsque j'entendis conter que le brick de vingt canons, *le Ducouédic*, commandant Bruat, qui nous accompagnait, faisait des signaux de détresse. Je remontai bien vite sur le pont; les feux du brick avaient disparu : on ne voyait plus rien ; il ventait tempête avec une très grosse mer; jusqu'au jour nous restâmes dans les plus vives inquiétudes. Enfin aux premières lueurs du matin, nous aperçûmes notre compagnon démâté; il nous demanda par signal une remorque, chose impraticable en l'état de la mer; nous ne pûmes que l'escorter dans les efforts qu'il faisait, avec la seule voile qui lui restât, la misaine, pour gagner Syra où il réussit à arriver. Mais la chose extraordinaire, c'est qu'il démâta sous l'action contraire d'un violent coup de roulis et d'une forte rafale, juste à minuit, quand l'équipage tout entier était rassemblé sur le pont aux postes d'appel, au moment du changement de quart, et que le grand mât, avec tout son gréement, toutes ses vergues, ainsi que le petit mât de hune, s'abattirent sur le pont sans blesser personne.

A part cet accident, tout l'intérêt de ma nouvelle croisière fut dans son côté pittoresque. La Grèce, avec ses souvenirs des temps mythologiques, poétiques, historiques, et les grandes lignes sévères de ses paysages, me fit une vive impression, mais vite surpassée par la vue de l'Asie, de l'Orient musulman, que la lecture du voyage de Lamartine et les tableaux de Decamps m'avaient donné un ardent désir de connaître. Qu'on juge de ma joie lorsqu'en mettant pied à terre à Smyrne, je vis passer devant moi la représentation animée du chef-d'œuvre de Decamps, aujourd'hui à Rotterdam : la *Patrouille de Smyrne* ; le même chef de police au grand trot sur son cheval turcoman tout ramassé, entouré de ses estafiers, véritables bandits, courant autour de lui couverts de splendides haillons et d'armes étincelantes. Ce brave

policier, appelé Hadgi-Bey, dont nous fîmes immédiatement « *Quat'Gibets* » devint bien vite notre ami. Je lui fis son portrait ; il n'était que sourires chaque fois que je le rencontrais, et il tolérait toutes les frasques de nos jeunes aspirants. Ils en firent cependant une assez forte qui excita l'indignation des Osmanlis. Smyrne était à cette époque la ville orientale par excellence, toute en bazars tortueux, en ruelles étroites, enchevêtrées les unes dans les autres, où la circulation, toujours laborieuse, devenait impossible quelquefois pendant des heures, quand de longues files de chameaux, reliés les uns aux autres par des cordes, venaient à s'y engager. Rien d'irritant comme ces obstructions qu'hommes et bêtes semblaient prendre plaisir à prolonger, lorsqu'elles paraissaient ennuyer les Giaours. Que firent nos aspirants? Réunis en grand nombre, car nous avions alors à Smyrne une forte division navale, ils louèrent des ânes, les attachèrent les uns aux autres par de longues cordes, puis les enfourchant et affectant, la longue pipe à la bouche, une gravité toute musulmane, ils se mirent en marche.

Cette longue farandole qui avait bien un kilomètre de long, circula toute la journée dans les bazars, allant, venant, s'entortillant, interrompant tout trafic, comme sur le passage d'une interminable caravane. Les vrais croyants furent d'abord surpris, mais, comprenant qu'on se moquait d'eux, ils devinrent furieux et coururent chercher *Qual'Gibets* qui, renseigné, rit à se tordre, son gros ventre entre les mains. Nos aspirants lui firent une ovation. Nous étions vengés des chameaux et chameliers.

Les environs de Smyrne étaient charmants et le brigandage inconnu; la civilisation n'avait pas encore enseigné l'art raffiné qui se pratique aujourd'hui d'enlever les gens avec mise en demeure de se faire racheter ou d'avoir le nez, les oreilles... et finalement le cou coupés. On pouvait aller partout, galoper au loin sur la route de Magnésie, s'arrêter pour prendre le café au bord d'une source fraîche, à l'ombre d'immenses platanes d'où l'on voyait défiler l'Orient tout entier, caravanes de Diarbekir, tribus de Turcomans quasi sauvages, bachi-bouzouks des quatre coins de l'Asie, tous sujets pour artistes, que je ne cessais de dessiner. Rentrés dans la ville que la brise du golfe, l'*Imbat*, avait rafraîchie, on allait passer la soirée dans la société levantine, arménienne, auprès de grands papas fidèles à leur vieux costume, enveloppés dans leurs caftans, et d'aimables jeunes femmes, coiffées de *tacticos*, leurs belles tailles, qu'aucun corset ne tourmentait, entourées d'un costume semi-oriental. Une musique indigène, douce et plaintive, se faisait entendre, et l'on regardait mesdemoiselles Peiser, Athanaso, Fonton, Tricon, etc., danser la romaïka.

Tout cela, si séduisant alors, n'existe plus aujourd'hui. L'Orient a conservé son soleil, sa couleur, mais l'affreux cosmopolitisme a tout envahi ; le corset est partout, et le corset c'est le vol !

On était jeune, on était gai à l'époque dont je parle, passionné même ; deux lieutenants de vaisseau, mes camarades, eurent un duel plus sérieux que les duels à coups d'épingles, de mode aujourd'hui. Ils se battirent au pistolet, au point du jour, sur cette promenade de la marine où, la veille au soir, ils plaisantaient au milieu des jeunes femmes. Au moment où les témoins commandaient le feu, le soleil se levait à l'horizon. Son premier rayon étincela sur un bouton de poitrine de l'uniforme de l'un des deux adversaires, et la balle de l'autre, obéissant à une attraction fatale, alla frapper ce bouton et tua raide notre malheureux camarade. Un enseigne enleva une charmante Grecque qu'on trouva cachée dans sa cabine, quand son navire eut pris le large ; et tant d'autres incidents encore !

Après Smyrne, l'*Iphigénie* parcourut l'Archipel, les côtes d'Anatolie, de Caramanie, de Syrie. Tout le temps que ne me prenait pas mon service, j'étais le crayon à la main, avec les modèles les plus charmants ou les plus pittoresques sous les yeux. De Tripoli de Syrie, je grimpai au sommet du Liban, d'où je vis un panorama immense, les ruines de Balbeck, le Désert. Nous fîmes un déjeuner champêtre avec le patriarche du Liban et ses moines, à l'ombre des fameux cèdres. Bruat y eut un duel comique avec un chirurgien de marine de beaucoup d'esprit appelé Camescasse, qui était de notre bande. Je me souviens d'un mot bien drôle de ce Camescasse, parlant d'un de ses confrères de médecine réfugié en Bretagne,

1. Capitaine de vaisseau de Parseval. — 2. Prince de Joinville. — 3. Guardé Médaouar.

INTÉRIEUR A BEYROUTH

où il soignait particulièrement l'aristocratie locale; il l'appelait : *le Vengeur du peuple!* A Eden, le chef-lieu des Maronites, le vieux cheik Boutrouss-Karam, me reçut avec les plus grands honneurs et je fus à peu près noyé sous les aspersions d'eau de rose dont je déteste l'odeur. En dehors de mon passage, c'était grande fête à Eden : Boutrouss-Karam mariait sa fille; toute la nation maronite était accourue en habits de fête. Quels beaux types! Quels costumes! Quels turbans! Je servis de témoin à la mariée, elle et moi devant tous deux garder un bracelet en équilibre sur la tête pendant le temps de la cérémonie. La mariée tremblait, son bracelet tomba. Après la cérémonie, elle me reçut sans voile : c'était une grande belle brune, au costume pittoresque, mais pas une jolie femme.

De Jaffa, je fis le voyage de Jérusalem et parcourus la Terre-Sainte avec une grande émotion troublée seulement par un incident fâcheux. Le jour où je devais me rendre à l'église du Saint-Sépulcre, une grande foule m'y avait précédé et tout aussitôt une querelle, qui dégénéra en bataille, s'éleva entre Grecs, Juifs et Arméniens. Ce fut à grands coups de bâton que la police musulmane me fraya un passage pour pénétrer dans le lieu saint, et, comble de scandale ! au moment où je m'agenouillais plein de recueillement, l'orgue de l'église fit entendre la *Marseillaise*. Un autre incident se produisit pendant ce séjour à Jérusalem. Le gouverneur de la province vint me trouver pour me dire qu'il avait reçu l'ordre de Méhémet-Ali de se mettre à la disposition du fils du Roi des Français et de faire ce qu'il voudrait. Je pris aussitôt la balle au bond et lui répondis que cela se trouvait bien, car j'allais justement lui demander l'autorisation de pénétrer dans la mosquée d'Omar, élevée sur l'emplacement de l'ancien temple de Salomon. Il faut dire que cette belle mosquée, la seconde en sainteté après la Mecque aux yeux des Musulmans, ouverte aujourd'hui à tout le monde, n'avait alors été visitée que par le célèbre voyageur Ali-Bey.

A ma demande le gouverneur Hassan-Bey tira sa barbe et parut vivement contrarié. Après un instant de silence, il prit son parti et me dit : « Venez demain, je vous y mènerai moi-même. » Le lendemain, je fus fidèle au rendez-vous avec Bruat et deux ou trois autres officiers qui faisaient le même voyage que moi. Nous entrâmes dans la mosquée qui est réellement très belle et que nous parcourûmes en entier. Les imans, les softas, prêtres ou étudiants, nous regardaient avec horreur depuis notre entrée, lorsque l'un d'eux entonna tout à coup sur un ton de fausset une espèce de litanie à laquelle la foule répondit en chœur. Puis cette litanie se changea bientôt en des cris de rage, et précédée d'un vieil iman nègre en robe jaune, qui semblait arrivé au paroxysme de la fureur, cette foule se rua sur nous avec des gestes menaçants. Ça n'était pas très rassurant, mais Hassan-Bey fut à la hauteur de la situation. Il me prit par le bras, me mit derrière lui avec Bruat et ces messieurs groupés à côté de moi, puis il ordonna à une dizaine de kavas qu'il avait amenés de charger, ce qu'ils firent à grands coups de bâton. Non content de cela, il fit saisir le plus turbulent des softas, le fit jeter à ses pieds et bâtonner sans merci. Les coups de bâton pleuvaient sur ce malheureux avec le bruit d'un tapis que l'on bat. Cette ferme attitude en imposa à la foule qui se retira dans le bout de la mosquée en grommelant. « Maintenant sortons, » me dit le bey. Une fois dehors, il nous enferma

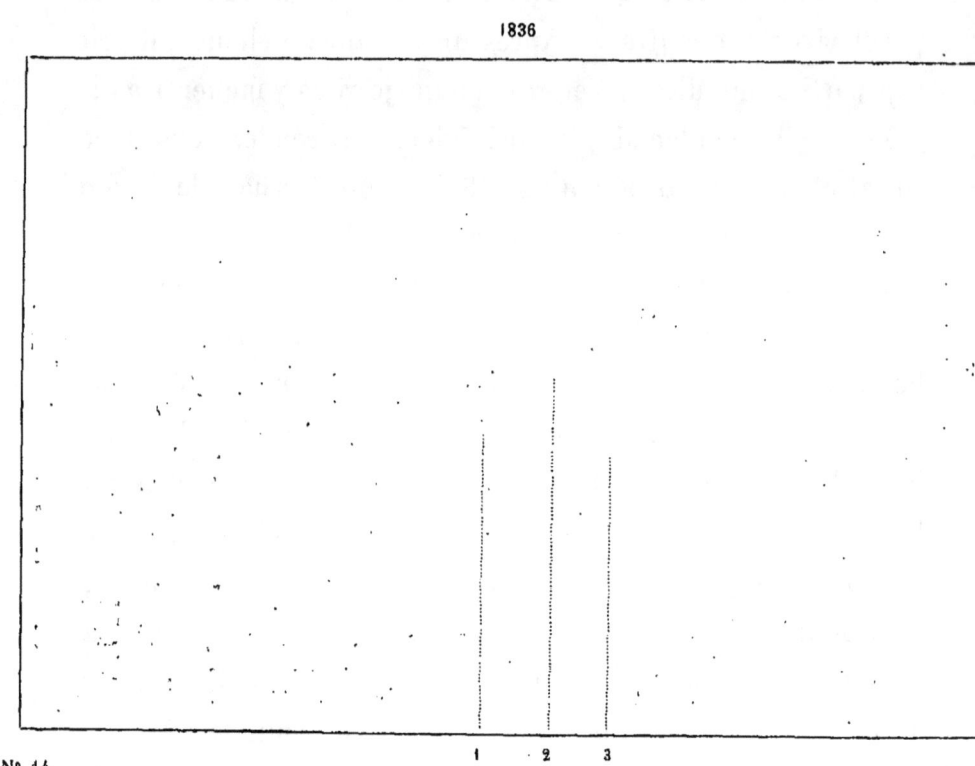

1. Hassan Bey, gouverneur. — 2. Prince de Joinville. — 3. M. Bruat, capitaine de corvette.
ÉMEUTE DANS LA MOSQUÉE D'OMAR. — Jérusalem.

dans une autre mosquée voisine où il n'y avait personne, en nous priant de l'y attendre. Bientôt nous entendîmes un grand vacarme et des hurlements au dehors. Au bout de quelque temps, Hassan-Bey reparut souriant et nous fit sortir; la foule disparue était remplacée par un bataillon d'infanterie égyptienne.

Le lendemain de cette échauffourée, sur l'avis du bey, nous quittâmes Jérusalem, avec regret de ma part; la vue de tous ces lieux illustrés par l'admirable légende de notre religion m'avait fait une impression profonde. Mon imagination avait revu en action jusqu'aux tableaux de la Bible de Royaumont dans laquelle mon enfance avait appris l'Ancien et le Nouveau Testament. Encore au moment de partir, en ouvrant la fenêtre de la chambre où je logeais au couvent latin, je vis exactement devant moi le tableau de cette Bible où David est représenté les mains en l'air d'admiration, découvrant Bethsabée, la femme d'Urie. David, c'était moi, Bethsabée une femme vraiment superbe dans son péplum oriental, assise par terre, sur une terrasse en face. Seulement elle ne peignait pas ses cheveux comme dans la Bible : elle cherchait sa vermine.

Je revins de Jérusalem par la mer Morte, Nazareth, Saint-Jean-d'Acre. Pas loin de Nazareth, comme nous chevauchions de nuit pour éviter la grande chaleur, nous rencontrâmes une troupe de cavaliers et en tête un personnage en costume égyptien qui se fit annoncer comme Ibrahim-Aga, envoyé par Soliman-Pacha au-devant de moi. Comme j'appelais le drogman pour lui transmettre mes paroles, Ibrahim-Aga me dit d'une voix traînante : « Ce n'est pas la peine, je suis le marquis de Beaufort, capitaine d'état-major. » C'était, en effet, un des très nombreux officiers français, détachés à l'armée égyptienne, alors en cantonnements en Syrie, après les victoires de Homs et de Konieh sur les Turcs. J'avais vu ces troupes partout en Syrie et les avais fort admirées, j'allais maintenant voir à Saint-Jean-d'Acre Soliman-Pacha, c'est-à-dire le colonel français Selves, qui les avait organisées et qui, sous l'énergie et la volonté de fer du fils de Méhémet-Ali, Ibrahim-Pacha, les avait conduites à la victoire. Je vis un petit homme qu'un long séjour en Egypte avait orientalisé comme apparence, mais qui avait gardé toute la vivacité de l'esprit français.

L'*Iphigénie* rentra en France par Malte où je fis la connaissance de lord Brudenell, célèbre depuis, sous le nom de lord Cardigan, par sa fameuse charge de Balaklava, et du major Rose, homme charmant, devenu plus tard le Sir Hugh Rose de la Crimée, puis le maréchal lord Strathnairn de la grande révolte de l'Inde. A ce moment, le major Rose commandait le 42e Ecossais, le fameux « Black Watch », régiment magnifique, surtout alors, où il n'était composé que de vieux soldats aux formes herculéennes. Il fournit la garde d'honneur qui me reçut au palais des Grands-Maîtres lorsque j'allai faire visite au gouverneur, et le salut de cette belle troupe en grande tenue, bonnets à plumes, drapeaux abaissés jusqu'à terre, la musique jouant le *God save the Queen* et les cornemuses résonnant sous les voûtes du palais, était un spectacle saisissant.

C'était la première fois que j'entendais les cornemuses des régiments écossais. Je les ai entendues bien souvent depuis et toujours elles me rappellent cet épisode si dramatique de la grande insurrection des armées indiennes : *Le Secours de*

Luknow, de Luknow, capitale du royaume d'Oude où, dans un vaste et solide bâtiment appelé la Résidence, une poignée de soldats anglais s'étaient réfugiés avec les femmes et les enfants échappés aux massacres. Isolés au cœur de l'Inde, assiégés pendant des mois, sans aucune nouvelle du dehors, mourant de faim, décimés par la maladie et le feu de l'ennemi, femmes et soldats ayant perdu tout espoir de secours, ne songeaient plus, avec l'énergie britannique, qu'à vendre chèrement leur vie, lorsque tout à coup, au milieu du redoublement de la canonnade et de la fusillade quotidiennes, des cris inusités se font entendre, semblables au *hurrah!* national. Ces *hurrah* se rapprochent, mais les Cipayes révoltés les ont souvent imités par dérision! Quand un nouveau son vient frapper les oreilles des assiégés! Les cornemuses!! Les cornemuses!! et bientôt on distingue la célèbre marche des régiments écossais : *The Campbells are coming !* les Campbells arrivent!! C'étaient les renforts ramassés partout, soldats anglais, écossais, marins commandés par le vieux lord Clyde de Balaklava qui emportaient de vive force les défenses accumulées autour de Luknow par l'armée révoltée, dix fois plus nombreuse, et qui apportaient le secours inespéré de la mère patrie, le salut ! Quel moment !

Je revins à Paris pour apprendre la nouvelle de l'insuccès de la première expédition de Constantine, et le beau rôle que mon frère Nemours avait joué dans cette terrible aventure. Je ne doutais pas que l'on n'allât bientôt prendre de cet échec une éclatante revanche, et je me désolais que ma qualité de marin ne me permît pas de demander à être de la partie. En attendant, je pris ma part d'un nouvel attentat dirigé contre mon père, à qui un nommé Meunier tira un coup de pistolet le jour de l'ouverture des Chambres. Un mouvement de la foule dérangea le bras de l'assassin, mais la balle entra dans la voiture en cassant la glace de devant, et mes frères et moi fûmes coupés par les éclats de verre. Je me souviens d'un mot de député dit à cette occasion et bien caractéristique. Après la séance royale, comme ces messieurs de la Chambre parlaient de l'attentat, un d'eux dit : « Allons-nous aller féliciter le Roi ? — Certainement. C'est l'usage ! » Peu après un émule de Fieschi inventa une machine perfectionnée qui devait nous faucher tous à coup sûr, à la première occasion, mais il fut découvert et se tua au moment où l'on venait pour l'arrêter, emportant avec lui le secret de ses complices.

Au milieu d'agitations politiques, d'ambitions ministérielles dont je m'occupais infiniment peu, survint le mariage de mon frère aîné le duc d'Orléans, et les fêtes qui en furent l'occasion : mariage à Fontainebleau, grande fête à l'Hôtel de Ville de Paris, inauguration du musée de Versailles. Le mariage avait été résolu sans que mon frère et la princesse Hélène se fussent jamais vus. Impatient de la connaître et de la saluer avant tous sur la terre de France, mon frère se rendit au-devant d'elle, à Nancy, où elle arrivait accompagnée de sa mère et d'une dame d'honneur. Mon frère se précipite, voit les trois dames, et, saisissant la main de sa fiancée, la porte à ses lèvres ! Erreur ! C'était la main de la dame d'honneur ! Ce contretemps d'un instant fut vite oublié et quand le carrosse à huit chevaux de la princesse entra, au bruit du canon et des tambours, dans la cour du Cheval-Blanc, à Fontainebleau, nous descendîmes, le Roi en tête, le grand escalier, comme les seigneurs descendent l'escalier de Chenonceaux au second acte des *Huguenots*. C'était très beau.

L'entrée à Paris, par les Champs-Elysées, l'arrivée aux Tuileries par le jardin, nous à cheval, les princesses dans les carrosses à la grande livrée d'Orléans, au milieu d'un public immense, les femmes en toilettes de printemps éclatantes et par un temps idéal, fut aussi un spectacle ravissant. Il y eut ensuite un très beau bal à l'Hôtel de Ville, un peu assombri par la prédiction, venue de tous côtés, qu'il serait l'occasion d'un nouvel attentat. Le vieux prince de Talleyrand, presque moribond, demanda à mon frère aîné de venir le voir pour ajouter sa prophétie à toutes les autres. Se dressant sur son séant, le visage portant les signes de la mort prochaine : « Ce ne sera ni le couteau ni le pistolet, lui dit-il, mais une pluie de pavés lancés des toits, qui vous écrasera tous !! » Bien obligés de la prédiction, nous fûmes heureux de ne pas la voir se réaliser. Il n'y eut rien, ni dans la rue, ni au bal où nous fûmes entourés d'une armée d'*invités* choisis et dont on nous ramena à fond de train sous l'escorte d'escadrons de cuirassiers étincelants à la lueur des torches. Mais le bouquet des fêtes fut l'inauguration du musée de Versailles, de ce musée créé par mon père et voué par lui : *A toutes les Gloires de la France*. D'autres que lui ont donné une triste ironie à cette inscription.

Toutes les révolutions se payent !

Le jour de cette inauguration, le Roi donna, dans les galeries du palais, un dîner de douze cents couverts. Chacun de nous fut chargé de présider une table, tâche que j'aurais trouvée fort ennuyeuse, si je n'avais eu, parmi mes convives, des hommes de beaucoup d'esprit, dont la conversation m'amusa fort : Alphonse Karr, Léon Gozlan, Nestor Roqueplan, etc...

Après le dîner, il y eut spectacle avec le *Misanthrope*, joué pour la première fois en costumes de l'époque de Louis XIV, par Perrier, Provost, Samson, Firmin, Menjaud, Monrose, Regnier ; mesdames Mars, Plessy, Mante ; puis un acte de *Robert le Diable* avec Duprez, Levasseur, mademoiselle Falcon, et le ballet. Après la représentation, promenade dans les galeries illuminées. Je m'attribue, dans cette soirée, deux initiatives : la première fut de tourmenter tellement le Roi et les ministres après l'acte de *Robert le Diable*, que Meyerbeer, que j'allai chercher, fut nommé séance tenante officier de la Légion d'honneur, distinction devenue banale aujourd'hui, mais exceptionnelle alors. La seconde fut de demander au Roi également de vouloir bien autoriser les artistes ayant pris part à la représentation à se joindre aux invités pendant la promenade aux flambeaux dans les galeries, autorisation que j'allai porter moi-même et que j'étendis naturellement au corps de ballet. Quand on vit toutes ces demoiselles en tenue de ville, beaucoup d'entre elles un carton à la main, circuler au milieu de la gent chamarrée, beaucoup de nobles dames prirent des airs dédaigneux, mais le mélange était charmant.

IV

1837-1838

Après les fêtes du mariage, je retournai à la mer, toujours comme lieutenant de vaisseau, à bord de l'*Hercule*, de cent canons : capitaine Casy. — Capitaine provençal, maistrance provençale, équipage provençal ; sauf quelques officiers, tous provençaux. Au bout de huit jours je me surpris à parler avec l'accent ! En route pour l'Amérique du Sud. Première relâche : Gibraltar et accueil des plus aimables du gouverneur, Sir Alexander Woodford, de lady Woodford et de leurs aimables enfants. J'en conserve un souvenir d'autant plus précieux que j'eus affaire plus tard à un autre gouverneur dont je n'eus guère à me louer. — De Gibraltar à Tanger, la ville marocaine que je devais canonner quelques années plus tard, mais où je ne combattis cette fois que les sangliers, sous la direction de cet admirable chasseur, M. Drummond Hay. La beauté des yeux, des carnations, des costumes des filles juives de Tanger me charma, mais ne chassa pas de mon cœur une certaine mélancolie, qui me suivait depuis mon nouvel embarquement, pendant les longs quarts de nuit, comme au milieu des distractions des relâches. Je pensais à Elle ! Il y a toujours une : *Elle*, quand on a vingt ans. Après Tanger, le vaisseau s'arrêta à Sainte-Croix de Ténériffe pour faire de l'eau, et pendant cette opération, j'organisai, avec mon camarade Rigaud de Genouilly, un des lieutenants de vaisseau du bord, une ascension scientifique au fameux pic de Ténériffe, haut de 3 710 mètres où mon professeur Pouillet m'avait prié de faire quelques observations. Après deux jours de grimpade et une nuit de bivouac, à une grande hauteur, nous n'étions plus qu'à cent ou deux cents mètres du sommet lorsque nous fûmes rejoints par un messager apportant l'ordre du commandant de revenir en toute hâte. Un aviso avait mouillé à Sainte-Croix, annonçant que, par suite de complications extérieures, une escadre française était envoyée à Tunis et probablement en Orient. L'*Hercule* devait la rallier immédiatement. Nous dégringolâmes de la montagne avec enthousiasme à la pensée que nous allions peut-être tirer le canon, et après vingt jours de traversée employés en exercices militaires de toute sorte, nous jetâmes l'ancre dans la baie de Tunis pour y recevoir un seau d'eau froide sur la tête. Les complications sur lesquelles nous avions bâti tout un échafaudage de dangers et de gloire sont évanouies ; l'escadre que nous devions rejoindre s'en est allée : un ordre nous attend : celui de reprendre notre campagne interrompue et de remettre le cap sur l'Amérique du Sud.

Comme nouvelle, on nous annonce que l'expédition qui doit aller à Constantine venger l'échec de l'an passé s'organise à

Bône et que mon frère Nemours y commande une brigade. Justement mon gros vaisseau doit se ravitailler en Algérie et je supplie le commandant, qui a carte blanche, de toucher à Bône pour me permettre d'embrasser mon frère. La traversée de Tunis à Bône, retardée par des calmes, est longue, et quand nous arrivons, j'apprends à mon grand regret que l'expédition est partie. Mais une petite colonne se forme pour la rejoindre et doit se mettre en marche le lendemain. A cette annonce je me précipite chez le commandant, et appelant à mon aide toutes les ressources de la persuasion, toutes les finesses de la diplomatie, je m'efforce de le convaincre que j'ai le temps, pendant un ravitaillement où je ne lui suis bon à rien, d'aller faire une pointe à l'armée expéditionnaire et d'en revenir; que si le roi, mon père, me savait ici, amené par le hasard, il trouverait très mauvais que je tournasse le dos à une entreprise où s'il s'agissait de venger l'honneur national. Il n'y avait pas de télégraphe en ce temps-là et je fis si bien que j'obtins l'autorisation désirée. En vingt-quatre heures, de marin je devins soldat, et partis équipé, monté et faisant de nouveaux rêves de gloire destinés aux mêmes désappointements, désappointements partagés par nombre d'officiers du génie, d'artillerie et trois officiers prussiens, MM. de Willisen[1], de Noville et OElrichs, arrivés trop tard pour prendre part à l'expédition et qui cherchaient comme moi à la rejoindre.

Que dire de la marche sur Constantine de la colonne dont je faisais partie? Elle dura douze jours de temps épouvantable, pendant lesquels aucune misère ne nous fut épar-

---

1. M. de Willisen, aide de camp du prince de Prusse, depuis empereur Guillaume, a commandé en chef l'armée du Holstein.

gnée : pluies torrentielles, rivières débordées, neiges, hommes morts de froid, traînards dont on entendait les cris, au secours desquels on courait pour les trouver décapités, et enfin terrible choléra, apporté de France par un des régiments de la colonne. En plus nous eûmes le tourment moral d'être arrêtés longtemps au pied d'une montagne, le Raz el Akbah, si détrempée que, même en triplant les attelages, ni canon ni voiture ne pouvaient la franchir, entendant le canon de la batterie de brèche de Constantine sans pouvoir y courir. Un de ces jours d'arrêt, comme une consolation, le médecin major nous salua ainsi, pendant que nous déjeunions : « Une mauvaise nouvelle, messieurs, nous venons de nous apercevoir que, depuis vingt-quatre heures, les fosses de l'hôpital des cholériques (un misérable gourbis) ont crevé dans la source dont nous buvons l'eau. — S. N. de D., docteur, vous auriez bien pu garder cela pour vous !!! » fut l'exclamation universelle. Au milieu de ces souffrances, de ces misères physiques et morales, jamais le courage, le ressort, l'entrain, la gaieté même de nos soldats, ne se démentirent un seul instant. Je ne les avais jamais vus dans de semblables épreuves et les trouvai absolument admirables. Admirables aussi leurs officiers : le dévouement en personne. Un jour que le détachement d'arrière-garde était resté un peu loin du gros de la colonne, il se vit arrêté par un torrent impétueux qu'une pluie diluvienne faisait grossir à vue d'œil. Les premiers soldats qui essayèrent de passer furent entraînés, roulés et repêchés avec peine. Sans hésiter, alors, tous les officiers se jetèrent à l'eau, bien qu'ils en eussent jusqu'aux épaules, et se tenant par les bras, firent comme un barrage vivant, au-dessus duquel ils firent passer le détachement. Et cela fut fait si simplement! Soldats, marins, français de toute classe! Quelle admirable race quand l'esprit de hiérarchie, de discipline leur inculque le sentiment du devoir!

Nous aperçûmes enfin Constantine, puis un gros de cavalerie, le 3ᵉ chasseurs d'Afrique, envoyé à notre rencontre, et un officier détaché en avant, nous apprit que la place était prise d'assaut depuis trois jours et que le général en chef, comte de Damrémont, avait été coupé en deux par un boulet pendant qu'il causait avec mon frère Nemours. Bientôt, montant au galop au Coudiat-Ati, j'embrassai cet excellent frère qui avait eu une conduite si vaillante pendant toute la campagne. Il était en train de passer en revue la brave petite armée; nous achevâmes la revue ensemble. Puis il me regarda de la tête aux pieds, et le frère faisant place au soldat exact, il me dit : « Tu ne peux pas rester comme cela, tu as une autre tenue à mettre? — Hélas non! » lui répondis-je, en jetant un coup d'œil humilié sur ma veste ronde, mon pantalon, basané avec un morceau de caoutchouc, et mon chapeau de paille, recouvert d'une toile cirée, tout cela peu embelli par les bivouacs boueux. Je n'avais de militaire que mon sabre et mes épaulettes de lieutenant de vaisseau. Mais on me confectionna un képi, un enseigne de vaisseau venu avec moi, Fabre Lamaurelle, me prêta son habit et je devins présentable.

Grande émotion à la vue de la brèche, et mon premier soin fut d'y monter. Qu'on se figure l'aspect des démolitions du percement d'une rue de Paris, et on aura une idée du tableau que présentait le sommet de la brèche. Un chaos, fait par le boulet, les explosions et sans issue apparente; le sol, une moraine de glacier, semée de képis, d'épaulettes, de débris humains. Près d'une grosse pierre, un soldat du 2ᵉ léger est en faction. « Pourquoi êtes-vous là? — Vous voyez ce bout de capote bleue dans ce trou; le commandant est écrasé là-dessous, et ces baïonnettes qui sortent des plâtras, c'est le peloton qui le suivait; l'explosion les a enterrés. » Terrible épreuve que cette explosion pour des colonnes d'assaut dispersées dans ce dédale de démolitions, de ruelles barricadées, et fusillés de toutes parts par un ennemi invisible. Mais rien ne découragea une minute nos vaillants soldats! On me raconta qu'au moment de la catastrophe, l'état-major, qui écoutait d'une oreille anxieuse la marche du combat que les yeux ne pouvaient distinguer, voyant le nuage d'éruption envelopper les alentours de la brèche et des centaines de blessés, de brûlés, d'estropiés la redescendre, crut la partie perdue, l'assaut repoussé. Lamoricière, le commandant de la première colonne d'assaut, était rapporté aveugle, et à la surprise générale, on voyait revenir aussi le commandant de la deuxième colonne, le colonel Combes. Il s'avança, l'épée à la main, vers le général en chef, dont la figure prit une expression d'étonnement, puis de colère, à la vue de ce commandant abandonnant son poste. Celui-ci, sans se troubler, lui rendit compte, en quelques paroles brèves, de l'état du combat, de sa confiance dans le succès et finit par ces mots : « Ce sera une journée glorieuse de plus pour la France, et pour ceux qui en verront la fin. » Il salua, chancela; il était mort! Rien en lui n'avait trahi qu'il fût mortellement frappé. En écoutant ce récit, je demandai au général Vallée : « Mais, mon général, si l'assaut avait été repoussé, qu'auriez-vous fait? — Nous aurions recommencé. » En disant cela, il pinçait ses lèvres avec une expression effroyablement dure, qui, jointe à sa petite taille, lui avait fait donner à l'armée le sobriquet du Petit Louis XI, et un officier placé derrière moi, qui avait entendu la demande et la réponse, ajouta tout bas : « Et il avait pris ses précautions. — Comment? — Quand la veille de l'assaut on lui a rendu compte que les munitions d'artillerie étaient épuisées, il a ordonné de réserver une salve pour les canons de la batterie de brèche. — Eh bien? — Vous ne comprenez pas ! C'était pour tirer sur les colonnes d'assaut si elles étaient tentées de reculer. Il l'avait déjà fait une fois, en Espagne, au siège de Tarragone. »

Autre décor de guerre à l'extrémité de la ville opposée à la brèche, à la Kasbah : pendant l'assaut toute la population musulmane non combattante s'y était réfugiée, pressée, entassée, jusqu'au bord du rempart qui couronne les précipices du Rummel, et soit effarement, soit poussée de la foule, une cascade humaine tomba du rempart sur les rochers et les terrasses du précipice. Des monceaux de cadavres d'hommes, d'enfants, de femmes surtout y étaient accrochés ; sur un de ces tas, un vieil Arabe à barbe blanche retournait un à un les morts, cherchant sans doute quelque être chéri.

N'ayant pas d'emploi dans l'armée, ne pouvant me reposer sur des lauriers que je n'avais pas cueillis, je passai mon temps à dessiner. Je commençai naturellement par la brèche et m'installai pour cela à côté d'une tête coupée qui gisait sur le sol et d'un cheval mort, dont un chien errant s'était fait une niche en lui crevant le ventre. Pendant que je dessinais j'entends un clairon sonner la marche et je le vois déboucher de la porte de la brèche. Derrière lui un sous-lieutenant, le sabre à la main, puis, au lieu de troupe, une file d'ânes chargés, escortés par une dizaine de zéphirs. N'y comprenant rien, je vais au clairon et l'interrompant, je lui demande pourquoi il sonne. Mais, me répondit-il en se dandinant son clairon sur la cuisse, c'est la compagnie franche de Bougie qui rentre au corps. — Comment? — Ce sont les fusils sur ces ânes; tous tués à l'assaut; il ne reste que nous. » Il reprit sa sonnerie, les ânes passèrent; j'ôtai mon képi.

Le bey de Constantine, confiant dans l'imprenabilité de sa ville, y avait laissé son harem, et ce harem était renfermé dans le palais, devenu le quartier général, où je demeurais avec Nemours. Bien entendu, le harem me fournit les sujets de nombreux dessins disparus, malheureusement pour moi, dans le sac des Tuileries, le 24 février 1848. Sur une des cours, plantée d'orangers et de roses, entourée des élégantes galeries mauresques du palais du bey, s'ouvrait une petite porte dont on avait confié la garde à la vivandière du 47e et à un maréchal des logis de spahis, nommé Bel-Kassem. C'était la porte du harem; elle donnait accès à plusieurs cours entourées de galeries au rez-de-chaussée et au premier, sur lesquelles s'ouvraient de grandes chambres, toutes tapissées de divans, de coussins, et garnies d'étagères sur lesquelles étaient entassés une foule d'objets, de bibelots, d'étoffes surtout, principalement des pièces d'étoffes de soie. Les femmes, il y en avait plus de deux cents, passaient leur existence jour et nuit, accroupies ou couchées sur les coussins de ces salles, divisées par catégories. Les négresses, qui étaient en grande majorité, occupaient deux cours, et de ces cours sortait une odeur fétide qui empoisonnait tout le palais du bey, quand le vent soufflait de ce côté. Les blanches et les jaunes habitaient ensemble; toutes portaient le costume arabe, avec

1837

N° 15.

CONSTANTINE APRÈS L'ASSAUT. — Retour au corps de la compagnie franche de Bougie.

plus ou moins d'ornements et parmi elles se trouvaient quelques jolies femmes dont deux Grecques, et une Mauresque réellement belle nommée Ayescha. Je fis son portrait et aussi celui de l'eunuque en chef, un nègre grisonnant, à l'œil hypocrite, tout emmitouflé dans des haïcks très fins qui ne laissaient paraître que son museau et des jambes entièrement privées de mollets. La séance aurait fait un joli tableau : moi dessinant, avec ces dames du harem penchées sur mon dos, suivant le travail, et le nègre posant, et pestant de poser, pendant qu'Ayescha allait et venait  et lui prodiguait des caresses extraordinaires pour le faire tenir sage.

Un soir, le général Vallée se fit donner une fête au harem : grande illumination, chants, musique avec tambours de basque et danse du ventre. Parmi les assistants se trouvait le général de Caraman, commandant l'artillerie. En sortant, le choléra le prend, et à six heures du matin il était mort. Ainsi va le monde.

La présence du harem donna lieu à quelques aventures : une belle nuit, quand tout dormait, deux officiers de zéphirs de garde eurent l'idée d'aller frapper à la porte et furent joyeusement surpris d'entendre la voix douce de la bienveillante cantinière répondre : « Est-ce vous ? — Parbleu ! » Et la porte s'ouvrit ; mais deux minutes n'étaient pas écoulées qu'un affreux bacchanal fait des cris perçants de deux cents femmes réveillait tout le quartier général, et nos deux zéphirs, se sauvant à toutes jambes au poste, faisaient prendre les armes. Cette alerte, d'autres peut-être, jointes à la peste venant  du quartier des négresses, firent prendre la résolution de se défaire de tout ce bétail humain et de le répartir chez les plus imposés de la commune musulmane. J'allai voir le départ auquel présidait un chef d'escadron d'état-major, assisté d'un détachement de zéphyrs. Les femmes, prévenues la veille, avaient été autorisées à emporter ce qu'elles pourraient avoir sur elles ou porter à la main. Aussi avaient-elles passé la nuit à enrouler autour de leur taille autant d'étoffes précieuses qu'elles avaient pu supporter et se trouvait-on en présence de ballons, de citrouilles humaines monstrueuses. A peine pouvaient-elles marcher, soutenues par les zéphyrs. Mais le passage de la porte fût plus laborieux. Quelques-unes tirées par devant, poussées par derrière, furent projetées comme le bouchon d'une bouteille de champagne; d'autres, ne pouvant pas passer du tout, furent confiées aux zéphyrs pour être réduites au calibre voulu, le tout avec accompagnement d'exclamations et d'objurgations de toute nature.

Pour passer du harem à des sujets plus sérieux, j'assistai, le 18 octobre, aux funérailles que l'armée fit au comte Damrémont; elles furent émouvantes. A quelque cent mètres du

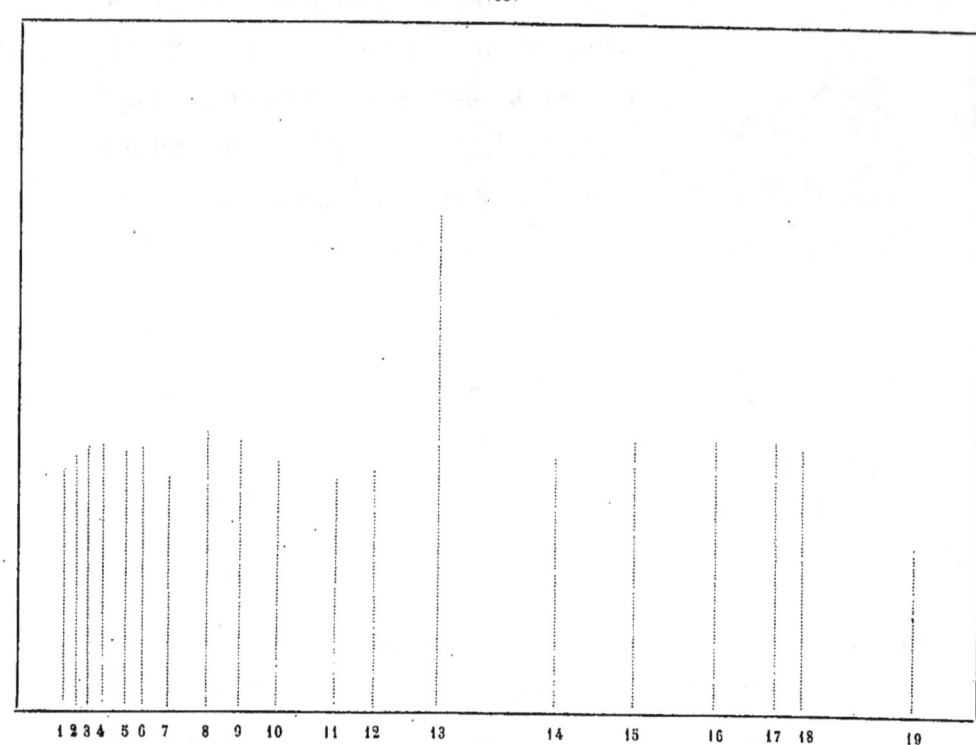

N° 16.

1. Willisen, aide de camp du prince de Prusse. — 2. De Chambry, maréchal des logis de spahis. — 3. De Mac-Mahon, capitaine. — 4. De Chabannes la Palice, lieutenant-colonel. — 5. Boyer, général de brigade. — 6. De Courtois d'Urbal, capitaine. — 7. De Rohaut de Fleury, général de division. — 8. Prince de Joinville, lieutenant de vaisseau. — 9. Duc de Nemours, général de brigade. — 10. Comte Vallée, général en chef. — 11. De Ladmirault, capitaine de zouaves. — 12. Canrobert, adjudant-major du 47ᵉ. — 13. Drapeau du 47ᵉ sur la brèche. — 14. Bedeau, chef de bataillon. — 15. De Saint-Arnaud, capitaine de la légion étrangère. — 16. Leflô, capitaine du 2ᵉ léger. — 17. Niel, capitaine du génie. — 18. Lebœuf, capitaine d'artillerie. — 19. Morris, capitaine du 3ᵉ chasseurs d'Afrique.

CONSTANTINE. — Funérailles du général en chef comte de Damrémont, tué par un boulet.

lieu où il avait été tué, au pied de la brèche, on avait construit, en sacs à terre, un cénotaphe supportant le cercueil, sur lequel on avait jeté le manteau de général et placé son épée ainsi que son chapeau à plumes blanches. Le temps s'était mis en deuil pour l'occasion, il faisait très sombre ; toute la population arabe assistait accroupie sur les murailles. Au haut de la brèche était planté le drapeau du 47e. En bas les tambours des zouaves faisaient entendre le roulement funèbre et des détachements d'infanterie exécutaient des feux de peloton, pendant que les corps d'officiers venaient s'incliner une dernière fois devant les restes de leur ancien général. Et quels corps d'officiers ! Que d'hommes d'avenir dans leurs rangs, où sans parler des chefs, on comptait les capitaines Niel, Canrobert, Mac-Mahon, Saint-Arnault, Lebœuf, Ladmirault, Morris, Leflô et tant d'autres.

L'armée quitta Constantine en deux détachements. Je revins avec le second, qui escortait le général en chef, malade, et un immense convoi de fiévreux, d'éclopés de toute sorte. Triste retour où la colonne, décimée par le choléra, joncha sa route de cadavres. On voyait à chaque instant les soldats jeter leurs armes et se tordre dans d'affreuses convulsions ; mon frère, qui commandait l'arrière-garde, n'était occupé qu'à faire ramasser ces malheureux et à les faire attacher sur des cacolets. On les versait ensuite dans les voitures du convoi, déjà encombrées, où ils mouraient comme des mouches, et sitôt morts, les occupants de chaque voiture réunissaient leurs efforts pour les jeter par-dessus bord. Chaque matin, au départ du convoi, c'était une ligne de cadavres qui marquait la place occupée pendant la nuit par les voitures. Une section du génie les recouvrait d'un peu de terre, mais nous étions à peine partis que les Arabes arrivaient au galop de partout, les déterraient et les dépouillaient.

Quand la colonne atteignit Bône, j'étais malade moi-même, la fièvre m'avait saisi, mais grâce à une médication énergique je me trouvai à peu près sur pied, quand je rejoignis mon vaisseau à Alger. Il reprit presque aussitôt la mer; j'eus une rechute au Sénégal, mais la traversée de l'Océan me remit complètement, et j'étais entièrement à flot quand nous atteignîmes les côtes de l'Amérique du Sud. Rio de Janeiro fut notre première relâche. Inutile de parler du magnifique tableau présenté par sa baie, tableau si souvent décrit par tous les voyageurs. Ce fut pendant cette relâche que je vis pour la première fois la jeune princesse qui devait devenir plus tard la princesse de Joinville et être la compagne dévouée de ma vie.

Pendant cette relâche également, je fis un voyage à Minas, le pays des mines d'or : longue expédition, à dos de mulet, à travers les splendeurs et la monotonie des forêts vierges. Une de ces mines, celle de Gongo-Soco que je visitai, était exploitée à l'aide de quatre cents esclaves par une compagnie anglaise qui en tirait d'énormes bénéfices. J'y descendis et, sous la direction de mineurs du Cornwall, je m'escrimai avec le pic et réussis à retirer des pépites grosses comme mon petit doigt. Le filon étant en grande partie composé de manganèse, nous sortîmes de la mine entièrement noirs, mais un détachement de négresses vint aussitôt nous blanchir. Une autre course, faite dans les Campos, m'initia à un genre de sport nouveau pour moi, la chasse des chevaux sauvages au *lasso*. Après avoir admiré l'adresse extraordi-

naire des *camperos* à cet exercice, je m'y essayai à mon tour avec quelque succès. On s'y passionne.

Pour clore notre séjour à Rio, nous donnâmes un bal à bord du vaisseau, à l'empereur, à sa famille et aux sociétés brésiliennes et étrangères. Vers la fin de la fête, je lâchai dans la salle du bal un jeune lion qu'on m'avait donné au Sénégal et son apparition jeta un certain trouble dans les figures du cotillon.

De Rio, l'*Hercule* visita successivement la Guyane, la Martinique, la Guadeloupe. La Guyane, avec ses côtes basses, garnies de palétuviers, semblables à des arbres écarlates, tant ils étaient couverts d'ibis rouges ! Rien de riant comme la rivière de Cayenne et la jolie ville qui s'élève sur ses bords. Ses maisons en bois sont toutes séparées par des jardins où la végétation tropicale déploie une puissance et une variété incomparables. A côté d'énormes calebassiers, de fromagiers, de palmiers gigantesques, d'espèces les plus diverses, l'arbre à pain, l'arbre du voyageur, à l'immense éventail, et toute une flore éclatante offrent aux yeux le bouquet le plus pittoresque. Si la rivière de Cayenne est charmante, les autres cours d'eau du delta guyanais, véritables fleuves encaissés dans les murailles sombres d'épaisses forêts, sont d'un aspect plus sévère. Mais ces forêts peuplées de bêtes de toute sorte, surtout d'un nombre infini d'oiseaux au plumage le plus varié, le plus étincelant, ont dans leur splendeur l'attrait irrésistible de la vie sauvage.

Je remontai plusieurs de ces rivières, l'Approuague, la rivière de Mana, et visitai les *carbets* (villages) de quelques peuplades indiennes, les Norags, les Galibis, ces derniers, encore entièrement sauvages à cette époque, armés d'arcs et de flèches et faisant le feu en frottant deux morceaux de bois, opération que je leur vis faire. — Hommes et femmes à peau rouge, yeux chinois, cheveux lisses teints en *rocou*, une espèce de garance, n'avaient pour tout vêtement qu'un petit linge d'hôpital passé entre les jambes. Les femmes étaient particulièrement horribles, presque toutes avaient de gros ventres qu'elles soutenaient de la main, comme les guenons quand elles sont pleines, et toutes avaient des espèces de bracelets serrés au-dessus et au-dessous des genoux

et des mollets, qui, faisant enfler les parties intermédiaires, donnaient à leurs jambes l'aspect de brochettes de fromage de Hollande.

Sauvages à part, l'impression générale qui me reste de la Guyane est celle d'une immense serre chaude où tout est invraisemblablement colossal, comme dans une illustration de Gustave Doré, où on rencontre tantôt des espèces d'abricots gros comme la tête, tantôt des caïmans de dix mètres de long. Comme population, des créoles, aussi aimables qu'intelligents, énervés par le climat, des femmes pâles, séduisantes dans leur langueur, le murmure si doux de leur voix et enfin, au moment de mon passage, un tambour-major de garde nationale nègre à grand kolbach et panache idéal !

Mes souvenirs de la Martinique, de la Guadeloupe, me les représentent comme de belles îles verdoyantes, aux formes volcaniques. Je trouvai la première surtout très pittoresque avec ses mornes couverts de riantes habitations, et comme fond de paysage, les pitons du Carbet, perdus dans les nuages sombres de l'alizé. On me fit passer la revue des troupes sur la Savane, la promenade du Fort-Royal, mais j'avoue que je m'intéressai plus au costume des belles quarteronnes, ou mulâtresses de quart de sang qui y assistaient, qu'à la revue elle-même. Ce costume vaut bien une description. Sur la tête, le madras aux couleurs violentes, noué de la manière la plus fantaisiste ; pas de corset, bien entendu, mais une simple chemise brodée, montrant des formes superbes, enfin une jupe de couleur vive, jaune ou rose, faisant queue, mais relevée sur le côté pour laisser voir une jolie jambe nue. Ajoutons que ces femmes ont souvent un teint blanc crème que bien des Européennes envieraient, et on comprendra le cri d'orgueil poussé par ce vieux propriétaire d'habitation,

traîné je ne sais pourquoi en justice et répondant à la question du président : « Votre profession ? — Ma profession ? Je fais des mulâtres ! »

C'était au temps de la grande prospérité de nos belles Antilles, que ce vieux glorieux parlait ainsi. Déjà, lors de mon passage, cette prospérité commençait à fléchir, et c'était même un ennui de ne pouvoir parler aux créoles que sucre et émancipation. Aujourd'hui ce qu'on appelle chez nous le progrès a fait son œuvre, et ces colonies, qui étaient un élément de richesse nationale, donnant emploi à toute une marine marchande et à une pépinière de matelots pour nos flottes de guerre, ne sont plus que des machines à élire des députés radicaux et à augmenter ainsi le nombre des agents de la destruction nationale.

A la Martinique, nous nous rangeâmes sous le pavillon de l'amiral commandant la station. J'ai servi sous bien des amiraux, tous plus originaux les uns que les autres. Un des premiers, excellent marin, n'avait qu'une passion, la musique, et son instrument était la contrebasse. Il passait son temps à exécuter des soli sur cette machine encombrante, qu'il logeait ensuite dans une espèce de cabinet que, dans la vieille marine, on appelait la bouteille. Quelquefois l'eau de mer, pénétrant par la fenêtre, inondait bouteille et contrebasse. Aussi, au moment où l'amiral venait chercher son instrument et commençait son *ron-ron*, s'apercevait-il au son que la caisse était pleine d'eau, et c'était alors de grandes manœuvres pour faire sortir le liquide par les S. Pauvre amiral ! On prétend même que sa contrebasse fut un jour victime d'une vengeance de timoniers qui y versèrent, au lieu d'eau de mer, l'expression de leur mécontentement. C'est ce même brave amiral qui, débarqué à Saint-Louis du Sénégal, et ne pouvant rejoindre la frégate, à cause de l'impraticabilité prolongée de la barre, l'envoya à Gorée et s'y rendit par terre, suspendu sous le ventre d'un chameau et armé d'un parapluie, preuve de son ignorance des miracles de Mahomet.

Autre était mon chef actuel : figurez-vous un petit homme maigre, vif comme la poudre, et orné d'un nez et d'un menton recourbés également gigantesques. Vieux gentilhomme, il était toujours sanglé dans ses habits irréprochablement corrects, et il avait toutes les formes d'exquise politesse de l'ancien temps. On l'aimait beaucoup, ce vieux brave, qui se singularisait sur sa frégate par un chapeau de paille immense, du modèle du chapeau tromblon qu'Eugène Sue met sur la tête de M. Pipelet dans les *Mystères de Paris*, et on avait composé sur lui une chanson que nous chantions en chœur et dont le refrain commençait ainsi : « Bon ! Bon ! de la Bretonnière ! Bon ! Bon ! » Car il s'appelait de la Bretonnière. C'était ce même officier qui avait sauvé après Trafalgar le vaisseau de l'amiral Magon, et qui, depuis, avait commandé avec la dernière vaillance le vaisseau *le Breslaw* à Navarin. Il avait son pavillon sur la frégate *la Didon* que quelques échouages récents avaient fait surnommer la *touchante Didon*. Pauvre vieille  Didon ! J'avais fait campagne à son bord et la revis avec le même souvenir reconnaissant que nous éprouvons en revoyant une femme que nous avons aimée.

Après une courte croisière en division, l'amiral nous conduisit à l'île anglaise de la Jamaïque et notre entrée solennelle dans la baie du Port-Royal fut marquée à bord de l'*Hercule* par un incident grotesque. Le pilote major du port nous accosta, comme c'était son droit et son devoir, pour conduire le vaisseau au mouillage. C'était un superbe nègre, irréprochablement vêtu de blanc, longue redingote, pantalon, gilet, et coiffé d'un chapeau noir haut de forme. Il monta sur la dunette, salua le commandant d'égal à égal, et prit, le long de la balustrade, une attitude où perçait une opinion exagérée de son importance, attitude qui amena un sourire sur les faces de nos huit cents hommes d'équipage, rassemblés aux postes de manœuvre. A ce moment un gros singe, favori de nos matelots, arrive en gambadant sur la balustrade, et avisant la figure nouvelle du nègre, vient le regarder sous le nez en grimaçant. Colère concentrée du noir, colère qu'il dissimule mal, de ce voisinage et des comparaisons qu'il lit déjà dans les yeux de l'équipage. Encouragé par cette fausse impassibilité, le singe devient entreprenant et saute sur l'épaule du malheureux qui se contient encore, quand, dans son transport de familiarité, le singe inonde sa belle redingote blanche d'un liquide coloré et infect. Oh ! alors, personne n'y tient plus et un éclat de rire homérique éclate de toutes parts, augmenté encore par l'air déconfit de l'infortuné pilote.

A peine à l'ancre, l'amiral envoie demander au gouverneur anglais quand il voudra le recevoir, et, rendez-vous étant pris, il m'envoie chercher pour l'accompagner. Au débarcadère un aide de camp nous reçoit, nous montre silencieusement la voiture du gouverneur qui nous attendait et disparaît. Cette voiture était un phaéton à deux places avec petit siège derrière pour le groom qui se tenait à pied, à la tête des chevaux, avec la correction anglaise. L'amiral à moi : « Nous allons monter là dedans ? — Oui, amiral. — Mais (deux pas en arrière), il n'y a pas de cocher. — C'est vous, amiral, qui devez mener. — (Avec une demi-pirouette.) Jamais de la vie ! Jamais de la vie je n'ai su tirer un cheval à droite ou à gauche. Et vous, savez-vous conduire ? — Un peu, amiral. — Eh bien, prenez les rênes. » Nous voilà dans la voiture à la satisfaction du groom, qui devinait sans les comprendre les hésitations du *french admiral* en tricorne. Ça va assez bien en commençant, le groom m'indiquait le chemin de Spanishtown, en me disant : *right*, *left*, lorsque nous arrivons à un immense marché de négresses, la croupe entortillée dans des colonnades bleues et faisant entendre des cris perçants. Les chevaux de notre phaéton s'effrayent de ce bruit, leur effroi se communique aux négresses qui se sauvent en bousculant tout, je perds le commandement des bêtes qui se jettent de côté, renversent tous les échafaudages de calebasses, de pastèques, de bananes!... C'est un désordre épouvantable ! L'amiral cramponné des deux mains, ne cessant de crier : « Ah ! Diable !... Diable ! D...i...able ! » Cela a pourtant bien fini, sans accidents graves. J'ai offert à l'amiral, vu mon insuffisance, de me remplacer au retour, mais il a refusé avec un énergique : « Ah ! non ! non ! non ! *Non !* »

La Jamaïque était encore célèbre par son rhum, lors de notre visite, et mon père m'avait bien recommandé de lui en rapporter un baril, commission que je ne manquai pas d'exécuter. Mais il arriva, au sujet de ce baril, une catastrophe lamentable. Rapporté en France et dûment descendu dans les caves du château de Neuilly, il fut longtemps oublié lorsqu'un beau jour on se souvint de son existence, et le Roi ordonna qu'on servît de son contenu à la fin du dîner. Tous les convives se léchaient les lèvres d'avance, mais une déception les attendait et la dégustation fut suivie de grimaces épouvantables et universelles. C'était horrible. Une enquête fut ouverte et voici à quoi elle aboutit. Un médecin aliéniste distingué, à qui on avait ordonné un voyage de mer pour rétablir une santé délabrée, avait obtenu du ministre d'embarquer sur l'*Hercule*. Passionné pour sa spécialité, il n'était occupé dans toutes les relâches qu'à recueillir des cerveaux d'hommes ou de bêtes qu'il se hâtait d'étiqueter et d'enfermer dans un baril d'alcool en tout semblable à mon baril de rhum. On devine le reste. Les deux barils avaient fait fausse route et mon père et ses convives avaient pris du *rhum* de cerveau.

En partant de la Jamaïque, notre escadrille se dispersa. L'amiral allait, je crois, à Saint-Domingue, nous à la Havane ; un de nos bâtiments, un charmant aviso, *le Fabert*, fit route avec nous le premier jour. Le soir, comme il faisait calme, son commandant, M. de Pardeillan, lieutenant de vaisseau, vint dîner à bord. En le reconduisant à l'échelle nous étions loin de nous douter que nous lui disions un dernier adieu. Bâtiment, équipage, jeune capitaine, tout a disparu ; jamais on n'en a plus entendu parler ; la mer a tout englouti et a gardé son secret. Dès l'entrée à la Havane, je suis frappé par la vue de toute une flotte de navires singuliers, à l'ancre sous la citadelle du Morro. Longs navires taillés pour la marche, à immense mâture inclinée, comme celle des yachts de course. Ce ne sont pas des bâtiments de guerre, bien qu'ils portent une nombreuse artillerie, ce sont des négriers, car la traite des noirs est encore en pleine activité à Cuba. La demande de la main-d'œuvre esclave étant toujours croissante, les négriers vont la chercher en Afrique et l'amènent coûte que coûte, en dépit des croisières anglaises. Seulement cette importation de noirs, de douce et humaine quand elle était libre, est devenue affreusement barbare depuis que le succès des expéditions est livré à tous les hasards. Cette importation n'en est pas moins l'aliment de la prospérité inouïe de la belle colonie espagnole, la reine des Antilles, et en particulier de sa capitale la Havane. Si le mouvement du port y est prodigieux, que dire de l'animation des rues, des beaux hôtels, des innombrables églises qu'on y remarque, du luxe dont tout et tous portent le cachet.

Mon père, aux jours de sa vie errante et exilée, avait

séjourné à la Havane et mon premier soin fut d'y rechercher les amis qu'il y avait laissés. Grâce à eux, je me trouvai vite en pays de connaissance au milieu des familles de Montalvo, Penalver, Arminteros, Arastégui, O'Reilly, de Arcos, etc., dont l'aimable société fut le charme de mon séjour. Ma qualité de cousin de la reine d'Espagne me fit aussi recevoir avec de grands honneurs par les autorités et en particulier par le capitaine général Espeleta. On me fit passer, sur le Paseo Tacon, la revue des troupes, et de cette revue, j'ai gardé un souvenir inoubliable.

Qu'on se figure une ligne formée par les régiments Espana, Barcelona, Habana, l'artillerie, un régiment de lanciers, troupes superbes sous les ordres du général comte de Mirasol, la canne de commandement accrochée à la boutonnière. En face une autre ligne présentant le spectacle le plus ravissant : toutes les volantes de la Havane rangées  en bataille ! Ces volantes, une spécialité du pays, sont des cabriolets, sans capotes ni tabliers, perchés sur deux roues immenses et attelés d'un cheval tout harnaché d'argent, monté par le calessero ou postillon nègre à livrée éclatante, galonné sur toutes les coutures. Dans chacune de ces volantes deux dames étaient étendues, en toilette de soirée, nu-tête, décolletées, armées de l'éventail. Tout ce que la Havane contient de jolies femmes était là, causant de voiture à voiture, regardant, regardées, et cela par un beau coucher de soleil des tropiques, éclairant d'un côté la mer d'où venait une brise douce, rafraîchissante, de l'autre une forêt de cocotiers, dominée par la forteresse de Principe. L'ensemble, les détails, tout était charmant, augmenté encore pour nous, marins, arrivant de la mer, par le contraste. Les dames havanaises joignent au mélange de la nonchalance créole et de l'assurance des femmes de race aristocratique tout le charme des Espagnoles. Les yeux, le teint sont superbes, les attaches d'une finesse idéale, et les pieds! Je n'en ai jamais vu de pareils ; le pied japonais, mais naturel, et non le produit de la torture. J'emportai de la Havane, comme précieux souvenir, un soulier que je savais authentique, mais qui, jusqu'au jour où le sac des Tuileries en 1848 me l'enleva, ne rencontra que des incrédules.

Je me souviens encore d'une belle course dans l'intérieur de l'île, partie en chemin de fer, partie en volante, à travers de magnifiques allées de palmistes, de manguiers à l'ombre épaisse, pour gagner la maison de campagne de doña Matilda de Casa Calvo, marquise de Arcos, où je passai deux jours au milieu de la plus agréable compagnie, et où lord Clarence Paget, qui était de la partie, nous étonna par son talent de chanteur. Notre belle relâche se termina par un bal que me donna la ville de la Havane à la *Societad philarmonica*. Je venais d'y danser cette jolie danse, espèce de valse lente qui s'appelle la habanera et je promenais ma danseuse, une belle hispano-mexicaine aux pieds microscopiques, sous les arcades qui entourent le patio de la maison, lorsqu'elle tira de sa poche une cigarette en paille et l'alluma. « Vous ne fumez pas, dit-elle. — Non, mademoiselle ! — Ah si ! Je suis sûre que vous allez fumer ! » Elle retira de sa jolie bouche la petite cigarette et me la donna à fumer, ce que je fis sans hésitation. Cette conversion instantanée a été durable, mais que de fois ai-je regretté de ne pas avoir à la recommencer,

Vingt-quatre heures après, à deux heures du matin, j'étais réveillé en sursaut dans ma cabine par de fortes secousses. L'*Hercule* venait de s'échouer dans les parages dangereux du canal de Bahama. Quelque temps qu'il fasse, c'est une chose fort grave que l'échouage d'une énorme machine, comme un vaisseau de cent canons. Pour comble de disgrâce la corvette *la Favorite* qui naviguait de concert avec nous et nous suivait aveuglément, s'échoua en même temps que nous. Heureusement il faisait presque calme, le gros *Hercule* reposait doucement sur le sable comme une baleine échouée ; quand un petit soupçon de houle arrivait, il donnait une secousse, une espèce de coup de queue fort inquiétant. Si la houle grossissait, il se démolirait vite et jamais nos embarcations mises à l'eau n'auraient suffi à sauver l'équipage. C'est un de ces moments d'angoisse de la vie de marin, où chacun se fait une loi de cacher ses impressions. Nous nous mîmes à travailler avec ardeur à porter une grosse ancre du côté de l'eau profonde. Dès qu'elle fut au fond et le câble raidi, on se mit à alléger le vaisseau, en vidant l'eau d'abord, et en se préparant à jeter l'artillerie à la mer. Puis le jour arriva et nous révéla notre position : à grande distance on apercevait un îlot bas de la côte de Floride appelé *Looe-Key*. Au jour aussi nous aperçûmes au large la corvette anglaise la *Pearl*, commandée par notre aimable compagnon des jours précédents, lord Clarence Paget, sorti de la Havane en même temps que nous. Dès qu'il vit notre situation, il accourut à notre secours, et manœuvrant avec cette résolution et ce bon sens naval du marin anglais, il s'approcha de nous autant qu'il put, mouilla à la fois ses deux ancres, et vint nous dire : « Je vous apporte ce que je puis vous donner, un point d'appui. » Nous le remerciâmes avec effusion, mais juste à ce moment, grâce à l'allégement, grâce aussi à une heureuse marée montante, l'*Hercule* s'agita quelques instants sur sa couche et se mit à flotter. Un soupir s'échappa de toutes les poitrines, surtout de celle du commandant et du malheureux officier de quart dont la distraction avait été la première cause de l'accident.

Quelques heures après, sauf une petite voie d'eau, tout était réparé et nous étions en route pour les Etats-Unis, un pays neuf, un peuple jeune, vers lequel je me sentais attiré par une sympathie instinctive. Dès notre arrivée dans le Chesapeake, je saisis un trait de caractère. « Parlez-vous français ? » demandai-je au pilote qui nous aborda. Il me répondit aussitôt en anglais : « Non, je ne parle qu'américain. » La revendication de nationalité s'étendait jusqu'au langage. Peu après je débarquai, et muni d'un guide-itinéraire que Michel Chevalier avait bien voulu rédiger pour moi, et où il m'indiquait ce qu'il me conseillait de voir en hommes et en choses, pendant le peu de temps que j'avais à ma disposition, j'entrepris une rapide excursion dans ce beau pays. Cette première impression d'Amérique répondit à mon attente et me charma. C'était bien un pays jeune que je voyais. La nature elle-même avait, pour mes yeux européens, une pureté d'atmosphère, une puissance de végétation, une fraîcheur, une jeunesse générale, inconnues dans nos vieux pays. De même l'homme montrait dans son allure, dans son esprit d'indépendance comme dans la hardiesse de ses entreprises, une exubérance de vigueur dont nos populations, énervées par les déceptions de l'expérience, écrasées par la routine, sont devenues incapables.

Voulant aller de Norfolk en Virginie, à Washington, je

m'embarquai le premier jour de mon excursion sur le chemin de fer de Roanoke et traversai en wagon un vaste marais : le *Dismall-Swamp*; les rails sur lesquels nous roulions, posés à claire-voie sur de grands pilotis à cinq mètres au-dessus du marécage, tout l'édifice de la voie oscillait sous le poids de la locomotive d'une manière assez sensible pour agiter l'eau du marais, et effrayer les innombrables serpents et tortues qui l'habitent. La sensation était nouvelle. Plus loin, entre Baltimore et Philadelphie, notre train ayant à traverser un bras de mer se lança à toute vapeur ; la locomotive se déclanchant prit les devants, pour se ranger sur une voie de garage, pendant que notre train, par sa force d'impulsion, monta sur le toit garni de rails d'un grand bac à vapeur, ajusté au bout de la ligne. Il s'y arrêta avec précision, et pendant que le bac traversait le bras de mer, nous descendîmes dîner dans un splendide buffet, servi par les plus jolies *bar-maids*, à l'étage inférieur du bac. Plus loin encore, entre Philadelphie et Pittsburg, dans cette riche contrée des Alleghanys, où la couche de charbon est à fleur de terre, où la tonne coûte cinq francs, et d'où va jaillir bientôt le pétrole, les transports se font par canal en terrain plat, par funiculaire en montagne, à l'aide de sections de bateaux accrochés ensemble sur l'eau, et séparés lorsqu'il s'agit de grimper sur les plans inclinés. Tous les travaux publics, toutes les voies de communication avaient des hardiesses semblables, quand en Europe (je parle de 1838) nous en étions aux premiers et timides essais de chemin de fer.

Je traversai la Virginie en passant par tous ces lieux où vingt-quatre ans plus tard je devais assister aux plus sanglantes batailles de la guerre de Sécession, première et terrible crise de l'âge mûr de la grande République. Arrivé à Washington, je fus reçu très courtoisement par le président Van Buren. Que de fois depuis suis-je retourné à la Maison-Blanche sous les présidents Tyler, Buchanan, Lincoln ! A combien de scènes curieuses n'y ai-je pas assisté sous la dramatique présidence de ce dernier! Pendant ce premier séjour à Washington, je fis aussi la connaissance de trois des plus grands hommes d'Etat

VEDETTE SUDISTE

de l'Union, MM. Calhoun, Webster, Clay : M. Calhoun de la Caroline, le sudiste passionné ; M. Webster, l'éloquent représentant du puritanisme de la Nouvelle-Angleterre ; M. Clay, du Kentucky, dont la figure anguleuse, la puissante charpente et un singulier mélange d'extrême douceur et d'énergie dans les rapports, offrait si bien le type des populations de l'Ouest, de l'avant-garde de la civilisation. J'assistai aux séances du sénat où j'entendis ces messieurs prendre la parole avec une autorité qui fascinait leur auditoire.

Comme cité, Washington ne m'intéressa en rien. Des fragments de ville dispersés dans un océan de poussière que je connus, plus tard, un Océan de boue ; des hôtels encombrés de solliciteurs, si pressés de dévorer à la table d'hôte, que les premiers arrivés se levaient de table quand les derniers s'asseyaient, le tout au milieu d'un bruit de mâchoires rappelant le dîner des chiens au chenil. Toute cette population de politiciens, de solliciteurs, chique et crache partout. Peu ou point de société, sauf celle que formaient entre eux les diplomates étrangers, hommes d'esprit pour la plupart, mais ennuyés de leur isolement et portés, par suite, à tout voir autour d'eux d'un œil défavorable. L'un des principaux membres de cette société était, lors de mon passage, le ministre d'Angleterre, M. Fox, ancien diplomate de vieille roche, à cheval sur toutes les formes, les convenances, les délicatesses sociales, tout ce que les Anglais résument par le mot *proper*. On me raconta que, se trouvant un jour adossé à la cheminée d'un salon où l'on dansait, et en grave conversation avec je ne sais quel autre personnage, un couple américain était venu se placer pour la contredanse juste devant lui. Bientôt le jeune danseur donna quelques signes d'inquiétude, sa voix s'empâtait, ses joues se gonflaient alternativement et il jetait des regards anxieux vers la cheminée. Enfin, il n'y tint plus, et, avec une précision admirable, il y envoya tout le jus de sa... chique, juste entre M. Fox et son interlocuteur. « *Fine shot, Sir !* » — « Bien visé, monsieur ! » se contenta de dire le vieux diplomate en s'inclinant. Peut-être des petits faits de ce genre jetaient-ils un froid dans les relations internationales.

Philadelphie me plut extrêmement ; une ville gaie, avec des rues garnies de beaux arbres. Sa prison, la première des prisons cellulaires, me retint toute une journée. Je la visitai dans tous ses détails, accompagné des directeurs et de tous ceux qui pouvaient me renseigner. On sait que le système de cette prison à cette époque était la réclusion cellulaire absolue, l'isolement complet pendant toute la durée de la peine. Peu après je visitai dans l'Etat de New-York la prison d'Auburn où le condamné était soumis à un autre régime : la cellule la nuit, mais le jour le travail en commun, seulement silencieux. Depuis, j'ai visité bien des prisons, la tenue de ces établissements étant pour moi un thermomètre à peu près certain de l'état moral du pays où elles se trouvaient. J'en connais d'immondes dans des Etats qui se prétendent civilisés. Nous sommes, en France, douloureusement en retard sur ce chapitre. Si nous possédons quelques prisons modèles, nous en avons un grand nombre qui sont honteusement arriérées. Pour moi, de tout ce que j'ai vu, observé, entendu, je tire la conclusion que la réclusion cellulaire la nuit, le travail commun le jour, mais par petits ateliers surveillables, en plein air surtout, comme à Portland en Angleterre, est le système pénitencier qui offre le moins d'inconvénients. Je dis inconvénients parce qu'aucun n'offrira d'avantages. Tout ce que la philanthropie débite sur le triste sort des malfaiteurs ne signifie rien. La prison doit être un châtiment, elle ne sera jamais un séjour de moralisation, de rédemption.

Des pénitenciers passons à la grande fabrique de machines à vapeur, et surtout de locomotives, de M. Norris, que Michel Chevalier m'avait bien recommandé de visiter, et qui était, en effet, des plus intéressantes. Il en est sorti de grands progrès dans la construction des locomotives. M. Norris avait eu aussi une idée bien originale et bien américaine : celle de créer un grand orchestre d'intruments où le souffle humain était remplacé par la vapeur. On me fit entendre, ou plutôt on prétendit me faire entendre le chœur des *Chasseurs de Robin des Bois*, exécuté par cet orchestre, où le bâton du chef était remplacé par un robinet : c'était effroyable !

Après Philadelphie, le Niagara, la merveille unique dont j'admirai la grandeur pittoresque, mais j'admirai tout autant les rapides qui précèdent la chute. La puissance de ce fleuve immense, trop-plein de tous les grands lacs, se précipitant furieux, écumant sur un lit de rochers, pendant des kilomètres à travers un paysage grandiose, est d'un effet indescriptible. A West-Point, au milieu du ravissant paysage des Highlands de l'Hudson, se trouve la célèbre école militaire où sont élevés tous les officiers de l'armée américaine. J'y fus l'hôte du colonel de Russy qui la commandait, et j'y fis un séjour rempli d'intérêt. Cette école a cela de curieux, et ce n'est pas une des moindres surprises que nous ménage la démocratique Amérique, que les cadets n'y entrent pas par examens, mais par la faveur. Les sénateurs ou représentants de chaque Etat de l'Union ont droit à un certain nombre de nominations, le président en a un autre. Généralement leur choix se porte sur des sujets intelligents, auxquels on ne demande à leur entrée que de faire preuve d'une solide constitution. Ils ne savent rien, et ont tout à apprendre à l'école, où ils passent en conséquence quatre années. Eh bien ! malgré cette absence de compétition, de sélection à l'entrée, le résultat est excellent. L'instruction, l'appropriation à n'importe quelle tâche, l'esprit de discipline, de devoir, des officiers américains ne laissent rien à désirer.

Tout le monde connaît New-York, l'immense cité cosmopolite, la capitale commerciale du Nouveau-Monde, où les fortunes colossales se font et se défont avec une rapidité vertigineuse. Sa situation comme grande artère de l'activité humaine est incomparable, mais la ville, comme ville, a cela de commun avec toutes les vastes agglomérations commerciales, d'être absolument banale. Je ne fis qu'y passer, en allant rejoindre mon vaisseau à Newport, mais j'emmenai avec moi, sur un de ces superbes vapeurs, véritables palais flottants à plusieurs étages, que les Américains excellent à construire, un énorme pique-nique où figuraient cent cinquante dames new-yorkaises. La traversée de nuit, par un temps splendide à travers le Long-Island Sound avec toute cette société en train, dansant, soupant, fut des plus agréables.

Je quittai les Etats-Unis avec une vive reconnaissance pour l'accueil sympathique, presque affectueux, que j'avais reçu partout, et avec une sincère admiration pour cette démocratie ambitieuse, mais non envieuse, qui ne connaît pas les mesquines rivalités de classe, où chacun veut s'élever par son intelligence, son travail, son énergie, mais où personne ne veut faire descendre les autres au niveau de sa paresse, de sa médiocrité. Grande société où *personne* ne souffrirait un instant qu'un *Etat* s'arrogeât le droit d'intervenir entre le père et l'enfant, en enlevant au père la libre disposition de sa propriété et par suite son autorité de père. Grande société, où n'est soldat que qui veut, où tous sont libres de faire élever leurs enfants comme ils l'entendent, de suivre le culte qui leur plaît et de s'associer en toute liberté pour doter église et école. Que d'exemples la jeune nation ne donne-t-elle pas aux anciennes !

Nous quittâmes Newport pour rentrer en France, et après une courte traversée de dix-neuf jours, l'*Hercule* mouilla en rade de Brest le 10 juillet 1838.

V

1838

Six semaines n'étaient pas écoulées, que je reprenais la mer à destination du Mexique. L'ordre d'embarquement vint me chercher à Lunéville, près de mon frère Nemours, réfugié dans un commandement de cavalerie contre les entreprises des *grands-parents* acharnés à le marier, et où je l'avais suivi

pour le même motif. Grâce à mes frères, ma mémoire fourmille de souvenirs sur Lunéville et son camp. A commencer par ce malheureux capitaine qui perdit sa carrière pour avoir, au milieu d'une manœuvre au galop, arrêté son escadron par le commandement éclatant de : « Obstacle !!! » devant le général comte M***, commandant de la division, qu'une gaieté de son cheval avait déposé les quatre fers en l'air sur le sol. Pendant mon court séjour, je logeais avec mon frère au château où un général charmait ses insomnies en sonnant de la trompe toute la nuit, au grand agrément de tout le monde. Les soirées se passaient au théâtre où il y avait un ballet. Un corps de ballet à Lunéville ! L'ingénieux directeur s'en était tiré en composant un scénario chorégraphique intitulé : *les Sabotiers*, où tout ce qu'on demandait à ces dames comme talent était d'agiter en cadence les sabots dont leurs pieds étaient parés. Cela faisait un grand bruit, qui n'empêchait pas le maire de Lunéville de s'endormir régulièrement tous les soirs dans la loge municipale où il trônait, perché sur une chaise curule aussi haute que la chaise de Thomas Diafoirus. Il tomba même de cette chaise, pendant une représentation à laquelle j'assistais, avec un tel bruit, que, de saisissement, les évolutions du ballet en furent interrompues, et que les officiers de la garnison, qui occupaient les stalles, se levèrent avec une inquiétude un peu affectée peut-être, et ne se rassurèrent que lorsque M. le maire, repêché des profondeurs de sa loge, eût été réinstallé sur son perchoir.

Je me souviens encore d'une ascension au Donon, au sommet des Vosges, en compagnie de l'aimable famille Chevandier, par un temps admirable. Quelle vue ! Toute la Lorraine, toute l'Alsace, avec le clocher de Strasbourg, toute cette belle contrée que la vieille monarchie, que mes aïeux avaient faite si française ! Hélas !!

Je retournai à mon métier. Le 1er septembre je sortais de Brest sous les ordres de l'amiral Baudin, un homme qui avait derrière lui toute une carrière de vaillance. Amputé d'un bras, sa haute taille, sa figure énergique inspiraient tout d'abord le respect et on apprenait vite à voir en lui un chef aussi intelligent que résolu, que passionné même. Il avait son pavillon sur la frégate *la Néréide*. Je suivais sur une petite corvette dont on m'avait donné le commandement et dont je venais de faire le rapide armement. Hors les torpilleurs, les bâtiments de flottille, je ne crois pas qu'il existe aujourd'hui, dans toute notre marine, un navire aussi petit qu'elle. Quatre canons de 30 et seize caronnades, des jouets d'enfant, composaient son armement. Son équipage était d'une centaine d'hommes. Mais qu'elle était jolie, avec sa fine carène si ras sur l'eau, son immense mâture inclinée sur

l'arrière, et puis quel nom charmant ! Elle s'appelait : *la Créole*. C'était mon premier commandement ! J'avais vingt ans ; nous partions pour une expédition où il y avait chance de tirer le canon, et où je me flattais à mon tour d'imiter les exemples de mes frères aînés, qui avaient si bien su à Anvers et en Afrique soutenir l'honneur de la race.

On comprend mon émotion en quittant la France dans ces conditions. Mon ancien aide de camp, Hernoux, et Bruat me donnèrent la conduite hors des passes et me quittèrent dans la barque du pilote. Le dernier lien avec le sol de la patrie était rompu... En avant ! petit bonhomme !

Au bout de quelques jours nous étions devant Cadix, la coquette cité andalouse, et un soleil africain venant en aide à sa coquetterie, ont eût dit une fine ciselure du marbre le plus blanc, sortant, comme dans les féeries, d'une mer bleu saphir. Même impression charmeresse lorsque je descends à terre le soir. Je cours à la promenade, l'Alaméda, dont le silence n'est troublé que par le clapotement de la vague qui brise au pied du rempart, ou le frémissement du vent sous les palmiers. J'aperçois des couples mystérieux assis à l'ombre des *alamos;* la mantille, la robe noire se confondent avec la *capa* et de ces groupes informes sortent des murmures étouffés, ou le bruit nerveux de l'éventail, semblable au bat‑

tement d'ailes d'un oiseau prisonnier. Je parcours les rues, la place Santo-Antonio, je vois des balcons délicieux et des yeux de feu qui brillent derrière les grilles ; je vois glisser des tournures ravissantes sur les dalles blanches que la lune frappe ; je vois toute une ville, toute une population imprégnées du souffle amoureux et la maladie me gagne. Je rêve alors balcons escaladés, baisers, doux entretiens, jaloux drapé dans sa *capa*, coup de cuchillo au coin de la rue, sous le réverbère et toute cette vie de combats, de dangers, de triomphes, sans laquelle vivre n'est point vivre.

Il y eut justement au Puerto de Santa-Maria, pendant notre courte relâche, une de ces courses de taureaux, célébrées par la fameuse chanson que tout Espagnol fredonne encore aujourd'hui : *Los Toros del Puerto*. Je n'eus garde d'y manquer et me garderai encore plus d'en faire une description, bien que la première espada fût le Chiclanero, le plus beau entre tous ces beaux gars et celui qui a, dit-on, excité les plus violentes passions féminines. Il y a cinquante ans, il n'y avait en Andalousie ni chemin de fer, ni voitures. Sous le soleil brûlant de septembre, Majos et Majas (les Majos et Majas de Goya existaient encore alors) arrivaient de partout à cheval et rien ne peut donner une idée de la foule bigarrée aux costumes éclatants, de l'orgie de couleurs que présentaient les alentours de la place, où, pour comble de cachet, la police était faite par un escadron de dragons jaunes !

De Cadix, où nous avions trouvé les frégates *la Gloire*, *la Médée* et deux corvettes à vapeur, nous naviguâmes en division et, après trente-six jours de traversée, nous atteignîmes le cap Saint-Antoine, la pointe ouest de Cuba. Arrivés là, l'amiral prit à la *Gloire* et à la *Créole* leur eau et leurs vivres et nous envoya nous ravitailler à la Havane, pendant qu'il continuait sa route sur le Mexique et la Vera-Cruz. Très indifférent à la politique, ayant même toujours eu du dégoût pour elle, j'ai oublié de dire pourquoi nous allions au Mexique; c'était éternellement la vieille histoire : des réclamations timidement présentées, repoussées ; des forces insuffisantes pour agir ne faisant qu'ajouter à l'insolence des adversaires et alors nécessité d'envoyer une expédition considérable et coûteuse pour en finir. Une vingtaine de navires de guerre, dont quatre frégates et deux bombardes, allaient bientôt se trouver réunis devant Vera-Cruz avec quelques troupes de débarquement pour mettre le marché à la main au gouvernement mexicain. En attendant, nous allions à la Havane, le commandant Lainé et moi, nous approvisionner, charger tout ce que nous pourrions porter à l'escadre et aussi, m'avait dit en confidence l'amiral, tâcher, moi personnellement, de recueillir tous les plans et renseignements possibles sur les villes jadis espagnoles du littoral mexicain et la grand citadelle de Vera-Cruz, le fort Saint-Jean-d'Ulloa. Rien ne m'allait comme cette course à la Havane où nous mouillâmes quatre jours après et dont j'avais emporté, sept mois auparavant, de si agréables souvenirs. Aussi, dès que j'eus fait et rendu les visites officielles, me précipitai-je au théâtre Tacon où, dans une loge d'avant-scène que je connaissais bien, j'aperçus la charmante femme qui, à mon premier passage, avait si gentiment commencé mon éducation de fumeur.

Les plus mauvaises nouvelles nous arrivèrent du Mexique. Pendant que l'amiral Baudin s'y rendait, en quelque sorte à marches forcées, les navires qui nous y avaient précédés avaient à peu près abandonné le blocus. La frégate l'*Herminie* était partie pour la France qu'elle ne devait pas atteindre. Elle fit naufrage aux Bermudes. L'*Iphigénie*, toujours commandée par le capitaine de Parseval, avait dû s'éloigner à son tour, n'ayant plus qu'un débris d'équipage, la fièvre jaune qui sévissait avec violence, ayant fait à bord les plus grands ravages. Que de bons amis dont j'appris la mort! Il ne restait au commandant Parseval qu'un officier! Kerjégu, qui fut plus tard mon collègue à l'Assemblée nationale, et un aspirant, Sauvan, pour l'aider à emmener sa frégate. Un ouragan était survenu aussi, qui avait causé les plus graves avaries à nos croiseurs. J'en vis arriver deux, l'*Eclipse*, commandant Jame de Bellecroix, et le *Laurier*, capitaine Duquesne, qui avaient démâté dans la tempête et s'étaient arrangé une mâture de fortune, à l'aide de laquelle ils avaient réussi à se traîner au port. Toutes les voiles emportées, livrés sans défense à l'ouragan, le capitaine du *Laurier*, Duquesne et le second Mazères s'étaient attachés sur le pont, après avoir enfermé l'équipage en bas. La violence du vent coucha complètement le navire sur le flanc, si bien que le lieutenant Mazères, emporté par une lame, se rattrapa à la grand'hune et parvint à regagner le pont. Un instant après, la fureur de la mer brisa les deux mâts du brick et le sauva en lui permettant de se redresser.

Laissant tous ces éclopés se raccommoder comme ils pourraient, le commandant Lainé mit à la voile avec sa frégate et m'ordonna de le suivre. Après une rapide traversée, nous sommes à Sacrificios, l'ancrage le plus rapproché de Vera-Cruz. Nous y apprenons que le commandant de la *Médée*, M. Leray, est en mission à Mexico. Puis l'amiral lui-même s'en va à Xalapa, pour y conférer avec les ministres mexicains. Pendant ce temps la routine du blocus continue, agrémentée par des privations de toute sorte, la ration d'eau, la fièvre jaune. L'eau nous est apportée de la Havane ; elle vient dans des barriques d'où elle sort quelquefois noire et infecte. La fièvre jaune se promène. Un soir, j'étais resté à pêcher le long du bord jusqu'à onze heures, avec un aspirant de première classe, robuste, bien portant, qui avait été mon élève de quart sur la *Didon*. Il avait l'esprit frappé de certains pressentiments. J'essayai de le remonter, sans y réussir. A six heures du matin, le terrible vomito l'avait emporté ! Pauvre *Gouin* ! je l'aimais bien. Nous l'enterrâmes sur l'îlot de Sacrificios, ce sinistre cimetière que les zouaves baptisèrent plus tard : le Jardin d'Acclimatation.

Peu d'incidents pour varier la monotonie de ces semaines d'attente. Un jour où j'étais allé dans mon canot faire des sondages très près de terre, le long de la côte qui s'étend de Vera-Cruz à Anton-Lizardo, je vis arriver au galop à travers les dunes un escadron de lanciers mexicains en grands chapeaux blancs, semblables à un escadron de picadors de places de taureaux. Ces hommes allaient peut-être nous envoyer des coups de carabine et nous étions sans armes pour riposter, aussi m'avisai-je d'un expédient qui réussit. Au lieu de fuir à force de rames, j'ordonnai à mes canotiers de rester immobiles sur leurs avirons, pendant qu'avec l'aide de deux hommes je faisais le simulacre de mettre péniblement en batterie, de charger et pointer une lourde pièce d'artillerie qui n'était autre qu'une longue-vue à gros objectif dont j'étais pourvu. L'effet fut électrique ; nous vîmes l'escadron mexicain détaler ventre à terre dans toutes les directions, à la joie de mes canotiers. Une nuit, autre aventure. L'amiral m'envoya faire avec MM. Desfossés, Doret et deux officiers du génie, le commandant Mangin-Lecreux et le capitaine Chauchard, une reconnaissance assez originale. Pour comprendre la nature de cette reconnaissance il faut savoir que le fort Saint-Jean-d'Ulloa est assis sur un grand récif, séparé de la Vera-Cruz par un étroit bras de mer. Bâti sur le bord de ce récif qui regarde la ville, ses murailles, où sont scellés d'énormes anneaux pour l'ancrage des grands navires, descendent à pic dans la mer. De l'autre côté un glacis plonge dans une espèce de grand lac, formé par deux bras de récifs à fleur d'eau qui s'étendent très loin au large. L'amiral voulait savoir si cette espèce de lac intérieur avait un fond uni, s'il était guéable et si, en cas de besoin, on pourrait atteindre par là le glacis et les murailles du fort, lorsque le canon les aurait éventrées.

Donc nous partîmes une belle nuit, gagnâmes la ceinture des récifs loin du fort, y débarquâmes et marchant dans l'eau que nous avions, dès le début, à mi-cuisse, nous

nous dirigeâmes vers le fort en sondant devant nous avec de grands bâtons. Partout nous trouvâmes à peu près la même profondeur et un fond de sable recouvert d'herbes courtes. Sans doute la mer avait à la longue lancé tout ce sable par-dessus la chaîne des coraux, et les courants l'avaient nivelé. Après une longue et fatigante marche dans l'eau, qui nous obligeait à souffler de temps en temps, et où nous disions tout bas comme dans cette gravure où Raffet a représenté une reconnaissance analogue : « Il est défendu de fumer, mais vous pouvez vous asseoir, » nous arrivâmes presque au glacis, entendant tout près de nous le cri des sentinelles : « Alerta ! » Le commandant Mangin, qui tenait à toucher de la main le glacis, était en avant de nous de quelques pas, lorsqu'une clameur éclata dans le fort, tout s'illumina et en un clin d'œil nous vîmes paraître sur la crête des glacis une cinquantaine de soldats, dont les fusils étincelaient. Ils descendirent à toute course et se précipitèrent dans l'eau à notre poursuite. Naturellement nous détalâmes aussi rapidement que nous pûmes. Pendant quelques instants, ce fut une véritable lutte de vitesse, et le commandant Mangin fut au moment d'être pris. Les hostilités, bien qu'imminentes, n'étaient pas commencées ; les soldats ne tirèrent pas et se lassèrent de nous poursuivre. Nous rentrâmes sans autre incident que le passage entre nos jambes de gros poissons dont la mer phosphorescente révélait tous les mouvements. Etait-ce des requins, très nombreux dans ces parages ?

L'amiral savait ce qu'il voulait savoir.

Peu de jours après, la danse commença. L'amiral embossa les trois frégates : *Néréide*, *Gloire*, *Iphigénie*, celle-ci revenue de la Havane, avec un équipage complété par celui du brick de Duquesne, et les deux bombardes, et attaqua le fort. Je lui avais demandé à être de la fête et, à ma grande douleur, il m'avait refusé, trouvant mon bateau trop petit, trop insignifiant. « Je ne peux pas vous admettre, j'ai laissé aussi de côté la *Médée*, une frégate, dont je trouve l'artillerie insuffisante. » Il m'envoya en observation pour juger le tir des bombardes et le faire rectifier au besoin.

Avant l'ouverture du feu, survint un incident qui me mit directement en cause. L'attaque étant imminente, les navires qui se trouvaient à l'ancre ou amarrés sous le fort, s'empressèrent de partir et ils vinrent passer tout près de mon poste d'observation. A ce moment l'amiral m'adressa ce signal : « Le bâtiment en vue paraissant suspect, ordre de l'arrêter. » Evidemment à travers l'ambiguïté des formules des signaux, c'était l'ordre de saisir un ou plusieurs des bâtiments qui sortaient du port. Il y en avait quatre, à savoir : un belge, frété par l'amiral, pour recueillir les sujets français habitant Vera-Cruz, qui se sentiraient menacés. Ce ne pouvait être ce navire-là. Ensuite un bâtiment américain, quasi-bâtiment de guerre, portant flamme et canons, ce qu'on appelle un *revenue schooner*. Troisièmement le paquebot anglais *Express*, portant lui aussi flamme et canons, commandé par un lieutenant de la marine anglaise et inscrit comme navire de guerre sur le *Navy-list*. Dans mon esprit, ce ne pouvait être aucun de ces deux-là. Restait un navire hambourgeois, auquel j'ordonnai d'aller mouiller sous le canon de la corvette *la Naïade*. Mais à cet instant arriva un canot de la *Néréide* avec un lieutenant de vaisseau qui me cria : « L'amiral vous ordonne de prendre leurs pilotes mexicains, à *tous* les navires qui sortent du port. — S'agit-il aussi du paquebot anglais ? demandai-je.

— L'amiral ne s'est pas expliqué, mais il a dit : *tous* les pilotes. »

Bien qu'en face des susceptibilités anglaises, l'enlèvement d'un homme à bord d'un navire de guerre me parut grave ; je n'avais plus qu'à agir. L'*Express* m'avait passé à poupe et j'avais échangé un salut amical avec son capitaine, le lieutenant Cooke, que je connaissais. Il était déjà loin. Je mis le pavillon anglais à tête de mât en l'appuyant d'un coup de canon. Il s'arrêta, attendit le canot et l'officier que je lui envoyai et le dialogue suivant s'engagea. Mon officier : « J'ai ordre de vous demander votre pilote. » — Le lieutenant Cooke : « J'en ai besoin pour me rendre à Sacrificios. — Ce n'est pas une simple demande que je vous adresse. — Si je ne vous le livre pas, est-ce que vous le prendrez ? — Nous espérons que vous nous le donnerez de bonne grâce, sans avoir recours aux moyens violents. — *That's very well*, sir ! » accompagné d'une poignée de main qui termina l'entretien, une fois que le commandant anglais eût mis sa responsabilité à couvert ; et le pilote passa dans mon canot où l'amiral l'envoya immédiatement prendre. Le *revenue schooner* américain livra le sien sans difficulté, mais en mettant à la charge de l'amiral les accidents qui pourraient survenir à son navire faute de pilote.

J'ai raconté avec détails cet incident du pilote de l'*Express*, parce qu'il fut cause d'une violente discussion dans le parlement anglais, où je fus pris à partie personnellement et rendu responsable de cet attentat international.

Mais l'amiral fait signal d'ouvrir le feu, et la canonnade s'engage. En un instant la fumée m'enveloppe. Non seulement je n'y vois plus pour observer le tir, mais je n'y vois plus pour me conduire ; la sonde donne de très petits fonds et je vois monter à la surface la vase que je remue avec ma quille. Impossible de rester en pareille situation. Je me couvre de voiles et sortant de la fumée, je redemande par signal à l'amiral la permission de prendre part au combat. Il s'attendrit et répond par le bienheureux « *Oui!* » Je prolonge alors la ligne des frégates chaudement engagées, l'*Iphigénie* surtout. A chaque instant je voyais voler en l'air les éclats

de bois projetés par les boulets qui la frappaient. Elle en reçut cent huit dans sa coque, sans compter la mâture ; le mât de misaine seul en eut huit ; c'est miracle que tout ne tombât pas. Ce brave Parseval se promenait sur sa dunette, se frottant les mains quand un coup portait près de lui. C'était vraiment beau à voir. Nous échangeâmes un salut de la main, et j'allai me poster au bout de la ligne des frégates, où je restai sous voiles, allant et venant en faisant aussi mon petit tapage.

Le fort en voyait de dures. Plusieurs explosions s'étaient déjà produites ; l'idée me vint de faire charger toute ma batterie à obus et de diriger son tir contre une espèce de tour, appelée en fortification un cavalier, dont le feu était particulièrement vif. J'avais d'excellents canonniers, mais de mon poste de commandement la fumée m'empêchait de voir où portaient les coups. Mon second placé à l'avant pouvait mieux en juger. Au premier coup : « Bon ! Dans le cavalier, » me crie-t-il. Deuxième coup : « Dans le cavalier ! » Troisième coup : « Dans le cavalier ! » Quatrième coup ?? Mais on ne voit plus rien : un immense nuage de fumée, blanche en haut, noire au-dessous, s'élève du fort et monte lentement à une grande hauteur. Quand cette fumée, poussée par le vent, s'écarte un peu, il n'y a plus de cavalier, tout a sauté en l'air : mon équipage pousse un cri de joie et un de mes chefs de pièce exécute un brillant rigodon. Sont-ce mes obus ? Sont-ce les bombes des bombardes qui ont fait le coup ? Pas un de mes braves *créoles* n'admet le plus léger doute là-dessus. Que chacun garde son opinion !

Le feu se ralentissant, j'allai prendre les ordres de l'amiral. Dans la nuit, le fort se rendit ; la garnison, forte de deux mille hommes, évacua la place et une convention fut conclue avec le général commandant à Vera-Cruz pour s'abstenir de part et d'autre de nouveaux actes d'hostilité. Puis nous occupâmes le fort, et l'amiral me donna ordre d'amarrer la *Créole* sous ses murs et d'amariner les bâtiments de la marine mexicaine qui s'y trouvaient, de concert avec le comte de Gourdon, commandant le *Cuirassier*. Sauf une jolie corvette appelée l'*Iguala*, qui a pris place dans notre marine, ces prises ne valaient pas grand'chose. Le malheureux fort était dans une condition épouvantable. Le boulet, les bombes, les explosions avaient tout bouleversé. Nombre de cadavres partout ensevelis sous les débris répandaient une odeur infecte. Là où le combat n'avait pas fait son œuvre régnait une repoussante saleté, et tout cela sous un soleil équatorial et en pleine fièvre jaune. L'équipage de la *Créole* s'occupa aussitôt des travaux.

d'assainissement, de concert avec le détachement de sapeurs du génie qui faisait partie de l'expédition. Nous relevâmes et traînâmes au large les cadavres, et il y eut là des actes de dévouement très méritoires, publiquement appréciés du reste par l'amiral.

M. Desfossés, mon aide de camp, avait, à tout événement, rédigé un petit code de signaux, se faisant au moyen de chemises de couleur avec la maison de notre consul à Vera-Cruz. A peine cinq jours étaient-ils écoulés depuis la prise du fort que ces signaux nous apprirent tout à coup que les Français couraient de grands dangers en ville. Nous envoyâmes immédiatement nos embarcations au môle où se pressait une foule éperdue d'hommes, de femmes, d'enfants, que nous recueillîmes et transportâmes au fort. Notre consul nous informa en même temps que Santa-Anna, nommé généralissime, venait d'arriver avec des troupes, qu'il avait déclaré la convention nulle, etc., etc., et qu'il fallait s'attendre à tout. Avis en fut immédiatement transmis à l'amiral, qui était avec l'escadre assez loin, au mouillage de l'île Verte. Il faisait beau heureusement, car sans cela toute communication eût été impossible. L'amiral vint, de sa personne, le soir même et s'installa à bord de la *Créole*. Avec sa résolution habituelle, il avait de suite pris son parti de devancer l'action de l'ennemi et de profiter de la surprise pour exécuter, avec les faibles moyens dont nous disposions, un coup de main de nature à mettre Vera-Cruz et ses forts hors d'état de nuire, du moins pendant quelque temps. La nuit fut donc employée en préparatifs. Les embarcations de l'escadre arrivèrent successivement, sans accident, amenant toutes les compagnies de débarquement, faisant avec les trois compa-

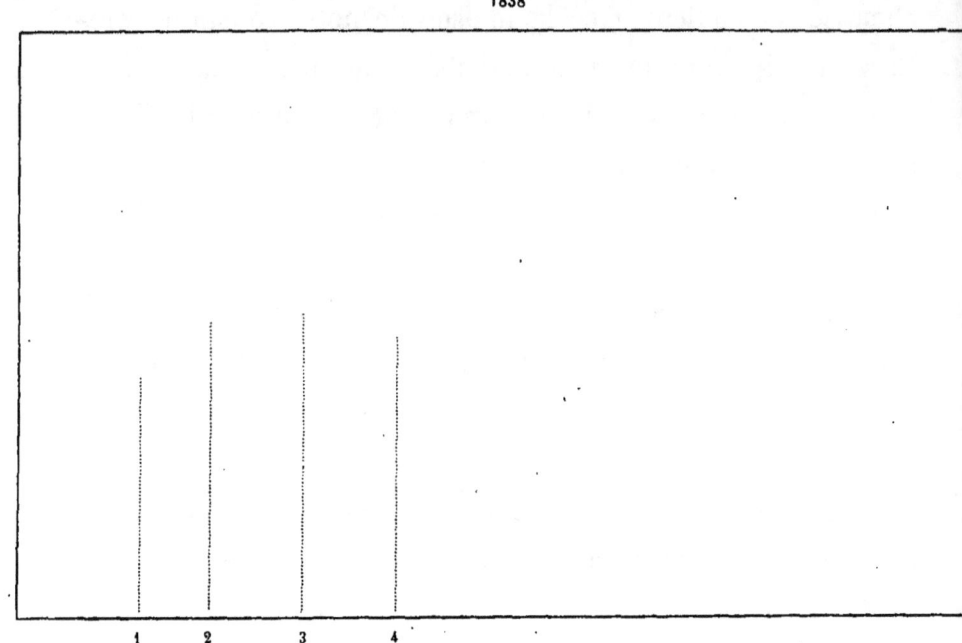

N° 17

1. Fabre Lamaurelle, lieutenant de vaisseau. — 2. Prince de Joinville, capitaine de corvette. — 3. Romain Desfosses, capit. de corvette. — 4. Chauchard, capitaine du génie.

MEXIQUE. — Départ pour la surprise de Vera-Cruz.

gnies d'artillerie, qui occupaient le fort, environ onze cents hommes.

Entre quatre et cinq heures du matin, par un brouillard épais, on se mit en marche. La moitié des compagnies de débarquement, sous les ordres du commandant Parseval, devait escalader avec des échelles le fortin de gauche de la ville, puis parcourir les remparts en enclouant l'artillerie et détruisant tout ce qu'on trouverait. L'autre moitié, sous les ordres du commandant Lainé, devait faire la même besogne à droite. Enfin une troisième colonne au centre devait débarquer sur le môle, faire sauter la porte de la marine et se diriger sur le quartier général de Santa-Anna, pour essayer de s'emparer de sa personne. Ma compagnie de soixante hommes environ, faisait l'avant-garde de cette dernière colonne, dont les compagnies d'artillerie de marine formaient le gros.

Nous voilà partis, les avirons garnis de fourrure pour amortir le bruit. Une lueur de crépuscule éclaire à peine et nous nous écarquillons les yeux dans la brume pour apercevoir le môle ; la grande porte de la ville est fermée ; il n'y a pas de sentinelle extérieure, tout dort. Nous débarquons dans un profond silence, et la colonne se forme. Les sapeurs courent en avant, posent le sac à poudre, une table inclinée qui sert de masque, puis un sergent de mineurs allume la mèche et se colle dans un ressaut de la muraille. Pan ! le masque du pétard nous rase la tête, un des battants de la porte est à terre ; au même moment la fusillade éclate du côté de la colonne Parseval. « En avant et vive le Roi ! » Nous apercevons le poste de la porte qui se sauve et se perd dans le brouillard. Pas un chat dans les rues ; le bruit de la fusillade a fait rentrer quiconque était dehors. Conduits par un guide, nous prenons au pas gymnastique une rue qui nous conduit à la porte de Mexico, où le brouillard se lève un peu. Quelques coups de fusil et de baïonnette nous débarrassent du poste de la porte. En ce moment arrive, ventre à terre de l'intérieur de la ville, une calèche attelée de six mules, avec des postillons pittoresques en grands chapeaux. C'est la calèche ayant amené Santa-Anna, qui essaye de gagner la campagne. On fait tomber deux ou trois mules, mais la calèche est vide.

Nous recevons alors une forte décharge de mousqueterie d'environ cent cinquante soldats, qui disparaissent aussitôt dans une rue latérale. C'est la grand'garde du quartier général. Nous courons après elle et nous arrivons à temps pour voir les derniers d'entre eux pénétrer dans une grande maison que mon guide me dit être l'Hôtel du Gouvernement militaire. Une vaste cour entourée de galeries ; au-dessus, un premier étage d'arcades garnies de pots de fleurs et de plantes grimpantes, tel est l'aspect qui se présente à nos yeux en entrant. Une vive fusillade part immédiatement du premier étage dès que nous paraissons dans la cour. Il n'y a pas à hésiter, il faut monter là-haut pour mettre ces gens à la raison. Un escalier étroit est le chemin à suivre. Eh bien ! chacun doit confesser ses faiblesses. Quand je vis cet escalier où je devais monter le premier, pour arriver là-haut et y recevoir tout seul la première décharge, j'eus une seconde d'hésitation et je m'écriai en agitant mon sabre : « Les hommes de bonne volonté en avant ! » Mon fourrier, un Parisien, se précipita alors sur l'escalier et sa vue me rendant aussitôt au sentiment de mon devoir, je me précipitai à mon tour ; nous luttâmes d'enjambées et j'eus la satisfaction d'arriver en haut bon pre-

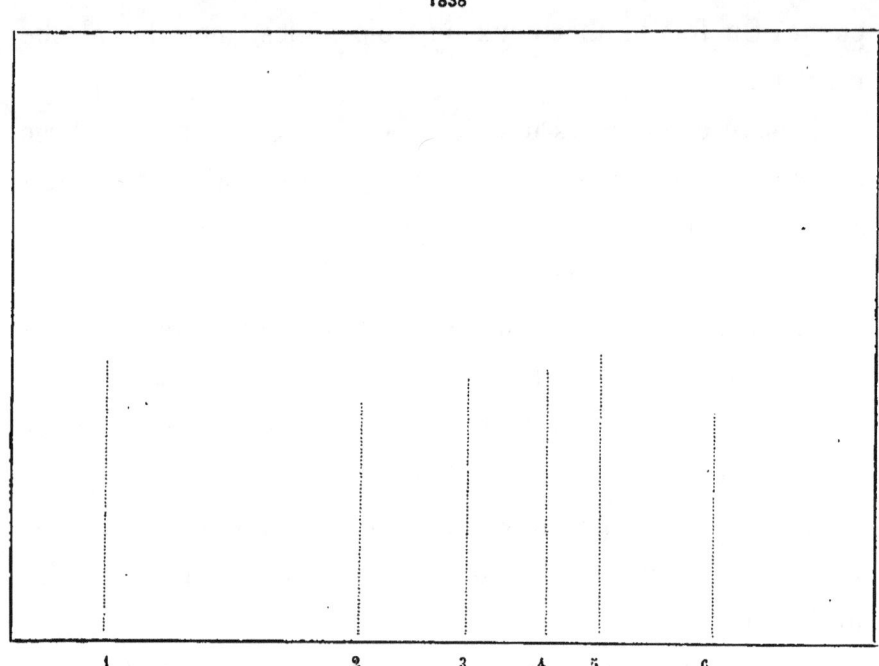

N° 18.

1. Magnier de Maisonneuve, aspirant, blessé. — 2. Morel, enseigne, blessé. — 3. Jadot, second maître. — 4. Prince de Joinville. — 5. Ed. Penaud, lieutenant de vaisseau. — 6. Goubin, lieutenant de vaisseau, blessé.

MEXIQUE. — Combat de Vera-Cruz.

mier, suivi du reste par toute ma compagnie. Et ce ne fut pas si terrible !

D'abord nous nous trouvâmes dans une espèce de vestibule, recevant par les fenêtres et à travers les portes des coups de fusil mal dirigés, qui blessèrent seulement deux officiers. Puis chacun travaillant pour son compte, je me jetai avec un second maître, nommé Jadot, contre une porte que nous défonçâmes à coups d'épaule. Quand elle céda, je fus projeté en avant par mes hommes, qui se pressaient derrière moi, et lancé dans une salle pleine de fumée et de soldats mexicains. Un d'eux, en uniforme blanc à épaulettes rouges, dont je vois encore les cheveux indiens plats et l'œil mauvais, me tenait en joue et me mit le canon de son fusil presque sur la figure. J'eus le temps de me dire : « Je suis f...! » Mais non ! le coup ne partit pas, le fusil me tomba sur le pied, et je vis mon homme rouler sous un canapé, emportant avec lui, tordu entre ses côtes, le sabre que mon lieutenant Penaud, prompt comme l'éclair, lui avait passé à travers le corps. Je crois que je me défis ensuite moi-même d'un autre grand diable ; puis l'élan étant donné, tout fut culbuté, et je me trouvai dans une autre salle au fond de laquelle je vis plusieurs officiers, dont un général, debout, le sabre au fourreau, très calmes. Je me précipitai en avant avec maître Jadot pour les protéger contre mes hommes un peu excités, et la lutte cessa. Le général, un grand blond, beau garçon, s'appelait Arista, et est devenu plus tard président de la république mexicaine. Il me remit son sabre et je le fis conduire en bas, le laissant aux mains du commandant d'artillerie Colombel, qui l'envoya au fort. Quant à Santa-Anna, nous ne le trouvâmes plus, son lit était encore chaud ; nous prîmes ses épaulettes, sa canne de commandement, et maître Jadot, qui avait perdu son chapeau de paille dans la bagarre, se coiffa de son chapeau ferré. Je me hâtai de quitter cette maison, qui était pleine de sang et où la vue de deux malheureuses femmes qui avaient été tuées par la fusillade à travers les portes me faisait horreur.

Une fois dehors, je rencontrai le commandant Lainé qui arrivait par le rempart, accomplissant sa tâche de destruction ; il m'engagea à me diriger, avec ma compagnie, vers un point de la ville où la colonne Parseval faisait un feu nourri, en donnant un coup d'œil aux églises dont les tours étaient, disait-on, armées de canon. Je me mis en devoir d'exécuter cette véritable course au clocher, et arrivai devant un grand édifice, d'où l'on tira sur nous. Nous y entrâmes ; c'était l'hôpital ; il y eut encore une pétarade dans une grande salle du rez-de-chaussée, pleine de malades qui se tenaient debout sur leurs lits ou se jetaient à genoux, en disant : « Gracia », à peine couverts de couvertures rouges. C'était hideux ; tous ces malheureux étaient plus ou moins atteints du vomito. Entrés par une porte, nous nous hâtâmes de sortir par l'autre et tombâmes enfin dans une longue rue droite, au bout de laquelle on apercevait une grande maison dont les fenêtres crépitaient de mousqueterie, comme une grande pièce de feu d'artifice. Cette vaste et solide maison, à cheval sur le rempart, avec portes sur la ville et portes sur la campagne, s'appelait la caserne de la Merced. Pleine de troupes et recevant sans cesse des renforts du dehors, elle arrêtait depuis le matin la colonne Parseval et allait bientôt arrêter la colonne Lainé.

Une grande porte faisait face à la rue par laquelle nous

arrivions. Cette porte était, bien entendu, fermée ; nous amenâmes dans son axe une pièce d'artillerie et lui envoyâmes un obus. Dans la fumée du coup de canon mêlée à l'espèce de brouillard qui régnait encore, nous crûmes la porte renversée et nous nous précipitâmes en avant, mais en approchant nous découvrîmes que la maudite porte était intacte, et nous dûmes nous rejeter à l'abri dans les rues latérales, car, en un instant, toute notre tête de colonne, dont six ou sept officiers, était tuée ou blessée. Nous nous mîmes alors, sapeurs, artilleurs, marins, à pousser une barricade en travers de la rue pour y mettre en batterie du canon et abattre pour de bon la porte avant de recommencer l'attaque. Mais sur ces entrefaites l'amiral arriva et les grands chefs conférèrent avec lui. Considérant que la moitié des équipages était à terre, que le moindre changement de temps pouvait les empêcher de se rembarquer, considérant que le but que s'était proposé l'amiral était atteint, ordre fut donné de se rembarquer. Le retour se fit sans difficulté, hors le dernier moment, quand il ne restait plus sur le môle que l'amiral et quelques officiers. On entendit alors en ville un grand bruit d'acclamations et d'instruments guerriers. C'était Santa-Anna qui arrivait pour jeter les Français dans la mer. Il déboucha, à cheval, sur le môle, à la tête de ses hommes. Mais les chaloupes des frégates restées de chaque côté du môle tirèrent à mitraille sur cette tête de colonne et jetèrent tout par terre, Santa-Anna et le reste. Quelques fanatiques coururent néanmoins jusqu'au bout du môle, pour fusiller l'amiral à bout portant, et il courut là un grand danger. Son patron et l'élève de corvée Halna Dufrétay (mort amiral et sénateur) le couvrirent de leur corps et furent grièvement blessés. Son secrétaire, qui l'accompagnait avec un fusil à deux coups, fit coup double sur deux Mexicains. Là aussi fut tué un grand ami à moi, un jeune homme charmant et plein d'avenir, Chaptal, élève de première classe. Sachant combien je lui étais attaché, on me remit comme souvenir ses aiguillettes que j'envoyai à sa famille. Rentré à bord de la *Créole* où je rapportais deux de mes aspirants grièvement blessés : Magnier de Maisonneuve et Gervais, l'amiral me donna l'ordre d'envoyer de cinq minutes en cinq minutes un obus à la caserne de la Merced. Ainsi se termina pour moi la journée où je perdis ma virginité de soldat. L'action militaire de la campagne était finie, le fort de Saint-Jean-d'Ulloa restait entre nos mains comme garantie. A la diplomatie d'achever l'œuvre.

L'amiral renvoya une grande partie de ses navires et me fit bientôt partir pour la Havane que j'atteignis non sans recevoir deux de ces violents coups de vent qu'on appelle des *Norte*, dans le golfe du Mexique. Je devais y rester en faction, prêt à courir sus à des lettres de marque, si le gouvernement mexicain recourait à cette mesure, la grande marche de la *Créole* la rendant propre à ce genre de service. En attendant, ce séjour, après les horreurs de Sacrificios et du vomito, était très agréable. Le commandant d'une corvette anglaise, la *Satellite*, nous donna, à M. de Parseval, à deux autres commandants et à moi un dîner qui fut si cordial que, vers le dessert, un des deux commandants que je ne nomme pas, passa tout doucement sa main sur son front en disant : « Je me sens un peu indisposé », et incontinent disparut sous la table. Nous le prîmes, le commandant Parseval, le capitaine anglais et moi par les épaules et par les pieds, mais Parseval et l'Anglais riaient tellement que nous eûmes de la peine à le porter sur un lit où nous le déposâmes et où il reposa jusqu'au lendemain. Je ne sais si c'est pour ce fait d'armes et cette blessure que sa ville natale lui a élevé une statue.

Bien entendu, je recherchai et retrouvai toutes mes anciennes connaissances havanaises. Une seule était invisible, la dame à la cigarette. J'avais beau m'installer tous les soirs devant sa loge, personne ! J'avais beau aller en visite là où je savais qu'elle fréquentait ! Buisson creux ! j'en étais tout marri. Je m'avisai alors d'un stratagème. La *Créole* mit à la voile à l'improviste, avec grand fracas, pour aller à la recherche d'un navire mexicain signalé au large, *disait-on*. Une fois le jour tombé, je fis faire force voiles vers le port, et laissant le commandement à mon second, avec ordre de me reprendre vers quatre heures du matin, à une certaine distance et dans un certain alignement du feu du port, je me jetai dans mon canot et débarquai. D'un saut je fus au théâtre. Elle y était ! et je ris encore de la tête des grands-parents quand ils me virent paraître. Mais, du coup, ils levèrent la quarantaine, et quand, peu après, je donnai un bal à bord de l'*Iphigénie*, la charmante femme en fut le principal ornement. Belle et originale cette soirée de bal où soufflait un petit vent de victoire, de besogne bien faite et où la vieille *Iphigénie* mêlait ses glorieuses cicatrices à l'éclat des fleurs et des lumières.

Après un mois de séjour à la Havane, comme il n'était nullement question des corsaires, je reçus l'ordre de ramener la *Créole* à Brest, où j'arrivai en mars 1839, mon singe ayant été le premier, du haut de la mâture, à apercevoir et signaler la terre.

A peine en rade, l'amiral préfet maritime vint à bord, m'annoncer que j'étais nommé chevalier de la Légion d'honneur. Le brave amiral voulut me recevoir comme tel devant la garde assemblée. Il tira son épée pour me donner l'accolade, tout en faisant un petit discours pendant lequel, très ému et brèche-dents, il me tint sous le feu d'une mitraille devant laquelle je ne bronchai pas.

VI

1839

En débarquant de la *Créole*, je reçus la douloureuse nouvelle de la mort de ma sœur Marie, duchesse de Würtemberg. C'était notre premier deuil de famille, le premier vide dans cette nombreuse bande de frères et sœurs si tendrement unis. Femme originale, spirituelle, nature aussi passionnée dans ses affections que dans ses antipathies, artiste jusqu'au bout des ongles, j'adorais ma sœur et sa mort me causa un chagrin profond, qui attrista le court séjour que je fis au milieu des miens. Court séjour, en effet, puisque, débarqué en mars, je me retrouvais en juin à l'entrée des Dardanelles, attaché à l'état-major de l'amiral Lalande, commandant notre escadre du Levant.

En me rendant à ce poste, il m'était arrivé une petite aventure assez comique. J'avais prié M. Duchatel, alors ministre de l'intérieur, de donner des ordres pour que mon passage à Toulon ne fût l'objet d'aucune réception officielle, avec coups de canon, autorités à la porte de la ville, troupes faisant la haie, cérémonie banale, assommante pour tous, que j'avais déjà subie je ne sais combien de fois. Le ministre me l'avait promis et, fort de cette assurance, j'arrivais tranquillement dans ma berline, lorsque peu après les gorges d'Ollioules, la vue d'un gendarme en vedette qui partit au galop dès qu'il aperçut ma voiture, me fit soupçonner une trahison. Sans hésiter, aussitôt le gendarme hors de vue, je sautai à bas de ma voiture et, ordonnant à mon valet de chambre de continuer avec elle, je pris à pied, à travers champs, jusqu'à la rade. Je ne m'étais pas trompé dans ma supposition, car bientôt j'entendis les vingt et un coups de canon qui saluaient l'entrée de la caisse vide dans la bonne ville de Toulon, au milieu, sans doute, d'un « enthousiasme difficile à décrire », comme a dû dire, avec raison cette fois, le cliché officiel.

A mon arrivée à l'escadre Lalande, de gros événements se succédaient rapidement en Orient ; la reprise de la lutte entre la vieille Turquie et la jeune Egypte, créée par le génie de Méhémet-Ali, venait d'aboutir à la défaite définitive des Turcs à la bataille de Nézib, défaite bientôt suivie de la mort du sultan Mahmoud, le dernier des vigoureux autocrates de la race d'Othman. De ces complications et des rivalités qu'elles excitaient entre l'Angleterre et la Russie, grandes puissances orientales toutes deux, une action des flottes européennes pouvait surgir. Aussi pendant notre croisière des Dardanelles n'avions-nous qu'une pensée : mettre nos vaisseaux en mesure de faire bonne figure le cas échéant. J'ai raconté ailleurs[1] comment, sous la puissante volonté de l'amiral Lalande, nous arrivâmes à refaire une flotte de combat comme nous n'en avions plus eu depuis que la Révolution avait balayé du même coup la marine de Louis XVI, un corps

---

1. *Etudes sur la marine.* Michel Lévy, 1859.

d'officiers éminents et tout l'assemblage de traditions de discipline et d'instruction longuement acquises.

Le grand mérite de l'amiral a été de reconstituer ces traditions qui se sont enracinées et se conservent précieusement encore aujourd'hui. Et, chose curieuse, singulier trait de caractère, s'il voulait les résultats, il n'en voulait pas les moyens. Cette militarisation de l'escadre ne fut pas obtenue sans peine. Toujours sous voiles, surmenés d'exercices violents et inaccoutumés, les équipages, démoralisés chaque jour par des accidents : morts d'hommes, bras et jambes cassés, n'arrivaient aux résultats exigés par le chef qu'en étant menés avec une extrême rudesse. Sur le vaisseau amiral, *le Iéna*, les châtiments corporels, si inutiles aujourd'hui, et par suite si justement abandonnés, étaient quotidiens. Mais l'amiral les ignorait, ne voulait pas même en entendre parler. Il laissait cela à son capitaine de pavillon, mon ami Bruat, officier de la plus grande énergie. Jamais je n'ai entendu une parole de réprimande sortir des lèvres de l'amiral Lalande et je l'ai vu moi-même, une fois, furieux contre un de ses capitaines qui avait fait appel à son autorité disciplinaire. La scène vaut la peine d'être contée.

Ce brave capitaine, nommé Danican, commandait le vaisseau *le Jupiter* sur lequel j'avais pris passage à Toulon pour rejoindre l'escadre, et l'un de mes premiers devoirs fut de présenter à l'amiral le nouveau venu et son état-major. Ces messieurs se rangent en cercle dans la grande chambre autour du commandant Danican armé en guerre, tricorne à la main et ceinturon de sabre haut bouclé sur son petit ventre. On attend. Le père Danican, comme on l'appelait familièrement, un vieux de la vieille dont une rue de Saint-Malo porte le nom, avait les plus beaux états de service, avec cette note particulière d'avoir été porté comme tué dans un combat avec les Anglais. Atteint d'un biscaïen dans le ventre, resté sans connaissance et rangé parmi les morts qu'on enregistrait avant de les jeter successivement à la mer après le combat, on le balançait déjà pour l'envoyer par-dessus le bord, lorsqu'un camarade cria : « Attendez! laissez là Danican, nous lui ferons une cérémonie! » cérémonie à laquelle le vieux Breton dut la vie, mais qui n'adoucit pas son caractère peu endurant de strict disciplinaire. Aussi vis-je dans son œil, comme l'amiral entrait souriant, sautillant, avec un : « Bonjour, Danican! Bonjour, messieurs » banal, qu'il allait y avoir une scène. « Amiral! s'écria-t-il d'une voix de tonnerre, j'ai l'honneur de vous présenter l'état-major du vaisseau *le Jupiter* et je profite de l'occasion, amiral! pour vous dire qu'il est impossible d'être plus mécontent que je ne le suis de tous ces messieurs! » La tirade fut terminée par un geste violent de son tricorne pendant que le corps d'officiers immobile regardait par terre. Un aérolithe tombé du ciel n'eût pas plus foudroyé l'amiral que ce discours. Jamais je ne vis homme plus décontenancé; il battait ses talons, riait d'un rire forcé, et ne trouvant pas un mot à dire, balbutiait quelques paroles sans suite : « J'aime à croire... mon cher Danican... le sentiment du devoir... ces messieurs! » Nous mîmes fin à cette scène pénible par de grands saluts de congédiement et tout le monde s'en alla furieux, les officiers contre le commandant, celui-ci contre le chef qui n'était pas venu au secours de la discipline, l'amiral contre tout le monde et peut-être contre lui-même. Eternel résultat de la faiblesse, de ne satisfaire personne, car cette populacerie était une faiblesse chez ce chef éminent, et sous d'autres rapports si respecté. Cette même faiblesse l'a conduit à finir ses jours député incolore.

Je suis resté six mois en croisière devant les Dardanelles, d'abord sur le *Iéna* et ensuite sur la *Belle-Poule,* venue pour rejoindre l'escadre et dont j'avais pris le commandement; six mois qui, en dehors de la routine et des devoirs du métier, ne furent pas d'une gaieté folle. Nous voyions bien tous les matins le soleil se lever sur le mont Ida, mais pas l'ombre de déesses ! C'est à peine si dans les courts entr'actes de nos exercices, de nos croisières entre le cap Baba, les îles de Ténédos, Lemnos, Imbro, nous allions mettre pied à terre à l'abattoir du fournisseur de l'escadre, irrévérencieusement appelé *Charognopolis,* pour une excursion aux ruines de Troie, une chasse aux bécassines, dans les marais du Simoïs ou la poursuite d'un lièvre sur le tombeau de Patrocle.

Cependant cette monotonie fut interrompue par l'apparition de la flotte turque, que nous vîmes, forte de quarante voiles, déboucher des Dardanelles, naviguant en désordre, poussée par une forte brise et offrant un spectacle grandiose. Nous allâmes nous mettre en travers devant elle, en saluant le capitan Pacha, qui, de son côté ordonna à sa flotte de mettre en panne, mouvement exécuté au milieu d'une magnifique confusion. Aussitôt un vapeur s'approcha du *Iéna.* Il portait le commandant en second de la flotte, Osman Pacha, chargé par le capitan Pacha de proposer une entrevue à l'amiral Lalande. Celui-ci accepta, m'emmena avec lui et nous passâmes sur le bateau turc.

Pendant le trajet vers le vaisseau du capitan Pacha, Osman Pacha nous fit descendre dans la cabine, ferma mystérieusement toutes les portes et, avec le concours d'un jeune drogman arménien, nous raconta une longue histoire, que je résume en deux mots. Selon lui, Constantinople était à feu et à sang. A la mort du sultan Mahmoud, Kosrew-Pacha, simple agent russe, s'était emparé du pouvoir. Rien ne lui coûtait pour s'y maintenir ; les têtes de tous les vrais Turcs, de tous les vrais musulmans, tombaient par centaines. Le chef de la religion lui-même, le Scheik-Islam, n'avait pas été épargné. Pour avoir refusé de sacrer le nouveau sultan tant qu'il ne se coifferait pas du turban vénéré d'Othman, au lieu du *fez* révolutionnaire, on l'avait étranglé à minuit, en grande pompe, il est vrai, et au bruit des salves d'artillerie dues à son rang. (Pauvre consolation ! pensai-je.) La tête d'Osman Pacha lui-même et celle de son chef, le capitan Pacha, ne tenaient qu'à un fil. Aussi l'un et l'autre s'étaient-ils résolus, au lieu de combattre Méhémet-Ali, comme tout le monde le croyait, à faire cause commune avec lui, pour unir en un seul faisceau toutes les forces musulmanes, et faire une de ces concentrations, rêves de tous les temps et de tous les pays déchirés par les révolutions. En bon français, les deux chefs entraînaient à son insu la flotte, dans une défection destinée à sauver leurs têtes. Ils demandaient à l'amiral son approbation, qu'il refusa, puis un navire de guerre français pour les accompagner, comme une sorte de bateau de sauvetage, qu'il promit, et surtout qu'aucun mot, aucun geste, aucun regard ne trahit, pendant la visite que nous allions faire, le secret que l'on nous confiait.

Nous passâmes alors sur le vaisseau du capitan Pacha, où la réception fut bien orientale, avec son mélange de pompe et de duplicité, nous seuls possédant le secret de ce chef, qui allait trahir, au milieu de la foule des courtisans, des officiers et des représentants étrangers qui l'entouraient. Sans compter qu'en traversant les batteries du vaisseau nous avions vu les canonniers turcs fumer la pipe à côté de piles de gargousses déposées entre les pièces ! Spectacle très oriental aussi et peu rassurant.

Le soir, la flotte turque disparut à l'horizon et je ne trouve plus dans ma mémoire, comme souvenir de cette époque, que celui d'une reconnaissance de la côte nord des Dardanelles et de la presqu'île comprise entre Gallipoli et le golfe de Saros, reconnaissance que je fis avec quelques officiers, sous couleur de partie de chasse, à bord d'un bateau turc appelé un *sakolève*, en vue d'une occupation militaire éventuelle de cette presqu'île. Peut-être les notes recueillies dans cette expédition ont-elles servi en 1854, lors de l'occupation de Gallipoli, au début de la guerre de Crimée.

Dans le courant de l'automne, je vis pour la première fois Constantinople, le plus saisissant des paysages. Et tout d'abord ce qui me frappa le plus, ce furent les couchers de soleil sur cette ville immense. Rien ne peut donner une idée de leur splendeur quand les tours, les mille mosquées de Stamboul se découpaient comme de vagues apparitions dans une brume légère, dorée par le soleil. On eût dit une ville enchantée, toute en palais aériens suspendus dans les espaces célestes. Ces légères vapeurs du soir étaient, à cette époque, d'une transparence idéale, qu'aucune fumée ne venait ternir; les usines, les paquebots qui couvrent aujourd'hui Constantinople d'un panache noir étaient alors inconnus. Au lieu de bateaux à vapeur, c'étaient ces ravissants caïques chargés de passagers aux costumes éclatants, glissant en silence et par milliers au milieu d'un sillage de paillettes étincelantes. Rien n'effacera ce spectacle de ma mémoire.

Parmi ces caïques, si particuliers au Bosphore, il en était un que je rencontrai plusieurs fois et que d'ailleurs tout le monde connaissait : c'était celui d'une sœur de feu le sultan Mahmoud, célèbre à Constantinople par ses passions amou-

reuses, une sorte de Marguerite de Bourgogne, dont plusieurs avaient payé de leur tête les faveurs passagères. Trois rameurs, trois magnifiques gars aux longues moustaches blondes, à la peau blanche, aux formes athlétiques, à peine recouvertes d'un caleçon blanc et d'une chemise de gaze de soie rayée, faisaient voler sur l'eau le caïque de leur maîtresse, une grande femme à œil perçant et à tournure aristocratique, toujours assise entre deux ravissantes demoiselles d'honneur. Je dis ravissantes parce que la femme turque, quand elle n'est pas observée, qu'elle se sait jolie et qu'elle rencontre des yeux dont il lui plaît d'exciter l'admiration, trouve toujours moyen de permettre à ses voiles les plus agréables indiscrétions. Aussi étais-je toujours sur le qui-vive pour

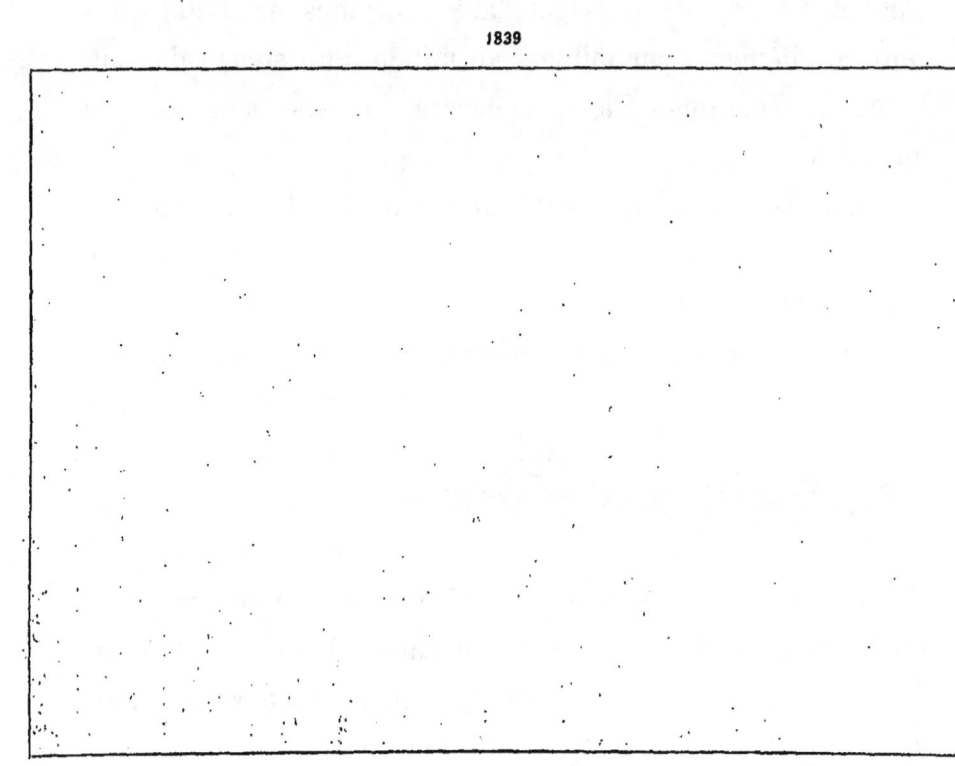

N° 19. CONSTANTINOPLE. — Le grand bazar.

tâcher d'apercevoir le caïque de la sultane. Il faut dire que j'arrivais de croisière, après de longs mois passés sur nos vaisseaux dans une solitude guerrière ; aussi, bien que Sainte-Sophie avec son immensité, sa légende, m'eût frappé comme l'édifice le plus profondément religieux entre tous, impression que la vue de Saint-Pierre de Rome et de la cathédrale de Séville  n'ont pas effacée, mon attention et ma curiosité se portaient-elles bien plus sur les représentants terrestres des houris promises aux fidèles que sur les monuments.

C'est cette curiosité qui me conduisit, un certain vendredi, aux Eaux-douces d'Asie, où j'eus sous les yeux, par une délicieuse après-midi de fin d'août, un adorable tableau. Qu'on se représente une vaste prairie, coupée de bouquets d'arbres, descendant jusqu'aux eaux bleues et rapides du Bosphore, bordée sur l'autre rive de collines boisées parsemées de mosquées, de minarets, de maisons de campagne peintes de mille couleurs. Tout au bord de l'eau un kiosque et une fontaine de marbre aux élégantes ciselures et, autour du kiosque, une espèce de promenade ombragée de grands platanes. Une centaine d'arabats, pomponnés et empanachés, dételés dans la prairie, avaient déposé sous les platanes une armée des plus élégantes parmi les femmes turques, les unes assises au bord de l'eau, les autres autour de la fontaine, quelques-unes promenant de superbes enfants, d'autres suivant de petits pachas montés sur des poneys que conduisaient des eunuques. Avec la richesse du paysage, la lumière vraiment orientale, la variété et l'éclat des costumes, le coup d'œil d'ensemble était féerique. Nous tenions à étudier les détails de près. Une haie de soldats empêchait d'approcher de la partie du bois de platanes réservée aux femmes. Mais madame l'ambassadrice et ses filles, venues en même temps que nous, y pénétrant de droit nous nous hâtâmes de les suivre. L'officier commandant la garde voulut d'abord nous en empêcher, toutefois après un colloque avec le drogman de l'ambassade, il se contenta de nous demander de traverser vite. Les dames de l'ambassade s'étant assises au milieu des dames turques, nous fîmes comme elles, et malgré les gros yeux des eunuques, la curiosité aidant de part et d'autre, jointe à un peu de coquetterie, nous passâmes là des heures absolument charmantes. Beaucoup de jolies femmes, et en plus le plaisir du fruit défendu ! Plus de voiles, plus de féredjés ; nous pouvions examiner à loisir des costumes ravissants.

. Quand je dis qu'il n'y avait plus de voiles, je ferais mieux de dire qu'il n'y en avait qu'un semblant, une mentonnière de gaze laissant les yeux, les sourcils, le nez à découvert et si transparente sur la bouche, quand celle-ci était jolie, que ce qu'elle laissait deviner était une coquetterie de plus. Toutes ces femmes bavardaient, mangeaient, s'amusaient, les unes assises, les autres couchées, allant et venant, rôdant autour des dames de l'ambassade pour détailler, elles aussi, leurs costumes. Ah ! si la photographie instantanée avait existé ce jour-là, quel nombre infini de groupes charmants et pittoresques n'eût-elle pas saisis ! Je me hasardai bien à

1839

N° 20.

LE BOSPHORE. — Echelle de Béchik Tasch.

faire en cachette quelques croquis rapides, mais trop d'yeux m'observaient et c'était abuser de la tolérance dont nous étions l'objet. Je ne pouvais m'arracher à ce spectacle exceptionnel qu'on ne verra plus, maintenant que les dames turques ont adopté les modes européennes, la bottine, le jupon et le corset, le corset menteur !

Mais toute bonne chose a un terme, et puis, à mesure que la journée s'avançait, une inquiétude nous gagnait. Un gros nuage de fumée noire s'élevait dans le ciel au-dessus de Constantinople et grandissait sans cesse ; évidemment c'était un incendie. Dans ce pays où, sauf les mosquées et de rares édifices, toutes les constructions sont en bois, les incendies sont choses terriblement graves. Était-ce Stamboul ou Péra, et avec Péra notre hôtel, qui flambait. Emportés par les vigoureux coups d'avirons de nos *caïqchis*, aidés par le courant, nous descendîmes rapidement le Bosphore, débarquâmes à Dolma-Batché et grimpâmes à la course la colline du Champ-des-Morts. Le spectacle que j'y vis était saisissant : le quartier appelé Kassim-Pacha qui se trouvait en bas, entre Péra et Galata, était en feu. Plus de trois cents maisons étaient déjà brûlées ; toutes ces maisons de bois, enflammées par les flammèches, pétillaient comme des fagots et on voyait l'incendie s'étendre comme une tache d'huile. A cinquante maisons en arrière de celles qui brûlaient, on déménageait, on jetait les portes, les fenêtres, les meubles dans la rue, sans crier gare. En approchant du foyer, on rencontrait un ramassis de figures atroces, l'homme d'émeute de chez nous, mais enté sur le fanatisme musulman ; des kavass rouaient de coups de bâton cette foule de volontaires ou de voleurs : les pompiers, bras nus et sans turban, passaient à toute course, leurs pompes sur leurs épaules, poussant des cris aigus et renversant les habitants sur leur passage ; les troupes arrivaient de partout, les cavaliers au grand trot, enfin des bandes de chiens épouvantés traversaient les rues ventre à terre en se heurtant à tout avec des hurlements de douleur. C'était un spectacle unique.

Voyant que l'incendie gagnait toujours et léchait déjà les premières maisons de Péra, du quartier européen, j'envoyai aussitôt l'ordre de débarquer aux équipages de deux de nos navires, mouillés à Tophana ; je passai mon uniforme et me mis à leur tête, décidé à essayer de sauver la ville franque. Il faisait calme, heureusement, sans cela, l'essai eût été superflu, mais le soleil s'était couché rouge et présageait du vent. Il fallait agir vite. J'arrivai au pas de course avec cent cinquante marins. Déjà les premières maisons de la rue de Péra étaient en flammes des deux côtés, mais on m'indiqua, à douze ou quinze maisons en arrière, un endroit où cette rue était resserrée entre une mosquée en pierre et des jardins, et où, en abattant les cinq ou six maisons intermédiaires, on pouvait espérer faire une coupure qui arrêterait le feu. Je n'hésitai pas à ordonner cette démolition ; mes hommes s'y mirent avec ardeur, et toute la partie active de la population franque de Péra vint nous seconder, lorsque survint avec ses troupes un des généraux de la garnison, Sélim-Pacha, qui se mit en fureur à la vue de notre travail. Je le saisis alors par la main et, suivi du drogman de l'ambassade, M. Lauxerrois, je l'entraînai au haut du minaret de la mosquée, où je dis au drogman : « Montrez donc à cet *imbécile* de pacha que la coupée que nous faisons est la seule chance de sauver Péra ! » Et comme M. Lauxerrois me tra-

INCENDIE DE PÉRA

duisait en turc : « C'est inutile, dit Sélim-Pacha en très bon français, je comprends. » Je lui demandai pardon de mon épithète, mais, de la fureur il était passé subitement à l'enthousiasme ; il descendit quatre à quatre, et je le vis bientôt, ayant ôté sa redingote, en pantalon à bretelles de lisières, prenant sa part de notre démolition et donnant à ses soldats l'exemple de la plus grande activité.

Les maisons tombaient les unes après les autres. Nos marins étaient admirables ; ils allaient attacher, au sommet des toits, des cordes sur lesquelles nous attelions toute la population, pendant qu'on sciait les pieds des charpentes, et tout venait en bas avec fracas. Je vis même une maison s'abattre avec cinq ou six matelots perchés sur le toit. Je me précipitai épouvanté, les croyant tués ou estropiés. Rien ! quelques déchirures de clous aux pieds et aux mains. Il y a un Dieu pour les braves gens ! La chute d'une maison turque donna lieu à une bonne scène : le propriétaire voulait absolument s'y opposer ; il vous frappait, vous injuriait, s'arrachant la barbe ; cette destruction anticipée l'exaspérait. Voyant qu'on ne l'écoutait pas, il appela à son aide ses femmes qui accoururent, comme des furies d'abord, puis, changeant de tactique, se jetèrent sur nos officiers, les prirent dans leurs bras en les couvrant de baisers, de caresses et essayant sur eux de toutes façons le « pouvoir de leurs charmes ». C'était vraiment curieux de voir à la lueur des flammes et au milieu de ce grand désordre, de cette cacophonie de races, une poignée de matelots arrêtant les passants, les Turcs comme les autres, les mettant à la besogne, prenant aux pompiers leurs pompes, entraînant généraux et soldats et faisant la loi au milieu de Constantinople.

Enfin, grâce au vent, grâce aux pompes, grâce à nous, le feu s'arrêta là où nous l'avions combattu. Je m'en allai alors du côté du Champ-des-Morts, où cela brûlait encore, et le coup d'œil était inouï. Toute la population des quartiers incendiés, une foule innombrable, portant tous les costumes imaginables, silencieuse dans son fatalisme, était entassée sur la colline et sur le plateau avec ce qu'elle avait pu sauver du désastre ; et ce vaste bivouac, éclairé en rouge par l'incendie, dont les lueurs s'élevaient en grandes gerbes vers le ciel, formait un admirable spectacle qui rappelait les tableaux du peintre anglais Martyn, le *Jugement dernier*, le *Festin de Balthazar* et autres. A l'horizon, sur un beau ciel étoilé se dessinait Stamboul avec sa forêt de minarets et ses mille lumières, tandis que sur le devant le Seraskier assis dans un grand fauteuil, qu'entourait un immense état-major, prenait très philosophiquement son parti de la catastrophe, à laquelle il semblait présider. Il tenait sa pipe d'une main et une tranche de melon de l'autre. Nous nous connaissions bien. Aussi, quand il me vit arriver tout noir de cendre et de fumée, il se prit à rire de bon cœur, mais il me donna une tranche de son melon, qui fut très agréable à ma gorge desséchée.

On était maître du feu, c'est-à-dire qu'il ne brûlait plus qu'un pâté de maisons, sans communication avec Péra et Galata, mais le désastre était grand. Le nombre des maisons brûlées s'élevait à plus de quinze cents. On n'en a jamais su le nombre exact ; d'abord parce qu'on ne les a pas comptées, ce qui eût été contraire à l'insouciance et au fatalisme musulmans, et ensuite parce qu'il eût été fort difficile de se reconnaître dans le confus cendrier qui les remplaçait. Le nombre des familles réduites à la misère dut être très considérable, mais la charité individuelle est grande chez les musulmans comme chez toutes les populations à foi religieuse. Je rentrai harassé à une heure du matin. Peu après un coup de vent s'éleva ; s'il eût éclaté un peu plus tôt, il ne fût rien resté de Péra, de la ville franque, des ambassades.

Bien peu de jours s'étaient écoulés quand je fus convié à un spectacle d'un autre genre. Après la maladie d'adopter les pantalons et les redingotes des giaours, arrivait pour la Turquie une autre maladie, celle de se donner une constitution à l'instar des constitutions en vogue également chez les giaours, et le sultan me fit la gracieuseté de m'inviter à en voir proclamer une. De cette constitution, qui prit le nom parfaitement turc de *Hatti-Schérif de Gulhané*, je ne dirai rien, d'abord parce que je ne l'ai pas lue, et ensuite parce qu'on m'a dit qu'elle était libérale, c'est-à-dire propre, comme le sabre de M. Prud'homme, à organiser le gouvernement et au besoin à le démolir, plus souvent à le démolir, ce qui me suffit. Mais la cérémonie de la proclamation devait être curieuse ; aussi, au jour dit, je me mis en marche en grande tenue pour y assister. Cela devait se passer dans l'enceinte du Seraï. Le premier incident de la journée fut que mon canot se rencontra au débarcadère avec le caïque du ministre de Russie et que ni l'un ni l'autre de nos patrons ne voulant céder le pas à l'autre, un choc épouvantable se produisit qui nuisit, par un effet de capucins de cartes, à la noblesse de nos attitudes. Puis il fallut monter à cheval en selle turque, sur des chevaux un peu vifs, ce qui, avec le tricorne, le sabre pendant et les pantalons sans sous-pieds, fut une nouvelle épreuve pour la dignité de quelques-uns de mes camarades de marine.

Mais nous arrivâmes sans encombre à un kiosque dont l'étage supérieur devait être occupé par le sultan et son harem et l'étage inférieur par le corps diplomatique. On m'y avait réservé une fenêtre spéciale. Les musiques se mettent à jouer, de grands cris se font entendre, c'est le sultan qui arrive, seul à cheval, précédé d'une foule d'officiers et de pachas en grande tenue. Entre lui et eux marche isolé et clopin-clopant, vêtu

d'une espèce de blouse bleue à épaulettes, un petit boiteux à grosse tête rouge, barbe blanche et figure malicieuse. C'est le grand vizir Kosrew-Pacha, le coupeur de têtes, l'étrangleur du Scheik-Islam. En passant devant moi il me fait plusieurs révérences. Derrière lui arrivent les pages du sultan, beaux jeunes gens portant des hallebardes et coiffés de shakos dorés avec d'immenses plumets de plumes de paon, d'aigrettes et d'oiseaux de paradis. Au milieu d'eux se trouve le sultan, presque masqué par les plumets. Il porte la tête renversée en arrière, est vêtu d'un manteau noir garni de diamants et coiffé d'un fez à aigrette, tout diamanté également. Le sultan met pied à terre; le grand vizir et le nouveau Scheik-Islam soutiennent les coins de son manteau et un nègre affreux, à lèvres pendantes, à hanches de femme et couvert de broderies, s'avance pour le recevoir. C'est Kislar Aga, le chef des eunuques, le gouverneur du Harem.

Et maintenant que tout le monde est arrivé, « que la fête commence! » De ma fenêtre je découvre une grande place bordée de beaux pins parasols et descendant en pente douce jusqu'à la mer. Au delà, la rive asiatique du Bosphore avec le joli village de Kadi-Kéni. La place est couverte de troupes ; douze superbes bataillons de la garde impériale. des lanciers, de l'artillerie. Ces troupes forment un grand cercle au milieu duquel s'élève une chaire recouverte d'une étoffe jaune, autour de laquelle

viennent bientôt se grouper les pachas et le corps des ulémas, des mollahs, portant le vieux costume : caftans de couleur et de grands turbans blancs ou verts, traversés de larges bandes d'or. Les chefs des derviches, de toutes les sectes religieuses, sont également présents.

Tout ce monde clérical se tient immobile, impassible, les yeux baissés, peu satisfait au fond, je suppose. Mais une poussée de la foule se produit, ce qui indigne le grand vizir; il marche contre elle en levant très haut sa petite jambe et agitant son mouchoir. Tout fuit à sa seule vue pour rentrer humblement dans l'alignement. On lui apporte alors le manuscrit du Hatti-Schériff

qu'il porte respectueusement à ses lèvres et à son front et le remet à Reschid-Pacha, lequel monte en chaire et en fait la lecture. Cette lecture faite et terminée, au milieu d'un profond silence, un iman remplace Reschid-Pacha dans la chaire. Il étend les bras en avant, l'assistance en fait autant, les troupes, à cause de leurs armes, n'étendant qu'un bras, et il entonne la prière du sultan, répétée en chœur par tout le monde. Après quoi, chacun se passe la main sur les yeux, la barbe, et les troupes poussent trois fois le cri de « Allah ! » avec une ferveur, une passion sans égales. Des centaines de coups de canon partent de tous côtés et cette belle scène, éclairée par un soleil resplendissant, a pris fin. Le sultan est reparti ; la sultane Validé m'envoie un cortège d'officiers porteurs de gâteaux, de sucreries ; je prends congé de Kosrew-Pacha et je me retire en faisant cette triste réflexion que si cette nation turque, si brave sur le champ de bataille, qui se montre encore si dévouée au souverain et si ferme dans sa foi religieuse est, malgré cela, en pleine décadence, ce n'est pas le misérable chiffon de papier lu aujourd'hui qui la sauvera.

Le sultan me donna une audience sans intérêt au palais de Top-Kapou, ce joli palais aujourd'hui incendié, je crois, qui s'élevait à l'extrême pointe du Sérail. J'avais visité ce palais, inoccupé alors, avec un très spirituel pacha qui parlait admirablement le français et que je connaissais de Paris, Namick-Pacha, chef de la garde impériale. Nous avions parcouru ensemble tous les appartements du harem, et cette visite, avec les explications et commentaires d'un pareil guide, avait été très originale. Une salle était un vrai bijou et je ne résiste pas au plaisir d'en faire la description. Elle était ronde et très vaste, avec un plancher couvert de nattes très fines. Tout autour une petite plate-forme exhaussée, garnie de divans. Toutes les parois de la salle formées de grandes glaces encadrées de superbes ciselures rococo en bois doré. Évidemment c'était la salle des fêtes du harem. Dans l'intervalle des glaces se trouvaient huit petites portes, qui donnaient chacune dans un petit appartement de femme, aussi tout garni de glaces, de divans et chacun d'eux tendu d'une étoffe différente. Pour compléter l'ensemble, un couloir conduisait à un établissement de bains composé de plusieurs salles de marbre très jolies. Le maître de céans ne devait pas s'ennuyer. On me donna là toutes sortes de détails : le sultan n'a de femmes légitimes que celles qui ont des enfants, et on devine alors les compétitions. Mahmoud avait eu trente-cinq enfants, mais il n'en restait que cinq, deux fils et trois filles; le reste était mort en bas âge. Abdul-Medjid, le sultan en exercice, encore très jeune, au moment de ma visite, n'avait qu'une seule femme grosse, mais sa mère, la sultane Validé, venait de lui donner comme encouragement six jeunes personnes que l'on disait charmantes. De plus, le Scheik-Islam offre chaque année au sultan, à la fête du Beyram, une belle esclave à laquelle il est obligé, de par la loi et les prophètes, de témoigner son amour le jour même, sous peine d'encourir la colère d'Allah. Seulement on ne sait jamais si du haut des cieux, sa demeure dernière, Allah a lieu d'être content.

Ayant encore quelques jours de libres avant de regagner l'escadre, je profitai d'un vapeur autrichien pour traverser la mer Noire jusqu'à Trébizonde, d'où j'admirai la belle chaîne des pics neigeux du Caucase. J'aurais bien voulu pousser jusqu'à Erzeroum, au cœur de l'Asie Mineure, mais le temps me manquant, je me contentai, pour avoir une idée du pays, d'accompagner à franc étrier, pendant une journée, sur la route qui y conduit, le tartar, ou courrier qui y portait la poste. Quand je dis route, je parle au figuré; ce n'était pas même un sentier; une simple trace à travers les bois, les rochers, les ravins de cette région montagneuse, mais sur cette trace, le tartar galopait imperturbablement, sans arrêt, quel que fût l'épouvantable état du terrain. Quand cette expérience postale fut terminée, nous nous trouvâmes, mes compagnons et moi, plus moulus que nous ne l'avions jamais été. Le moins fatigué de la bande fut le fils de notre consul à Trébizonde, Maxime Outrey, un charmant enfant, élevé et vêtu à l'orientale, que nous avions emmené comme drogman et qui, tout le long du chemin, lutta de hardiesse et de vitesse contre le tartar, avec un entrain endiablé.

En revenant de Trébizonde, notre bateau était encombré de passagers venus de tous les coins de l'Asie, un mélange des plus bizarres, Circassiens, Persans, marchands de chats, un pacha. Pendant la traversée, j'achetai un superbe angora, le pacha acheta une femme. Toute la négociation pour cette dernière acquisition, avec ses discussions, examen de la marchandise, vérification, se passa dans notre cabine et fut très amusante. La jeune femme appartenait à une famille tcherkesse qui, éludant la croisière russe, nous était arrivée le long du bord, à Trébizonde, dans de grandes barques à voiles triangulaires, mouchetées comme des peaux de tigre. Le chef de famille, un grand vieillard, s'en allait en pèlerinage à la Mecque pour y chercher le remède à d'atroces douleurs, causées par une balle russe restée dans sa tête. Ses fils, de beaux gaillards aux superbes costumes, aux traits purs, aux épaules démesurément larges sur des tailles de jeunes filles, l'accompagnaient. Enfin, il y avait une douzaine de femmes, et savez-vous ce qu'était cette troupe féminine ? Les lettres de crédit, les billets de banque à l'aide desquels le vieux blessé comptait solder les frais de son voyage. N'ayant pas d'argent, il avait emmené les douze plus jolies filles de sa famille ; il venait déjà de disposer de l'une d'elles à bord, et comptait faire de même des autres tout le long du chemin. Nous fîmes vite connaissance avec la bande. Les filles étaient entassées sur le pont dans une espèce de cage en treillis, où elles sont restées quatre jours et trois nuits, trempées par la mer, sans que leur caquetage et les éclats de leur gaieté arrêtassent un seul instant. Elles rêvaient toutes de devenir femmes de sultan, de pacha, d'habiter des palais. Comme le vieux ne les nourrissait qu'avec du millet pour les engraisser, nous leur portions notre dessert après chaque repas, aussi étions-nous bons amis. Grâce à quelques petits services que je rendis au vieux, il consentit à m'amener la plus jolie dans la cabine et à lui ôter son voile pour que je fisse son portrait. Je trouvai le modèle et son costume également ravissants, mais la séance fut très courte. Soit embarras, soit mal de mer, elle se plaignit de chaleur, se mit à pleurer, et je dus la renvoyer.

Au retour je ne fis que traverser Constantinople ; on y était en plein rhamadan avec les mosquées illuminées la nuit, et la promenade des femmes sur la place du Seraskier le jour ; un vrai *persil*. J'y allai avec Paul Daru, Lavalette, Cyrus Gérard, tous membres de l'ambassade que M. de Sercey menait en Perse. Ils arrivaient de Paris et m'en donnèrent les nouvelles. A mon tour je leur contai la bataille de Nézib dont j'avais eu la chance d'entendre faire le très intéressant récit par deux jeunes officiers prussiens, témoins oculaires, dont l'un est devenu le célèbre maréchal de Moltke, puis tout ce que j'avais appris sur la question d'Orient dans mes visites aux ambassades, à Thérapia, à Buyukdéré. J'avais rencontré là tout le haut personnel diplomatique, composé pendant mon séjour, de deux ambassadeurs de France successifs, l'instabilité en personne : l'un l'amiral Roussin, marin distingué, l'autre M. de Pontois, diplomate de carrière, tous deux très aimables, mais n'ayant, par suite de cette instabilité, aucune influence. A côté d'eux, au contraire, deux hommes permanents et tenaces, personnifiant admirablement deux puissances : lord Ponsonby, un grand vieillard sec, hautain, peu sociable, représentant les intérêts, la persévérance anglaises et les passions de lord Palmerston, l'autre, M. de Boutenieff, un homme charmant, aimable, spirituel, aimé de tout le monde dont il se moquait un peu, mais ayant derrière lui les grandes destinées du peuple russe, la puissante volonté de l'empereur Nicolas. D'une intervention armée de la Russie dans le Bosphore, il n'était plus question, mais on ne prévoyait pas encore que Russie et Angleterre s'entendraient pour ruiner l'œuvre de Méhémet-Ali, en réalité la dernière des forces musulmanes, et que l'Europe entière se joindrait à ces deux puissances, heureuses de s'associer à l'isolement et à l'humiliation de la France, de la France révolutionnaire. Plus d'alliés pour nous depuis que nous sommes entrés dans l'engrenage. Nous avons sacrifié deux cent mille hommes en Crimée. Qu'en avons-nous retiré? La jarretière à la jambe de Napoléon III. Un acte, un mot de sympathie dans nos revers? Pas l'ombre! A la France révolutionnaire on demande des services, on ne lui en a jamais rendu. Lui en rendrait-on aujourd'hui? Dieu le veuille!

VII

1840-1841

Je quittai Constantinople en jetant un dernier regard, plein d'agréables souvenirs, sur sa forêt de minarets, sur le Bosphore, sur les riantes îles des Princes et aussi sur la cime neigeuse du mont Olympe, dont, avec mes goûts montagnards, j'étais allé, peu auparavant, faire l'ascension. Ascension intéressante à travers cette Suisse orientale qui entoure la jolie ville de Brousse d'abord, puis sur la neige et les éboulis jusqu'au sommet, d'où l'on jouit d'un incomparable panorama. Les escadres gardaient toujours l'entrée des Dardanelles : escadre française, escadre anglaise, une masse de vaisseaux. Je repris ma place dans la nôtre, toujours aussi active, aussi exercée. L'escadre anglaise commandée par un beau vieillard à tête blanche, Sir Robert Stopford, remuait moins que nous. Mais les flottes ne tardèrent pas à se disperser. La nôtre se rendit à Smyrne d'où l'amiral renvoya en France la *Belle-Poule* que je commandais et le vaisseau *le Triton*, capitaine Hamelin. Nous naviguâmes de conserve et, après une assez longue traversée d'hiver, nous arrivâmes à Toulon pour nous voir infliger trente-cinq jours de quarantaine. Trente-cinq jours de prison, de séquestration, d'inutilité, imposés à un équipage sans malades, inspecté tous les jours quant à sa propreté, par ses officiers, surveillé, quant à sa santé, par trois médecins, et qu'une longue traversée venait de soumettre à la meilleure des purifications, à la plus sûre des garanties. Trente-cinq jours pendant lesquels quatre cents hommes d'équipage ont bu, mangé, coûté au budget, sans rendre le moindre service, et tout cela infligé par l'intendance sanitaire, une coterie locale sans contrôle, s'éternisant dans sa routine. Qu'on a donc bien fait d'abolir cet abus monstrueux, intolérable ! S'il s'est si longtemps maintenu, c'est qu'il donnait un revenu aux intendants. D'abord ils emplissaient d'autorité l'auberge qu'ils tenaient sous le nom de lazaret, puis ils vendaient des désinfectants. « Commandant, disait le garde de santé avec son accent provençal, nous allons faire le parfum ! » On enfermait l'équipage en bas, le garde de santé allumait une espèce de pastille du sérail qui faisait beaucoup de fumée, nous simulions un éternuement d'ensemble, nous étions purifiés...! La farce était jouée. Il y avait encore un grand dîner que l'intendance se donnait à la Saint-Roch, aux frais des quarantenaires, qui complétait le scandale. Aussi pendant ma détention faisais-je monter la musique quand la barque de l'intendance paraissait en rade, pour la saluer du plus épouvantable et discordant charivari. De plus, je demandai innocemment à l'amiral la permission de faire faire l'exercice à feu à mes embarcations dans l'anse du lazaret et j'eus bien soin d'ouvrir le feu tellement près du lazaret lui-même que j'entendis toute sa vitrerie dégringoler avec fracas. Comme je m'y attendais, on me défendit de recommencer, l'intendance furieuse ayant porté plainte, en déclarant que la serge de mes gargousses était contumace, mais j'avais eu un moment de douce vengeance.

Enfin la quarantaine prit fin, je reçus mon congé et je revis avec joie les miens, et aussi Paris. Depuis quatre ans, la plus grande partie de mon existence s'était dépensée à la mer. J'avoue que j'avais un peu soif de Paris, de l'unique et cher Paris. J'y arrivai au cœur de l'hiver de 1839, j'en repartis aux premiers jours de juin de la même année. Quels souvenirs m'ont laissé ces quatre mois de repos? J'ai beau me creuser la mémoire, je ne trouve rien ou presque rien. En fait d'événements intérieurs, des infiniment petits : l'éternelle et assommante lutte entre ministres et ministrables, laissant en somme le gros public fort indifférent. Si la situation extérieure était plus sérieuse, elle n'inspirait pas non plus d'inquiétudes. Malgré l'accroc de 1830, la force du principe monarchique se faisait toujours sentir; on comptait sur le Roi, sur sa sagesse, son patriotisme prévoyant, pour conjurer les dangers de l'heure et du lendemain dont nous menacent sans cesse l'ambition des gouvernements permanents et persévérants qui nous entourent, mais dont notre démocratie à vues courtes se préoccupe si peu. Le Roi allait d'ailleurs justifier cette confiance en évitant à la France à propos des affaires d'Orient une guerre avec l'Europe coalisée, guerre où nous conduisait l'imprudence de M. Thiers, comme les forfanteries de la presse et qui n'eût pu aboutir qu'à un désastre.

L'ensemble de la machine gouvernementale marchait d'ailleurs avec une suffisante régularité. La Chambre des pairs, inamovible, et par suite étrangère aux capitulations électorales. discutait avec autorité des lois réellement progressives, respectueuses des intérêts, de la liberté de tous, tandis que la Chambre des députés, composée de membres non rétribués, apportait dans ses votes plus de soin de la chose publique que ne le peuvent des assemblées esclaves de leurs comités et toujours hantées du cauchemar de la réélection. Une magistrature indépendante rendait, suivant la belle expression du président Séguier, *des arrêts et non pas des services*, tandis que l'administration, presque aussi inamovible que la magistrature, avait le loisir de bien faire et faisait bien. En somme, sauf les classes criminelles et les révolutionnaires incorrigibles recherchant l'impossible, chacun se sentait protégé dans sa sécurité, sa liberté, ses croyances ; aussi, comme je l'entendais dire de tous côtés en revenant de campagne, on se sentait bien gouverné. Il est vrai que si j'ouvrais les journaux, j'y lisais le plus souvent le contraire. S'il se trouvait parmi ces journaux des organes de publicité sérieux, rédigés par des hommes de cœur et de talent qui, quelles que fussent leurs opinions, s'efforçaient par leurs écrits de bien servir le pays, combien d'autres avaient pour rédacteurs de vrais marchands d'injures, d'autant plus lus qu'ils étaient plus calomnieux, courtisans de toutes les passions envieuses et subversives. Ces hommes étaient les interprètes de cette classe de plus en plus nombreuse de spéculateurs qui désertent toute carrière utile pour demander la fortune aux hasards de la politique. Selon eux, l'oppression et la corruption étaient intolérables et ne cesseraient que lorsque le pouvoir passerait entre leurs mains immaculées. Seuls ils possédaient le secret de transformer la France en paradis terrestre par l'application *sincère* des grands principes sonores de

Liberté, Égalité, Fraternité. Cette *sincérité* d'application, si souvent annoncée, tarde un peu à venir, surtout quant à l'égalité, qui pour tant de gens signifie seulement : *Ce que je n'ai pas, personne ne l'aura!* Certes le mot égalité est séduisant et dans toute société qui se respecte, l'égalité devant la loi doit être entière, absolue pour tous. Mais tant que la science n'aura pas trouvé le moyen de faire tous les hommes également intelligents et toutes les femmes également belles, je considérerai l'égalité universelle, aveugle, comme la plus absurde et la plus dangereuse des chimères.

Ces réflexions ne me venaient pas à l'esprit à l'époque dont je parle ; j'étais, en 1840, trop insouciant pour me tracasser des casse-tête enfantés par nos *office-seekers*, chasseurs de place, comme disent les Américains. Pendant qu'ils s'amusaient aux fantaisies envieuses, irréligieuses, malsaines, intéressées surtout, qu'ils prétendaient faire découler des principes de 1789, une révolution bien plus terrible que la révolution française, car elle frappait le pauvre comme le riche, n'allait pas tarder à fondre sur nous : la révolution causée par l'emploi de la vapeur, de l'électricité, par la rapidité des communications. Peu de gens prévoyaient alors le bouleversement profond qui allait atteindre chez tous les peuples agglomérés en vieilles sociétés sur un sol épuisé, les conditions du travail, de l'alimentation, de l'existence même, bouleversement dont nous ne sommes qu'au début, sans en entrevoir le remède.

Un des premiers effets de l'emploi de la vapeur imposait à toutes les nations possédant une flotte de guerre la transformation de leur matériel naval, de leurs arsenaux. A un adversaire disposant de moyens d'attaque domptant vents et marées, il fallait opposer des moyens de défense de la même puissance. C'était l'A B C. Cette transformation me préoccupait vivement, car il s'agissait de l'avenir de l'arme à laquelle j'avais voué passionnément mon existence, et que je voulais voir redevenir un instrument redoutable de notre force nationale. Seulement nous avions à lutter, pour l'accomplir, contre la routine, la ténacité des habitudes, des idées exclusives enseignées dans les écoles. Ce fut une lutte de tous les jours, à laquelle je pris une part assidue.

En dehors de ces questions de marine, mon temps s'écoulait, partagé entre la vie de famille, mon culte pour les beaux-arts, le théâtre et aussi la chasse à courre, dont je devins un amateur fervent, et, chose curieuse, avant d'en essayer, je la tenais en tel mépris que mes frères m'attachèrent pour m'y conduire de force la première fois.

Tous les incidents de la chasse à courre, de l'attaque, de la poursuite, tous les imprévus du parcours vous entraînant on ne sait où, jusqu'à se perdre quelquefois dans la nuit, dans l'inconnu, ont encore pour moi aujourd'hui tout l'attrait de la lutte, de l'action. Et quelle agréable société de chasseurs nous faisions dans nos déplacements de Compiègne, de Chantilly, de Fontainebleau surtout ! Mes frères et moi, les deux Greffuhle, Caumont,

Morny, Valewski, Edgard Ney, La Rochette, Casimir Perier, d'Albuféra, Wagram, les de l'Aigle; des étrangers: Bedmar, d'Ossuna; des officiers, etc., etc., et aussi des femmes : la belle duchesse de Sommerset, qui chassait avec un loup sur la figure, et toujours escortée de l'aimable prince Labanoff.

Parmi les assidus, aussi des peintres : Jadin, Decamps. C'était le beau temps de Decamps, dont j'étais un admirateur fanatique, le beau temps de Delacroix, de M. Ingres et de toute cette pléiade de grands artistes alors jeunes et dans toute la vigueur de leur talent : Léopold Robert, Horace Vernet, Delaroche, mon maître A. Scheffer, Flandrin et les paysagistes, Marilhat, Corot, ce dernier dans sa première manière, sèche et rectiligne, comme celle du Poussin. On ne se figure plus aujourd'hui quelles discussions ardentes soulevait l'ouverture du Salon et le mérite supérieur de tel tableau, de telle statue. Il n'y avait pas d'indifférents : on était pour ou contre, on attaquait ou l'on portait aux nues. Maintenant, on paie plus cher les œuvres d'art, suivant qu'elles émanent de celui-ci ou de celui-là, on les discute moins. Qui inspire mieux l'artiste? l'argent ou la passion ?

Egalement charmants les théâtres : le Vaudeville, les Variétés, les Français, l'Opéra. Le Vaudeville, émigré après l'incendie de la rue de Chartres au boulevard Bonne-Nouvelle, avec Arnal, l'inimitable Arnal, le plus original, le plus fin des comiques. Les Variétés, avec les *Saltimbanques*, une pièce dont tous les mots sont devenus des proverbes que ma génération a répétés pendant quarante ans. Mademoiselle

Rachel, une femme de génie, avait rendu au Théâtre-Français un éclat oublié depuis longtemps. Pour mon compte, je n'ai jamais vu sur la scène une perfection aussi complète. Presque  sans gestes, par le jeu de sa physionomie, le feu de ses regards, les intonations de sa voix, elle exprimait les passions avec une intensité communicative. Elle avait le génie du costume, de la draperie; sous le péplum on croyait voir une statue antique, et la femme enfin savait s'envelopper en tout, même dans les rôles féroces, d'un charme incomparable. Elle aurait assassiné qu'on aurait aimé *l'assassine*, et, chose singulière, cette femme extraordinaire n'avait d'esprit qu'au bout de sa plume. Quant à l'Opéra, la veine des grands compositeurs qui avaient fait sa gloire quelques années auparavant avec *Guillaume Tell*, les *Huguenots*, la *Muette* était tarie. Du grand trio d'artistes merveilleux, Nourrit, Levasseur, mademoiselle Falcon, il ne restait plus que Levasseur; l'art musical se reposait. En revanche, l'Opéra brillait par ses ballets, mélange de féeries où le *mimé* et les trucs tenaient autant de place que la danse. Rien de ravissant comme le ballet du *Diable boiteux*, avec sa grande variété de tableaux, de costumes, et Fanny Essler dansant la cachucha, comme la *Sylphide*, la *Révolte au Sérail*, avec Taglioni. A une représentation de ce dernier ballet, je vis mon frère Nemours courir un grand danger. Les révoltées, à un moment donné, s'armaient d'arcs et décochaient une volée de flèches dans la coulisse. Or une de ces flèches, lancée dans le feu de l'action, avec une vigueur peu commune mais une direction incertaine, par un charmant premier sujet, mademoiselle Duvernay, vint se ficher dans la colonne qui, dans l'ancienne salle Le Pelletier, séparait la loge royale de celle du marquis du Hallay, à quelques pouces seulement de la tête de mon frère. Il y eut un « Ah ! Ah ! Ah ! » dans la salle, une grande confusion sur la scène et un tas de commentaires ; mais tout est bien qui finit bien.

Ce bon temps de jeunesse, d'insouciance, de théâtre, de chasse ne devait pas durer. Deux de mes frères partirent pour l'Afrique. Chartres (comme nous appelions toujours notre aîné, le duc d'Orléans), prenait le commandement d'une division dans la colonne qui, sous les ordres du maréchal Vallée, devait arrêter pour toujours, au col de Mouzaïa, la marche ascendante du prestige d'Abd el Kader ; mon jeune frère Aumale allait trouver dans cette expédition l'occasion de faire brillamment ses premières armes. Je les vis partir avec envie, et pour ajouter à mon ennui, je ne tardai pas à tomber malade d'une violente rougeole. En proie à une forte fièvre, je vis un jour apparaître mon père, suivi de M. de Rémusat, alors ministre de l'intérieur, visite insolite qui me remplit d'étonnement ; ma surprise augmenta encore quand mon père me dit : « Joinville, tu vas partir pour Sainte-Hélène et en rapporter le cercueil de Napoléon. » Si je n'avais été au lit, je serais tombé de mon haut et au premier moment je ne fus nullement flatté de la comparaison que je fis entre la campagne de guerre entreprise par mes frères en Algérie et le métier de croque-mort que l'on m'envoyait exercer dans l'autre hémisphère. Mais j'étais un soldat et je n'avais pas à discuter un ordre. La question se présentait d'ailleurs sous deux faces : au-dessus du Napoléon, ennemi de ma race, assassin du duc d'Enghien, qui, en tombant avait légué à la France ruinée, démembrée, ce redoutable jeu de hasard où les foules naïves sont si souvent dupes du croupier politique : le suffrage universel, il y avait l'homme de guerre incomparable, dont le génie avait jeté, même dans la défaite, un éclat immortel sur nos armées. En allant chercher ses cendres à l'étranger, c'était comme le drapeau de la France vaincue que nous relevions, du moins nous l'espérions, et à ce point de vue je me réconciliai avec ma mission.

Sitôt remis sur mes jambes, je partis donc pour Toulon, muni de tous les ordres, de toutes les instructions ministérielles et royales, et je repris le commandement de la *Belle-Poule*, commandement que j'allais exercer dans bien des parages, pendant trois années consécutives. Je quittai Paris un peu à regret, mais la joie de me retrouver au milieu des braves gens si dévoués qui formaient mon équipage, ma seconde famille, me fit vite oublier ce que je laissais derrière moi. Un certain nombre de passagers s'embarquèrent à leur tour. Ils composaient ce qu'on appela la mission de Sainte-Hélène. Presque tous avaient été les compagnons des grandeurs et des malheurs de Napoléon : c'étaient les généraux Bertrand, Gourgaud, M. de Las Cazes, etc. Pendant les longues traversées du voyage, la conversation de ces hommes qui avaient assisté à tant d'événements, suivi l'Empereur dans tant d'aventures, fut particulièrement intéressante. C'était tous les jours un feu roulant d'anecdotes, de traits, se rapprochant sans doute beaucoup plus de la vérité que bien des récits faits à loisir. Souvent j'ai regretté que nous n'eussions pas emmené avec nous un sténographe. Nous touchâmes dès les premiers jours à Cadix, pour y prendre les dernières dépêches avant de nous lancer dans l'Océan. Je revis, comme toujours, avec plaisir la blanche Cadix et fis un pèlerinage à la Cortadura, au Trocadéro, en souvenir du brillant fait d'armes de la garde royale en 1823, et aussi au champ de bataille de Chiclana, témoin, en février 1811, d'une terrible lutte entre nous et les Anglais, lutte dont j'avais connu quelques acteurs. En revenant de Chiclana, après un déjeuner un peu gai, Arthur Bertrand, fils du général, et bien connu alors du tout-Paris qui s'amuse, nous donna le spectacle d'une prouesse équestre insensée : celle de traverser ventre à terre l'alaméda de Chiclana, pavée de dalles glissantes, debout sur la selle anglaise de son *locati*. Il y a un Dieu pour les... fous !

A notre sortie de Cadix se plaça un petit incident caractéristique. On m'avait adjoint, pour le cas de négociations délicates avec les autorités anglaises de Sainte-Hélène, et aussi pour rédiger le protocole de la remise du corps, un jeune diplomate, le comte Philippe de Rohan-Chabot[1]. A peine hors des passes de Cadix, quand les dernières communications avec la France étaient coupées, je le vis venir à moi très embarrassé. Il me tendit un papier en me disant de le lire et en ajoutant que s'il ne me l'avait pas communiqué plus tôt, c'était par ordre. Je jetai les yeux sur la signature, au bas du papier, et j'y vis le nom de M. Thiers, président du Conseil. Par ces instructions secrètes, et qui ne devaient m'être communiquées qu'une fois en mer, M. Thiers déclarait à monsieur de Chabot, qu'il était, lui, Chabot, son agent direct et qu'il l'investissait

---

1. Mort ambassadeur à Londres sous le titre de comte de Jarnac.

d'une autorité supérieure à la mienne pendant la durée de la mission. Telle était cette étrange missive qui visait non seulement le capitaine de vaisseau commandant, mais, avec une intention évidemment blessante, le fils du Roi, — application en très petit de la maxime chère à M. Thiers : le Roi règne et ne gouverne pas. Plus étrange encore le soin pris par lui d'en faire mystère jusqu'au moment où, séparé de la France, je ne pouvais plus faire aucune observation sur la contradiction entre ces nouvelles instructions et les ordres précis que j'avais antérieurement reçus. Amis d'enfance comme nous l'étions Philippe et moi, toute pensée de conflit était inadmissible entre nous. Je ne me plaignis à personne de cet incident et regardai de mon haut le procédé de M. Thiers avec moi, mais de ce jour prirent fin les relations sympathiques et presque affectueuses que j'avais eues jusqu'alors avec cet homme d'État. Une défiance profonde et peu d'estime pour son caractère les remplacèrent.

La *Belle-Poule* relâcha à Ténériffe pour faire de l'eau et des vivres, et je profitai de cet arrêt pour compléter jusqu'au sommet l'ascension du fameux pic, que j'avais dû interrompre en 1837. Le dernier cône, tout en pierre ponce croulante sous un angle aigu est assez fatigant. Au sommet on marche sur un plateau de peu d'étendue, dont le sol mou est couvert de fleur de soufre et crevassé de fumerolles d'où s'échappent des vapeurs brûlantes. Montés en deux jours, nous descendîmes rapidement à la riante petite ville d'Orotava, bâtie au milieu de la plus belle végétation, dans une sorte de ravin qui débouche dans la mer. La population féminine d'Orotava jouit d'une réputation méritée de beauté et on vint très aimablement à notre rencontre nous demander de nous en assurer en assistant à une après-midi dansante, sorte de *garden-party* organisée en notre honneur. Grande tentation, mais aussi grand embarras ! Des gens qui reviennent d'une ascension de montagne comprenant deux bivouacs sans eau et un coup de collier dans les cendres et la fumée d'un volcan, ne sont guère, comme propreté et costume, en tenue de bal. Après un rapide conciliabule, il fut convenu que nous tirerions au sort les noms de trois d'entre nous, qui se laveraient et auxquels chacun des non élus fournirait les portions de leurs vêtements les moins détériorées afin de les mettre en état d'aller au bal, soutenir auprès des belles Orotavaises l'honneur du pavillon. Nous nous retirâmes dans un bois pour procéder au tirage au sort et à l'embellissement des élus ; le sort ne me favorisa pas : je n'allai pas au bal, mais mes bottes y allèrent, et nos camarades revinrent émerveillés de ce qu'ils avaient vu.

Après Ténériffe, traversée assez lente : calmes, orages, gros temps même, puis nouvelle relâche à Bahia, Brésil. Il m'avait été recommandé à mon départ de Paris de combiner la marche de la mission de façon à faire coïncider le retour des cendres en Europe, avec la fin de décembre, époque de l'ouverture des Chambres. Je crois même que dans la pensée de M. Thiers, toute l'importance du retour en France des restes de Napoléon résidait dans cette coïncidence. C'était le coup de tam-tam à l'aide duquel il se flattait d'étouffer tous les bruits, toutes les velléités de changements ministériels qui lèvent toujours à ces époques du sol parlementaire. Mais il était assez difficile de combiner une arrivée à point nommé avec des navires à voiles et après un si grand parcours. Je devais primitivement aller au Cap de Bonne-

Espérance avant de me diriger sur Sainte-Hélène. Je crus bien faire de remplacer la relâche du Cap par celle de Bahia, afin de raccourcir le parcours et gagner du temps. Peu intéressante notre halte à Bahia, sauf l'incident pittoresque que voici :

J'avais frété un petit bateau à vapeur avec lequel j'allais en compagnie de quelques officiers faire des parties de chasse, espèces de voyages de découverte, dans les rivières qui se jettent dans la baie de Bahia. Dans une des excursions, nous avions remonté assez haut la rivière Cachoeira sans voir trace d'habitants, et, laissant notre bateau à l'ancre, nous étions descendus à terre où nous avions passé la journée à faire un massacre de toucans, de perroquets de toutes couleurs, d'oiseaux et de bêtes extraordinaires, dont la forêt vierge était remplie, lorsqu'au coucher du soleil nous tombâmes sur un chemin frayé qui nous conduisit à une vaste clairière, puis à un grand village dont nous n'avions pas auparavant soupçonné l'existence. Nous y pénétrâmes et le trouvâmes désert ; toutes les portes des maisons étaient fermées. Nous nous dirigeâmes vers une vaste place, au centre du *Pueblo* ; elle était déserte également. Nous entrâmes dans une belle église, dont la porte était ouverte ; pas une âme, seulement l'odeur d'encens d'une récente cérémonie religieuse. Au centre de la place se trouvait un kiosque, évidemment destiné à des concerts ; les instruments d'un orchestre s'y trouvaient, encore posés sur des chaises, devant les pupitres, comme si le concert avait été interrompu depuis peu d'instants. Ce village qui venait d'être subitement déserté nous intriguait un peu. Mais dans l'espoir de faire ressusciter la population, et un peu de gaminerie aidant, nous déposâmes nos fusils, et saisissant la grosse caisse, les trombones, les clarinettes abandonnées, nous entonnâmes le plus formidable des charivaris. Peine perdue ! personne ne parut.

Le jour baissait, il était temps de retourner à bord de notre vapeur, nous en reprîmes tranquillement le chemin. La nuit était tout à fait venue, une nuit de clair de lune, quand nous arrivâmes à une crique entourée de palétuviers où nous avions laissé le petit canot qui devait nous reconduire à bord. Nous nous entassions dans l'embarcation, à moitié échouée dans la vase, lorsqu'une grande rumeur s'éleva dans la forêt et nous vîmes de tous côtés étinceler des armes à travers le feuillage. En un clin d'œil, avant que nous fussions revenus de notre surprise, une foule de gens armés de fusils, de sabres, de piques, arrivant à toute course en poussant des hurlements, nous entoura, moitié sur terre, moitié en se jetant à l'eau. Aussitôt nous fûmes enlevés, désarmés, séparés, roués de coups et entraînés dans la forêt. Ceux qui ont vu, dans l'histoire des voyages, la gravure représentant l'attaque du capitaine Cook par les sauvages, auront une idée exacte de la scène. Au clair de lune, sous la végétation tropicale, elle ne manquait pas de pittoresque. C'étaient bien d'ailleurs, des sauvages qui nous attaquaient; la plupart nègres, le reste mulâtres. Fort heureusement pour nous, la surprise, nos fusils déchargés, notre entassement dans le canot, ne nous permirent de faire aucune défense. Sans cela, entourés de plus de deux cents personnes armées, nous eussions tous été massacrés.

Chacun de nous eut, dans cette bagarre, sa petite aventure. Pour mon compte je sautai à l'eau en relevant, avec mon fusil, les piques de deux nègres qui faisaient mine de m'embrocher et courus saisir à bras-le-corps un homme coiffé d'un chapeau de ville, une écharpe en sautoir et armé d'un grand sabre, qui me semblait être le chef de la bande. En quelques mots de mauvais portugais, je lui fis comprendre que j'étais le commandant des bâtiments de guerre français ancrés à Bahia et que si quelque malheur arrivait à un de nous, lui et les siens auraient à s'en repentir. Mais avant que j'eusse terminé mon discours, une foule furieuse se jeta sur moi, m'enleva et me traîna jusqu'à un tertre où j'entendis qu'on voulait m'adosser pour me fusiller. Cinq ou six nègres en effet, placés devant moi, chargèrent hâtivement leurs fusils. La situation manquait de charme, car ceux qui connaissent les nègres savent ce dont ils sont capables sous l'empire du paroxysme d'excitation auxquels ils se montent entre eux, que ce soit par ivresse, par colère ou par peur. Touchard, que deux ou trois hommes tenaient à quelques pas de moi, voyant ce qui se passait, se débarrassa de ses gardiens par un effort surhumain et courut me rejoindre. Nous nous cramponnâmes l'un à l'autre, ce qui amena une lutte et un moment de répit, pendant lequel l'homme à l'écharpe, qui n'avait pas tardé à comprendre que le cas devenait mauvais pour lui, fit une charge à la tête des plus raisonnables des mulâtres. Nous fûmes pris et repris plusieurs fois, mais enfin force resta à l'homme à l'écharpe et l'on put s'expliquer.

Il paraît qu'il y avait eu la veille dans le village des élections agitées. (Bénies soient les élections en tous lieux et tous pays !) La population, surexcitée, avait été saisie de surprise d'abord, puis de terreur en entendant notre fusillade à perroquets. La terreur avait été portée à son comble quand on avait vu sept ou huit hommes à peau blanche, singulièrement accoutrés et armés, paraître dans le village. Toute la population s'était enfuie dans les bois, puis observant de loin notre petit nombre et surtout notre retraite, elle était passée de la terreur à la vaillance et, prenant les armes, s'était précipitée à la poursuite de l'ennemi !!! Nous fûmes, bien entendu, remis en liberté avec des excuses, qui n'effacèrent pas les coups reçus, surtout par Penhoat; un des lieutenants de vaisseau de la *Belle-Poule*, qui avait été à moitié assommé. Nous rentrâmes sur notre vapeur où nous trouvâmes le mécanicien anglais qui en avait charge en-

tièrement saoûl. Au récit que nous lui fîmes, il courut chercher dans sa machine un énorme pistolet qui datait du temps de Cromwell, et nous eûmes toutes les peines du monde à l'empêcher de descendre à terre pour tirer à lui tout seul une vengeance éclatante des *damned Niggers* ?

De Bahia nous dûmes descendre très loin dans l'Atlantique austral escortés de nombreux albatros, avant de trouver des vents favorables. Nous atteignîmes enfin Sainte-Hélène, un gros rocher noir, une île volcanique déchiquetée, comme la Martinique, mais sans sa superbe végétation, un morceau de l'Ecosse planté au milieu de l'Océan et toujours balayé par l'alizé, qui souffle avec une fatigante continuité, et le couvre en permanence d'un chapeau de nuages épais. Sombre la vue du large, sombre l'impression à l'arrivée. James-Town, la capitale, n'est qu'un misérable village qui s'allonge dans une étroite vallée, encaissée par de tristes rochers, couronnés de forteresses où l'on grimpe par des escaliers de six cents marches. La campagne, la résidence du gouverneur, Plantation-House, la vallée du tombeau, le tombeau lui-même avec ses saules légendaires, Longwood, la prison, tout est également lugubre et était bien fait pour tuer à petit feu le grand génie qu'on y avait relégué.

L'affaire qui m'amenait fut vite réglée entre moi et le gouverneur, général Middlemore. Les ordres du gouvernement anglais étaient nets, précis, et les autorités locales mirent beaucoup de bonne volonté à les exécuter. Elles se chargèrent exclusivement de l'exhumation, de la translation sur territoire anglais et l'accomplirent avec beaucoup de convenance. Je demandai seulement et obtins qu'avant de nous être remis le cercueil fût ouvert, afin de nous assurer que nous n'embarquions ni un foyer d'infection, ni une dépouille imaginaire. Le gouverneur étant malade, j'eus peu de rapports avec lui. Il se faisait remplacer par le commandant des troupes, le colonel d'artillerie Trelawney, homme aimable, mais passablement original. Sa grande passion était l'étude des généalogies, et il ne manquait jamais de m'expliquer, quand nous nous rencontrions, comment il était mon cousin et comment nous étions parents tous les deux de feu le sultan Mahmoud *par les femmes!*

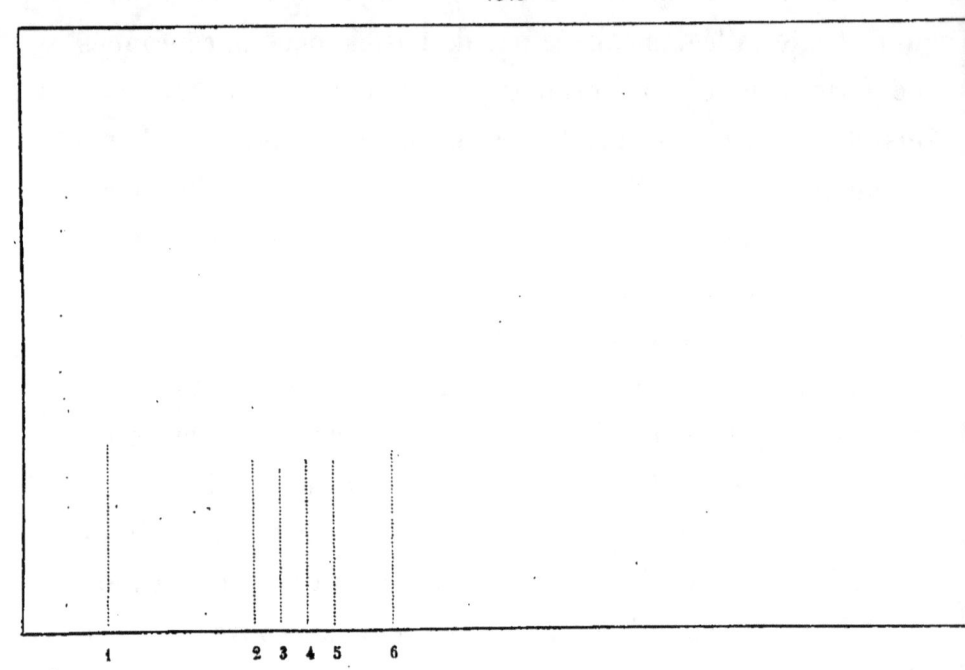

N° 22.

1. Général Middlemore et autorités anglaises. — 2. Prince de Joinville. — 3. Général comte Bertrand. — 4. Baron de Las-Caze. — 5. Général baron Gourgaud. — 6. Comte Philippe de Rohan-Chabot.

SAINTE-HÉLÈNE. — Embarquement du cercueil de l'Empereur.

Quand tout fut prêt, l'exhumation se fit et fut imposante. L'émotion commença à gagner tout le monde, lorsqu'on vit le cercueil descendre lentement la montagne, au bruit du canon, escorté par l'infanterie anglaise, les armes renversées, la musique jouant, avec accompagnement du roulement sourd des tambours, cette belle marche funèbre que les Anglais appellent *The dead March in Saul*, et qui n'est autre que le vieux chant : *Adeste fideles*, de la religion catholique. Le général Middlemore, tombant de fatigue, me fit la remise du corps, et le cercueil fut descendu dans la chaloupe de la *Belle-Poule*, qui se mit alors en marche vers le bord. Le moment était très beau. A un magnifique coucher de soleil succédait un crépuscule d'un calme profond. Les autorités et les troupes anglaises se tenaient immobiles, rangées sur la plage, pendant que le canon de nos vaisseaux faisait le salut royal. J'étais à l'arrière de ma chaloupe, sur laquelle flottait un superbe pavillon tricolore, brodé par les dames de Sainte-Hélène. A mes côtés se trouvaient les généraux, les officiers supérieurs, MM. de Chabot, de Las Cazes ; mes meilleurs gabiers, tout en blanc, le crêpe au bras, nu-tête comme nous, nageaient avec un silence et une précision admirables. Nous nous avancions avec une lenteur majestueuse, escortés par les canots des états-majors. C'était très émouvant, et il planait sur toute la scène un grand sentiment national.

Deux jours après nous mettions à la voile pour la France où nous arrivions après quarante et un jours de mer. Pendant cette traversée, inquiet d'être sans nouvelles d'Europe depuis quatre mois, je communiquai avec plusieurs navires et, entre autres, sous la ligne, avec un navire de guerre hollandais, allant à Java, qui nous donna les détails de la coalition dirigée en apparence contre Méhémet-Ali, vice-roi d'Egypte, en réalité contre la France. Ne sachant quelle conséquence l'exécution pratiquée sur les côtes de Syrie par les forces navales des alliés pouvait amener, nous prîmes, à bord de la frégate et de sa conserve *la Favorite*, toutes les précautions usitées en cas de guerre, de même que chacun de nous se prépara, à sa façon, à un déménagement éventuel dans l'autre monde. Il y eut surtout une grande destruction de souvenirs, de papiers, de correspondances compromettantes. Le général Gourgaud se fit remarquer par le soin ému avec lequel il relut une montagne de billets à écriture féminine, qu'il brûlait un à un dans une cuvette et dont il recueillait les cendres pour les mettre en bouteille; une manière de conserver de tendres souvenirs à l'abri des indiscrétions. Mais tous ces préparatifs belliqueux furent vains; lorsque, le 30 novembre, la *Belle-Poule* jeta l'ancre à Cherbourg, l'orage était passé.

À Cherbourg, ma mission était terminée, mais j'y trouvai l'ordre de transborder le cercueil sur un bateau à vapeur et de le conduire ainsi par la Seine jusqu'à Paris. Mon équipage et celui de la corvette *la Favorite* devaient faire escorte. Je ne ferai pas le récit de cette translation. A Sainte-Hélène les choses s'étaient passées, en somme, entre l'armée anglaise d'une part et nos forces navales de l'autre, avec le sérieux chevaleresque et la dignité qui accompagnent toujours les relations internationales confiées aux hommes d'épée. En France, la translation des restes de Napoléon prit un autre caractère. Ce fut surtout un spectacle, où, comme toujours chez nous, bien des gens voulurent jouer un rôle déplacé, quelquefois ridicule. Je dus souvent intervenir pour remettre les choses à leur place. A la Bouille, par exemple, où nous arrivâmes à la tombée de la nuit et y trouvâmes la flottille de rivière sur laquelle nous devions transborder, on m'indiqua, comme devant recevoir le cercueil et l'état-major d'escorte, un affreux bateau sur lequel on avait bâti, avec des oripeaux et des panaches de l'administration des pompes funèbres, une espèce de dais hideux, un catafalque officiel, digne de Carpentras ou de Brives-la-Gaillarde. Je donnai immédiatement l'ordre de détruire ce chef-d'œuvre de mauvais goût, de donner au bateau une couche de peinture noire et de raser tout à l'avant pour y placer le cercueil seul, bien en vue, recouvert d'un drap mortuaire de velours violet. Mes hommes commencèrent aussitôt la transformation, lorsqu'un monsieur en habit noir s'avançant et le prenant de très haut, défendit à mes matelots de toucher à rien : « J'ai les ordres de M. Cavé (directeur des beaux-arts) et du ministre. Cette décoration a été dessinée par moi et exécutée par mes ordres, je la maintiens et défends qu'on y touche ! — Mais, mon bon monsieur, dis-je, j'ai donné des ordres et ils seront exécutés. » Mon homme devint violent, si bien que je lui intimai l'ordre de quitter le bateau à l'instant. « Mais vous n'allez pas me mettre à terre à cette heure (il faisait presque nuit) en pleine prairie. Je ne sais pas où je suis, je ne vois pas d'habitation. — Cela m'est bien égal. Vous avez été insolent, c'est votre faute. Qu'on mette monsieur à terre ! » Quatre matelots s'avancèrent, mais il se résigna et oncques n'en ai ouï parler. Le lendemain, la transformation était opérée et ce cercueil qui semblait remonter la Seine à découvert, comme pour reprendre possession de son cours, était bien autrement saisissant que tous les oripeaux et les baldaquins possibles.

Tout le trajet jusqu'à Courbevoie, lieu d'arrivée, ne fut que la reproduction classique du voyage officiel ordinaire. Drapeaux, autorités ceinturées de tricolore, clergé envoyant des bénédictions tout en oscillant, de peur des chevaux des gendarmes, foule curieuse endimanchée ; les discours seuls faisaient défaut.

De Courbevoie on conduisit le corps en cortège aux Invalides, par les Champs-Elysées, avec le cérémonial d'entrée habituel, auquel j'avais déjà assisté pour Charles X et la duchesse d'Orléans, mais avec le froid en plus, et il était terrible. Plusieurs personnes en moururent. Aux Invalides, vingt-quatre sous-officiers de l'armée s'avancèrent pour porter le cercueil dans l'église, mais malgré des efforts désespérés, ces vieux chevronnés ne purent le soulever et je dus le faire porter par nos marins.

Le Roi vint recevoir le corps à l'entrée de la nef, et il se produisit en ce moment une scène assez comique. Il paraît que l'on avait élaboré en conseil un petit discours que je devais prononcer en rencontrant mon père et la réponse qu'il devait m'adresser. Seulement on avait négligé de m'en informer ; aussi en arrivant me contentai-je de saluer du sabre, puis de m'effacer. Je m'aperçus bien que ce salut silencieux suivi de retraite, dérangeait quelque chose, mais mon père, après un instant d'hésitation, improvisa une phrase de circonstance et l'on arrangea ensuite la chose au *Moniteur*. L'église des Invalides était pleine, comble, avec la Chambre des pairs et la Chambre des députés dans le chœur.

Le succès de la journée fut pour mes braves marins. Tout le monde était curieux de les voir. Leurs formes athlétiques, le dégagé de leurs allures, leurs bonnes figures bronzées leur assurèrent tout de suite la sympathie générale, surtout celle des femmes. Et puis ils étaient nouveaux pour cette population parisienne avide de spectacles, à qui on en a tant offert depuis que, faute de mieux, on n'a trouvé à lui présenter, à l'époque où j'écris, que Dinah-Salifou et la danse du ventre. En cela aussi quelle décadence en comparaison du passé !

Pendant l'entrée triomphale des cendres à travers les Champs-Elysées, entre deux haies de soldats et de gardes nationaux qui maintenaient une foule immense, j'avais souvent distingué, au milieu des acclamations diverses, le cri de : « *A bas les traîtres !* » que je ne compris pas d'abord. J'arrivais de si loin ! Mais on m'expliqua que cette manifestation était à l'adresse de mon père et de ses ministres, coupables de s'être refusés à lancer la France dans une guerre générale à propos des affaires d'Orient. Je suppose que mon père n'avait guère souci de ces profonds manifestants, dignes prédécesseurs des pourfendeurs de boulevard qui depuis, en 1870, ont crié avec tant d'à-propos : « A Berlin ! A Berlin ! » Il avait d'autres sujets de préoccupation. La facilité avec laquelle tous les gouvernements européens s'étaient ligués pour infliger un échec moral à la France sur le dos du pacha d'Égypte, indiquait chez tous ces gouvernements un état d'hostilité latente contre notre pays. Il faut bien le dire : aux yeux des monarchies européennes le gouvernement de Juillet ; par son origine, et quelle qu'eût été la politique sage et courageuse du Roi mon père, était resté un gouvernement révolutionnaire, c'est-à-dire ennemi. Il n'en peut être autrement et il en sera, au fond toujours ainsi tant que nous roulerons dans l'ornière où nous pataugeons depuis un siècle. Allez dans n'importe quel pays de l'Europe et voyez contre qui chaque gouvernement établi soutient la lutte de l'existence intérieure. En Russie les nihilistes, en Allemagne les socialistes, partout les anarchistes, les agités de toute catégorie, plagiaires de nos propres agités et encouragés par eux à poursuivre les mêmes revendications, les mêmes spoliations, la même licence. D'où cette conséquence obligée que souverains et sociétés organisées, qui veulent avant tout exister et ne se laisser ni renverser ni dépouiller, sont toujours prêts à se coaliser contre le foyer du mauvais exemple : la France *révolutionnaire*.

Voici ce que les événements de 1840 montraient jusqu'à la dernière évidence ; aussi devant cette démonstration, la ligne du devoir était-elle nettement tracée : se hâter de prendre sans forfanterie, mais sans faiblesse, toutes les mesures propres à résister au danger, pour le moment conjuré, mais toujours menaçant. Parmi ces mesures, il y en eut une voulue par mon père avec passion et arrachée aux Chambres par sa ténacité : les fortifications de Paris. Il fallut cette ténacité, parce que la lutte fut longue, acharnée, inexplicable. Pendant sa durée, les héros de café saluaient mon père dans les rues, aux revues, de cris insultants. Au cri de : *A bas les traîtres !* avait succédé : *A bas les Bastilles !* et tous les trembleurs d'emboîter le pas. Pour les ramener au combat, il fallut toute l'énergie du Roi, de mon frère le duc d'Orléans, aussi passionné que lui dans la question, des ministres ; il fallut aussi le concours des patriotes de toutes nuances (et Dieu merci, il y en a encore), qui mettent l'indépendance et l'honneur national au-dessus des questions de partis. Paris fut donc fortifié. Qui oserait dire aujourd'hui que ce ne fut pas là une preuve de prévoyance gouvernementale au premier chef? Qui oserait dire que si l'hésitation, le décousu, l'impéritie, la malchance ne s'étaient pas attachés à la direction de nos armées en 1870, l'invasion allemande ne serait pas venue se briser contre ce boulevard?

L'hiver de 1841 fut aussi employé à la création de nos bataillons de chasseurs à pied, œuvre personnelle de mon frère aîné. J'allai bien souvent lui tenir compagnie au camp de Saint-Omer, pendant qu'il se livrait, avec sa haute intelligence, à leur organisation. Lorsqu'elle fut complète, il donna une belle fête à laquelle furent invités les officiers des garnisons anglaises de la côte voisine, que je fus chargé de recevoir, et quelques jours après la population parisienne fut surprise et charmée en voyant ces dix superbes bataillons, à l'uniforme aussi sévère qu'élégant, pénétrer dans ses rues au pas gymnastique, occuper la cour des Tuileries et s'y former en quelques minutes pour la revue du Roi. Depuis, cette admirable troupe, animée d'un puissant esprit de corps, s'est illustrée dans cent faits d'armes accomplis dans toutes les parties du monde. De dix bataillons on en a porté le nombre à trente; elle a conservé intacte l'organisation que, dès le premier jour, une main vigoureuse lui avait imprimée; elle a même gardé son uniforme, échappé à la manie de l'unification dans la laideur. Elle a seulement perdu son premier nom de chasseurs d'Orléans, mais qu'importe le nom quand le service rendu reste?

L'hiver de 1841 est rempli pour moi de ces souvenirs de défense nationale. Il s'y mêle bien quelques souvenirs moins austères. Les bals masqués faisaient rage cette année-là. Il y en avait partout. J'avais vingt-trois ans et les trouvais tous charmants. C'était le moment où *Chicard*, le grand Chicard, partageait avec le chef d'orchestre Musard le sceptre des bals de l'Opéra. Brave et tranquille négociant les jours de la semaine, officier de la garde nationale dans les circonstances solennelles, M. L..., le grand Chicard, vêtu de costumes excentriques, entraînait d'inénarrables farandoles, au bruit de chaises cassées, de coups de pistolet, qui accompagnaient l'orchestre Musard. Bals à l'Opéra, bals à la Renaissance, Salle Ventadour, bals aux Variétés, ceux-ci les plus courus, les plus jolis, les plus amusants. Pas un habit noir dans la salle. Tout le monde, hommes ou femmes, costumés, tout le monde se connaissant. Et quelle gaieté, quel entrain! On invitait sa danseuse du parterre aux secondes, et elle, pour ne pas perdre de temps, descendait par-dessus les balustrades, fidèlement transmise de haut en bas par des mains amies. Le quadrille fini on ne rencontrait que bons compagnons, leurs partners à cheval sur le cou, échangeant entre eux deux étages de poignées de main. Je me souviens du fou rire général, causé par l'entrée d'un gigantesque capitaine d'état-major portant l'un des grands noms de France, costumé en Cupidon, avec le nom du personnage écrit de bas en haut, dans son dos, moins la première syllabe.

Mais tout passe ; mes deux frères Nemours et Aumale s'en allèrent guerroyer en Afrique sous le général Bugeaud et au mois de mai, je fus envoyé à la station de Terre-Neuve.

VIII

1841-1842

Je quittai Cherbourg pour Terre-Neuve le 19 mai 1841. Il m'avait été prescrit de passer par la mer du Nord, de relâcher au Texel et de me rendre en personne à La Haye pour saluer le roi des Pays-Bas. A peine débarqué au Helder, je monte sur le yacht royal qui doit me conduire à Alkmaar par le canal de Noord-Holland. Ce yacht, commandé par un homme très aimable, M. Dedel, lieutenant de vaisseau, est charmant. Construit au xviie siècle, il servait aux amiraux de Ruyter et Tromp, lorsqu'ils allaient prendre possession de leurs commandements. Il est partout couvert de sculptures dorées, surtout au château d'arrière et semble sortir tout frais peint d'un tableau de Backuysen. Une fois à bord une légion de chevaux l'entraîne au grand trot et je me couche. A mon réveil je trouve le yacht amarré au quai d'Alkmaar, la ville des fromages, d'où une voiture m'emmène à Haarlem et à Amsterdam, le long de la mer de Haarlem depuis desséchée et transformée en magnifiques prairies, comme le sera un jour le Zuyderzee. A Amsterdam je me précipite au musée, où je suis reçu par le directeur, M. Apostol, qui a beaucoup

1841

N° 23. SUR L'AMSTEL. — Hollande.

connu le père des Scheffer à Rotterdam. Ah ! ce musée ! et les estampes ! Mais le ministre de France, M. de Bois-le-Comte, est impitoyable, il m'arrache à tous ces chefs-d'œuvre et me force à suivre l'engrenage du programme qu'il m'impose. Il m'entraîne à Zaandam, en français Saardam, — souvenir de cet amusant vaudeville, *le Bourgmestre de Saardam* que j'ai vu jouer par Potier — Zaandam, joli village à l'aspect japonais, entouré de plus de cinq cents moulins à vent qui de loin, au milieu d'un vaste polder, font l'effet d'une ligne de tirailleurs géants, est un lieu de pèlerinage ayant pour sanctuaire la cabane de Pierre le Grand. Cette méchante maison en bois, enfermée dans une espèce de casemate, est la propriété de la reine, sœur de l'empereur Nicolas, qui ne parle de cette baraque et à qui l'on n'en parle qu'avec sentiment ! *Flectamus genua ! Leva.....âte !* J'y remarque, entre autres inscriptions, les noms de Dormeuil et de Monval, deux acteurs parisiens qui me rappellent autre chose que de pieux souvenirs.

De Zaandam, au Palais, au tombeau de Ruyter, aux pélicans du zoologique, puis j'échappe à Bois-le-Comte furieux, qui ne voudrait me voir sortir que dans une châsse avec un écriteau : *Ecce le prince de Joinville !* Bien aimable et bien spirituel, du reste, ce M. de Bois-le-Comte, un de ces fins diplomates de la vieille école, disciples de M. de Talleyrand. Il avait été partout, avait tout vu, tout observé, et il me tint sous le charme de sa conversation pendant tout le temps de mon rapide voyage à travers la Hollande. En ces dernières années il avait successivement représenté la France en Portugal et en Espagne et s'était trouvé à côté des deux reines, de Doña Maria, ma future belle-sœur, en Portugal, et de la reine régente Christine, en Espagne, au milieu des crises les plus violentes, des luttes et des dangers des conspirations militaires. Il ne tarissait pas sur le courage de ces deux femmes, mais courage de nature bien différente chez l'une et chez l'autre. La reine de Portugal, disait-il, avait le courage inébranlable, mais morne, sombre. Elle donnait l'exemple, mais elle glaçait ses généraux, ses soldats. L'autre, la reine Christine, passionnée, femme jusqu'au bout des ongles, insouciante du danger, mais versant des larmes d'excitation nerveuse quand les balles brisaient ses fenêtres et se croisaient en tous sens dans sa chambre, électrisait ses défenseurs. Devant l'une on disait : « Il faut mourir ! » devant l'autre : « En avant ! » Bien intéressant le récit que me fit Bois-le-Comte de la conspiration de la Granja ; comment, prévenu au milieu de la nuit des dangers qui menaçaient la reine Christine et ses filles, il se leva en hâte pour courir auprès d'elles, mais voulut auparavant avertir le ministre d'Angleterre et l'entraîner avec lui ; comment, arrivé chez ce ministre, M. Villiers, depuis lord Clarendon, il se précipita, sans rencontrer personne, dans sa chambre à coucher où, au bruit de son entrée, les rideaux du lit s'agitèrent convulsivement et la tête seule du ministre apparut pour lui dire : « Je vous suis, » pendant qu'une voix douce cherchait à le retenir par toutes les objurgations les plus tendres de la langue espagnole. « Je me retirai bien vite, me dit Bois-le-Comte, mais j'avais reconnu la voix. »

D'Amsterdam nous allâmes à La Haye, où, sitôt arrivé, je demandai à voir le roi. « Qu'il vienne tout de suite, » fût la réponse. Le roi Guillaume, qui paraissait jeune encore, avait un abord agréable, une bonne figure ouverte, entourée d'un collier de barbe grisonnante, parlait très haut et riait avec éclats ; sa conversation était spirituelle. La reine, que je n'ai jamais vu rire, ni même sourire, s'exprimait avec esprit, mais cherchait trop évidemment ses phrases. Elle n'écoutait jamais et on pouvait interrompre ce qu'on lui disait sans qu'elle s'en aperçût. Très spirituelle aussi sa fille, la jeune princesse Sophie, aujourd'hui grande-duchesse de Saxe-Weimar. Comme, un soir de bal, je la regardais danser, portant une jolie toilette où une écharpe orientale jouait le principal rôle, le roi, avec qui je causais, me dit : « Marmotte (sobriquet de famille) a l'air d'une bayadère aujourd'hui. » Et, certes, elle en avait tout le charme et toute la grâce.

Mon séjour à La Haye ne fut qu'une suite de réunions, de dîners, de bals, où la cordialité de la réception qui me fut faite ne se démentit pas une minute. J'en fus touché et j'en ai conservé un souvenir reconnaissant, car il y avait quelque mérite de la part du roi à ce qu'il en fût ainsi. N'avions-nous pas contribué grandement, en prêtant appui à la révolution belge, à diminuer de moitié son royaume ? Il y avait encore une autre blessure d'amour-propre. Dans sa jeunesse, Guillaume, alors prince d'Orange, brave, ardent, était allé servir en Espagne sous le duc de Wellington. Il avait été blessé à Waterloo, dans les rangs de l'armée anglaise, et fort de ces antécédents, il s'était présenté, en 1815, comme candidat à la main de la princesse Charlotte, héritière présomptive de la couronne d'Angleterre. Il avait été évincé, et par qui ? Par le prince Léopold de Saxe-Cobourg, dont nous venions de faire un roi des Belges. Malgré ces causes, au moins de froideur, l'accueil que je reçus du roi, comme de sa famille, comme de toutes les classes de cette population hollandaise, si brave et si sage, fut marqué par une sympathie qui alla toujours en augmentant et remplit de joie Bois-le-Comte et son très spirituel secrétaire de légation, La Rosière. Au moment de nous séparer, le roi me fit don d'une admirable copie réduite de la *Leçon d'anatomie* de Rembrandt, qui était dans son cabinet, en me disant : « Vous allez à Terre-Neuve, vous me rapporterez un chien en échange, » mission que j'eus bien soin de remplir.

Pour terminer mon séjour en Hollande, j'allai visiter l'arsenal de marine de Flessingue et, en traversant la Zéelande, je vis de loin et avec émotion les clochers de Berg-op-Zoom, ville qui a vu s'accomplir deux des plus brillants faits d'armes de nos annales. Le premier, la prise d'assaut de la place par l'armée du maréchal de Lowendal en 1747, l'autre, l'assaut donné les 8 et 9 mars 1814 par une armée anglaise tout entière, et repoussé triomphalement par une poignée de soldats et de marins commandés par le général Bizannet. L'assaut du maréchal de Lowendal a été popularisé d'abord par une chanson célèbre, et ensuite par une admirable gouache de Van Blarenberg, que l'on peut voir au musée de Versailles. Mais, perdu au milieu de nos désastres, de l'invasion, le fait d'armes de 1814 a passé presque inaperçu. Bien peu de personnes savent que l'armée anglaise attaqua Berg-op-Zoom de vive force, pénétrant à marée basse par le port, escaladant les remparts, guidée et secondée par les habitants insurgés en faveur de la Maison d'Orange, que les colonnes ennemies s'avancèrent jusqu'au milieu de la ville d'où, après douze heures de combat, elles furent rejetées hors des remparts par la vaillance inébranlable des défenseurs, laissant entre leurs mains plus de prisonniers qu'ils n'étaient eux-mêmes de combattants. Il faut lire les détails de cette magnifique page militaire dans le récit du colonel du génie Legrand, qui exerçait le commandement en second sous le général Bizannet. On y verra, entre autres incidents dramatiques, un épisode de sonneur presque identique à celui que Sardou a placé dans son beau drame de *Patrie.*

Du Texel, ou, pour parler plus exactement, de Neu-Diep à Terre-Neuve par le nord de l'Écosse, la traversée, bien que sans nuits, fut terriblement fatigante pour nos équipages et éreintante pour nos navires, qui y firent de nombreuses avaries et y perdirent presque toutes leurs voiles. Nous fûmes sous l'eau tout le temps par une série de tempêtes incessantes. Puis vinrent les brumes épaisses et enfin nous tombâmes au milieu d'innombrables îles de glace.  Aussi fut-ce avec un sensible soulagement que je me trouvai à l'ancre au fond du havre du Croc, chef-lieu de notre station navale pendant la saison de la pêche. Ce havre lui-même était obstrué par les glaces, si bien que je pus, le soir de notre entrée, mon cuisinier et les boîtes de conserves aidant, offrir à mon état-major des bombes panachées, à l'instar de Tortoni.

Dans le cours de cette traversée, il faillit se produire, à bord de la frégate, un incident disciplinaire grave. Un matelot refusa obéissance avec menaces à un des aspirants, acte sérieux d'indiscipline, entraînant, d'après les lois en vigueur, un châtiment corporel. Je réunis immédiatement le conseil de justice qui après avoir, suivant les règles, entendu témoins et défenseur, condamna l'homme à recevoir un certain nombre de coups de corde. L'heure de l'exécution arrivée, l'équipage fut assemblé, les officiers en armes à la tête des compagnies ; je bouclais mon sabre dans ma chambre lorsque mon second y fit irruption comme un ouragan. « On va crier grâce, me dit-il, c'est votre faute. Les hommes connaissent votre antipathie pour les châtiments corporels. Ils vont en abuser. Je vous demande la permission de passer mon sabre au travers du corps du premier qui ouvrira la bouche. » J'avais évité jusqu'alors d'avoir à appliquer les peines corporelles, tâche que le bon esprit et la douceur des équipages que j'avais commandés m'avaient rendue facile. Mais cette fois le scandale avait été éclatant, le châtiment devait être exemplaire et la loi appliquée sans miséricorde. Que deviendrait l'autorité d'une poignée d'officiers isolés sur les mers, au milieu de centaines d'hommes, sans recours possible à la force, à l'envoi aux compagnies pénitentiaires ou à un emprisonnement prolongé ; que deviendrait cette autorité toute morale, indispensable sur un navire qui, par le fait, est toujours en campagne, si le maintien de la discipline était jamais l'objet de la moindre défaillance ? Pénétré plus que personne des devoirs impérieux du commandement, je rassurai mon second. « Soyez tranquille, lui dis-je, je serai pilé dans un mortier avant de tolérer une minute d'hésitation à l'exécution de la sentence prononcée. Je vais me placer à la tête de l'équipage et faire appliquer la peine devant moi ; les hommes liront sur mon visage et je vous réponds que personne ne bougera. »

Il en fut ainsi, je vins prendre mon poste. Tous les yeux se tournèrent vers moi et tout se passa dans les règles. Dire que la scène ne me fut pas pénible serait mentir, mais le devoir avant tout.

Comme l'avait dit mon second, j'avais horreur des châtiments corporels, réglementés par la Convention, reliques d'un autre âge, quand les équipages se recrutaient de sacripants ramassés partout; je les trouvais dégradants. Bien souvent entre camarades, j'avais blâmé l'emploi sans mesure que j'en avais vu faire sur des bâtiments que je ne commandais pas. Bienheureux je fus quand ils furent abolis! Sans aller aussi loin que ce capitaine d'un brick de guerre américain qui, de son chef, fit pendre à sa grande vergue un aspirant, parent du ministre de la marine, coupable de tentative de sédition, un commandant justement investi à son bord d'une autorité illimitée trouvera toujours dans son intelligence, sa fermeté, son sentiment du devoir, d'autres moyens que le fouet pour faire respecter la loi de salut de l'obéissance hiérarchique absolue.

Je ne m'étendrai pas ici sur ce qui est devenu la *question de Terre-Neuve*, que j'ai eu naturellement le devoir d'étudier sur toutes ses faces. Qu'il me suffise de rappeler que lorsque l'île de Terre-Neuve devint anglaise, les conquérants nous concédèrent un droit exclusif de pêche sur la moitié des côtes de l'île, sous la réserve que nous n'y descendrions que passagèrement pendant la saison et n'y ferions aucun établissement permanent. Quand ce droit de pêche nous fut concédé, et il devint très important pour nous, car il occupa vingt mille marins, faisant des pêcheries de Terre-Neuve une des principales pépinières de matelots pour nos flottes de guerre, l'île était à peu près inhabitée. En contrée déserte, point de conflits. Mais petit à petit l'île se peupla. Sur la partie où nous avions droit de pêche, le *French-Shore*, une population anglaise très restreinte, insignifiante même, se répandit, et, chose curieuse, elle y fut appelée par nous, désireux de laisser des gardiens chargés de surveiller, conserver d'une saison à l'autre les établissements indispensables à la cure, au séchage, à la salaison du poisson, établissements que nous ne pouvions occuper nous-mêmes d'une façon permanente. Pendant ma croisière je trouvai partout cette population anglaise qui vivait de nous, en bons termes avec nos *Terre-Neuviens*. Ces bons termes allaient même assez loin, car visitant un jour un brave capitaine de Saint-Malo qui avait désarmé son navire pendant les mois de pêche pour s'établir à terre dans une maison anglaise, deux enfants joufflus firent irruption avec des cris de « Papa... Papa! » pendant qu'une jeune et jolie Anglaise ne levait pas les yeux de dessus son ouvrage. « Les petits imbéciles, me dit mon brave Malouin, ont pris l'habitude, à force de me voir, de m'appeler papa! »

Cette entente cordiale se serait sans doute prolongée indéfiniment, et nul n'aurait entendu parler d'une question de Terre-Neuve, dangereuse pour les relations internationales des deux pays, si la partie méridionale de l'île, à climat tempéré, et complètement anglaise, ne s'était pas peuplée assez rapidement pour avoir une constitution, des institutions *libérales*, un parlement et par suite des élections. Aussitôt il fallut aux courtisans électoraux une plate-forme populaire à sensation, et cette plate-forme est devenue tout de suite quelque chose comme l'irrédentisme italien, la revendication du sol national avec tous ses droits : *Terre-Neuve aux Terre-Neuviens* ! Là est toute la question de Terre-Neuve. Localement, personne ne s'en soucie, mais dans la presse et sur le terrain de la fantasmagorie électorale, elle a mis le feu aux passions et pourra très bien un jour engendrer des ruines et faire couler du sang.

Ceci posé, je reviens à mes souvenirs personnels. Contrairement aux impressions de la plupart de mes camarades, je trouvai le séjour de Terre-Neuve très agréable, pendant les mois d'été où nous y étions en station, bien entendu. L'île est accidentée, couverte de forêts de sapins. Là où les bois font défaut, des lacs, des rivières d'une limpidité admirable, où la truite, le saumon pullulent. Beaucoup de gibier, et tout cela au milieu de l'espace inhabité, où chacun peut jouir de la plus absolue liberté, sans autres limites que sa volonté et ses forces. Si à côté du *pour* il n'y avait pas le *contre*, Terre-Neuve, l'été, serait un paradis, et il n'y en a pas sur notre boule. Le *contre* ce sont les mouches, la petite mouche noire, le *black-fly*, la peste de toutes les contrées septentrionales, contre laquelle il n'y a pas de défense, car elle s'introduit partout; aucun préservatif ne l'arrête, aucun onguent, aucun enduit ne la rebute. Dans une excursion de chasse que je fis à l'île de Groix, ainsi baptisée, sans doute, par quelque Lorientais, à huit ou dix milles au large du Croc, je vis de mes camarades dont les yeux avaient disparu, dont la tête était enflée comme une tête d'hydrocéphale, devenus comme fous de douleur sous les piqûres de cette infernale mouche et un de nos serviteurs, étendu par terre, refusant de bouger et sup-  pliant avec larmes qu'on lui tirât un coup de fusil dans la tête pour mettre fin à son supplice.

Cette île de Groix fourmillait d'animaux venus de la grande terre, l'hiver sur la glace. Ses bords escarpés, couverts d'une végétation arborescente impénétrable, entouraient un vaste plateau sans arbres, une lande. Nous atteignîmes cette lande en marchant dans le lit d'un ruisseau et nous y fîmes une Saint-Barthélémy de volatiles, principalement de cette espèce de grouse grise que les Anglais appellent ptarmigan. Ces oiseaux étaient dans la période de l'accouplement, ne s'envolaient pas et quand nous en tuions un, l'autre, furieux, venait, en enflant ses plumes, nous becqueter les jambes. Les versants boisés de l'île devaient être remplis de rennes, ou, comme on les appelle à Terre-Neuve, de caribous, à en juger par les empreintes innombrables de pieds qu'on y apercevait de tous côtés. Nous n'en vîmes qu'un de trop loin. Si nous avions eu un ou deux chiens courants à lâcher dans les fourrés, nous aurions fait des hécatombes.

Du Croc je visitai tous nos établissements de pêche du voisinage : Saint-Julien, la Baie Rouge, etc. La morue était, cette année-là, d'une abondance extraordinaire. Un coup de seine à la Baie Rouge ramena un jour vingt-quatre mille morues. C'était l'âge d'or de la pêche. Aujourd'hui le poisson a déserté la côte est de Terre-Neuve. Nos pêcheurs sont obligés d'aller, avec leurs navires, jeter l'ancre sur le grand banc où ils restent des mois, ballottés par toutes les tempêtes. Du bord ils vont tendre des lignes dans de petites barques qui souvent se perdent dans le brouillard et dont on n'entend jamais parler. Souvent aussi c'est le bâtiment lui-même qui est coupé en deux, de nuit ou de brume, par un transatlantique marchant à dix-sept nœuds à l'heure, et qui, en quelques secondes, a disparu, tandis que le malheureux abordé sombre avec tout son équipage. Bien hasardeuse et bien rude cette carrière de nos pêcheurs du banc ! mais ils reviennent *hommes* et hommes vigoureusement trempés.

De la côte est de l'île, la *Belle-Poule* se rendit à la côte ouest en passant par le détroit de Belle-Ile, étroit canal qui sépare Terre-Neuve du Labrador. Nous rencontrâmes, en traversant ce détroit, une somme de difficultés de navigation vraiment extraordinaire. Le canal était rempli d'îles de glace échouées ou promenées par les courants ; une brume épaisse nous y prit, accompagnée d'aurores boréales zénithales, dont l'action électrique affola tous les compas, toutes les boussoles du bord. Plus de vue, plus de direction ! Après nous être trouvés dans une situation critique à l'entrée de la baie Forteau, point de la côte de Labrador célèbre par ses naufrages, je conduisis la frégate au havre d'Ingornachoix, où nous fîmes un assez long séjour, nécessité par la santé de l'équipage. Il se ressentait déjà depuis quelque temps des fatigues exceptionnelles de la campagne. Pendant notre séjour au Croc, malgré ce temps de repos, malgré des soins de toute sorte, beaucoup d'hommes traînaient, et la maladie finit par prendre le caractère d'une épidémie de variole assez sérieuse. Pour arrêter le mal, l'empêcher de s'aggraver, de s'éterniser, ce qui nous aurait fait repousser de presque tous les ports étrangers, le mieux était d'isoler les malades. Je me hâtai donc de faire construire sur une jolie île boisée, située à l'entrée de notre mouillage, un hôpital où j'installai mes varioleux, pendant que nous employions tous les moyens pour sécher et désinfecter la frégate. Cet ensemble de mesures nous réussit et quand nous quittâmes la baie, l'équipage avait complètement repris sa vigueur et sa santé.

Pendant ce long séjour j'appris plusieurs choses : la première fut la découverte de l'immense quantité de homards qui fréquentaient la côte. Le premier jour où mes hommes allèrent se promener à terre, ils en rapportèrent neuf cents qu'ils avaient pris dans les roches et dont la capture n'avait guère été difficile. Je ne sais si le homard d'Ingornachoix était sans reproches, comme Bayard, mais il était certainement sans peur. Il suffisait, lorsqu'on l'apercevait dans les petits fonds, de lui présenter un bâton ; il s'élançait avec furie, le saisissait avec ses pinces et refusait absolument de le lâcher. De cette abondance de homard, exploitée plus tard, lorsqu'elle a été connue, est née la question des homardières, enfourchée par les irrédentistes anglais. Je découvris secondement que la morue se faisant rare sur le French-Shore du détroit de Belle-Ile, nos pêcheurs, pour remédier à cette disette, se rendaient en contrebande sur la côte anglaise du Labrador, contravention dont l'inconvénient principal était de donner aux Anglais un prétexte à réciprocité. Si les croiseurs anglais fermaient naturellement les yeux sur ces irrégularités qui créaient pour nous de fâcheux précédents, nos navires de guerre ne pouvaient que les sanctionner par leur présence, ou s'y opposer, en allant exercer en pays étranger un droit de police plus que contestable : deux choses à éviter également. Aussi la consigne était-elle de s'abstenir de paraître au Labrador. Je me conformai à cette règle, mais voilà qu'un beau jour une des goélettes de la station locale de Saint-Pierre-Miquelon vient mouiller à côté de moi et le colloque suivant s'engage entre moi et le lieutenant de vaisseau qui la commande : « Où allez-vous ? — Au Labrador. — Mais vous connaissez la situation : il y a inconvénient grave à y conduire un de nos navires de guerre. — Je le sais, mais j'ai des ordres précis, exceptionnels du ministre. — Lesquels ? — J'ai ordre d'aller au Labrador pour y acheter un chien pour un chef de bureau du ministère. — C'est pour cela que vous avez été expédié de Saint-Pierre-Miquelon? — Oui. » Je n'avais plus qu'à m'incliner, je ne pouvais mettre mon autorité de chef militaire en conflit avec celle du ministre. Je laissai donc aller la goélette dans sa compromettante expédition.

Peu après je mis à la voile, non sans regrets, pour continuer notre campagne. Le temps avait passé très vite entre les soins de tous genres qu'avait entraînés la santé de l'équipage, entre les exercices de toute nature auxquels nous nous étions livrés, les tirs à boulet à travers la forêt vierge où nos projectiles fauchaient les arbres séculaires ; nous avions robinsonné sur la plus grande échelle et j'ai toujours eu un faible pour ce genre d'existence. Après la construction de notre hôpital, nous avions établi des fours à chaux pour l'assainissement de la frégate, nous nous étions faits bûcherons, charpentiers, charbonniers. Nous nous étions fabriqué des mâts, des vergues de rechange. Puis nous avions desséché des étangs, poussé dans toutes les directions des explorations de chasse, de pêche, découvert des rivières, des lacs.

Dans ces excursions, si nous fîmes de belles chasses, elles ne comportaient que du petit gibier. Une fois je tirai et, à ma grande douleur, je manquai un renard noir argenté, l'animal que la nature a revêtu de la plus belle et de la plus rare des fourrures. Les traces d'ours, de caribous, abondaient ; nous aperçûmes un loup gris, rayé comme un zèbre et gigantesque, mais aucune de ces grosses bêtes ne tomba sous nos coups. Même avec des chiens courants nous n'aurions pu les atteindre, vu la continuité et l'impénétrabilité des forêts, et nous n'avions pour nous assister que Fox, le chien du bord, excellent chien d'arrêt par exemple, aimé de tout le monde, qui tomba à la mer un jour de grande brise et qu'on alla repêcher, alors qu'il nageait vigoureusement pour regagner la frégate où, à son retour, on lui fit une ovation.

Nous terminâmes notre tournée terre-neuvienne par la baie Saint-George, la dernière de toutes les baies du French-Shore, et le seul point où l'exercice de nos droits soulevât quelques difficultés. Nous y trouvâmes, en effet, un gros village anglo-canadien en pleine prospérité et pleine croissance, et nous nous livrâmes vis-à-vis des habitants à la cérémonie de l'interdiction de la pêche, cérémonie qui fut reçue avec des protestations amicales et narquoises, — amicales parce que la moitié de la population était canadienne-française, parlait notre langue avec un fort accent malouin et que la similitude d'origine, de langage, de religion, de mœurs, établit malgré tout des rapports sympathiques ; — narquoise parce que, d'abord nos pêcheurs ne fréquentaient plus Saint-George, parce qu'ensuite l'interdiction, obligatoire en présence de nos navires de guerre qui apparaissaient quatre ou cinq jours par an, devenait absolument illusoire pendant les trois cent soixante autres jours de l'année. Néanmoins il était facile de voir déjà que là où une population indigène suffisante s'installerait, notre droit exclusif de pêche ne pourrait être maintenu ; mais il était non moins facile de juger que, sur ces points exceptionnels, un arrangement local, conciliant tous les intérêts, pourrait être conclu sans difficulté. Est-ce encore possible aujourd'hui, quand les palabres électorales ont tout envenimé ?

Après Saint-George, nous cherchâmes longtemps notre colonie de Saint-Pierre-Miquelon dans des brumes continuelles, et ne la trouvâmes que par un procédé de mon invention. Le temps étant maniable, je construisis à la voile plusieurs triangles de sondages et cherchai à faire cadrer comme profondeur et qualité de fond la figure mathématique ainsi obtenue, avec les cartes des sondes de Terre-Neuve du commandant Lavaud. Telle est l'excellence de cette carte que le procédé réussit et nous donna un point qui nous conduisit directement à l'atterrage. Saint-Pierre-Miquelon est un îlot pelé, sauvage, affreux, mais son port est excellent. Admirable lieu de ravitaillement, d'entrepôt pour nos pêcheurs, pour notre commerce; sa valeur militaire est nulle. Quoi qu'on fasse, en temps de guerre il sera toujours à la merci de celui qui sera le maître de la mer.

A Halifax où j'allais rencontrer le commandant de la station navale anglaise, nous fûmes mis en quarantaine à cause de trois convalescents, reliquat de l'épidémie qui nous avait éprouvés, mais la quarantaine fut abaissée, grâce à la généreuse intervention du gouverneur général de la Nouvelle-Ecosse, lord Falkland, homme superbe bien connu de la société parisienne. Impossible d'être plus prévenants, plus aimables que ne le furent pour nous ce grand seigneur et sa femme, fille du roi Guillaume IV.

Si, vue du large, la côte de la Nouvelle-Ecosse, cette côte sombre, défendue par d'innombrables écueils noirs, ressemble à la Bretagne, la même ressemblance se retrouve lorsqu'on pénètre par ses riantes et profondes baies dans l'intérieur des terres, et, sous ce rapport, la baie de Halifax, toute fraîche et verdoyante, ne laisse rien à désirer comme charme lorsqu'un beau soleil l'éclaire. Ainsi je la vis, au moment de mon arrivée, au milieu de l'animation d'une « regatta » rendue originale par une course de canots d'écorce, pagayés avec une incroyable énergie par des *Squaws*, ou femmes indiennes des Mic-Macs, en blouses bleues et cheveux noirs flottants. Quelle belle colonie aussi que cette Nouvelle-Ecosse, poste avancé des immenses territoires canadiens,

protégée par sa position presque insulaire contre les rigueurs du climat, gardant, pendant que le Saint-Laurent est obstrué par les glaces, tous ses ports ouverts, non seulement Halifax, où toutes les flottes du monde peuvent trouver une sécurité maritime et militaire absolue, mais aussi Sydney, qu'entourent d'immenses gisements houillers !

Notre courte relâche se termina par un grand dîner que les aspirants donnèrent aux aspirants de la frégate anglaise *Winchester*. Ce repas fut des plus animés à en juger par les toasts, les hurrahs, les chansons que j'entendis, animation qui se continua à terre où toute cette jeunesse se rendit ensemble. Un des midschipmen anglais, beau garçon, possesseur d'une puissante chevelure carotte, rentra, dit-on, à son bord avec des cheveux du plus beau noir, à la grande surprise du premier lieutenant, tandis que je vis deux de mes aspirants paraître à un bal donné par les officiers de la garnison et s'y livrer à une chorégraphie telle que je dus leur intimer l'ordre de retourner immédiatement à bord de la *Belle-Poule*. Par parenthèse, un de ces aspirants était Turc et s'appelait Saly. Son histoire était assez curieuse. Fils de Saly-Pacha, pacha d'Athènes, il était dans les bras de sa mère lorsque la ville fut emportée d'assaut par les Grecs et philhellènes, dans je ne sais plus quelle année de l'insurrection grecque. Tous les défenseurs furent passés au fil de l'épée et, dans l'excitation du combat, la mère de Saly fut massacrée ; mais elle eut la force, en mourant, de jeter l'enfant dans les bras d'un officier würtembergeois. Celui-ci, embarrassé du cadeau, après avoir baptisé l'enfant sous le nom de Gottlieb, le passa à un lieutenant de vaisseau français nommé Quernel, qui commandait un brick sur la côte. Quand M. Quernel rentra à Toulon, ma tante Adélaïde entendit parler de l'aventure : elle s'intéressa au petit Turc et le fit élever au milieu de nous. L'enfant tourna bien et entra dans la marine où il est mort capitaine de frégate.

Après Halifax nous allâmes à New-York dont le mouvement et l'activité frénétique firent à mes yeux un étrange contraste avec le calme des déserts de Terre-Neuve et la placidité des *Blue-Nose* (nez bleus), sobriquet des habitants de la Nouvelle-Écosse. Nous venions à New-York en ravitaillement obligatoire, suite de la campagne exceptionnellement dure que nous avions faite. Outre de nombreuses avaries, nous avions perdu toutes nos voiles, successivement emportées, et il était indispensable d'en posséder au moins un jeu en bon état, au lieu des débris rapiécés qui nous restaient, avant d'entreprendre la traversée d'hiver de l'Océan.

Je mis à profit le temps que prirent ces réparations pour aller saluer le président à Washington, et ensuite pour faire une rapide pointe dans l'Ouest sur les pas de nos anciens pionniers et jusqu'aux limites (d'alors, en 1841) de la civilisation.

Lorsqu'on arrive aux États-Unis et en particulier à New-York, ai-je dit, ce qui frappe, c'est le mouvement prodigieux qui règne partout et qui au premier abord vous étourdit. On est tellement ahuri, que toute pensée de description pittoresque disparaît. On ne voit que le mouvement, mouvement sur terre où tout le monde semble courir effaré ; mouvement sur l'eau où l'on se demande comment les navires de toutes grandeurs qui se croisent en tous sens et à grande vitesse ne se heurtent pas à chaque instant les uns contre les autres. Lorsqu'on se promène dans *Broadway*, au contraire de nos boulevards, on ne voit pas un oisif. Y a-t-il des oisifs en Amérique ? Oui, il y a des millionnaires qui s'arrêtent, leur fortune acquise. Leurs concitoyens prétendent qu'ils se sentent alors mal à l'aise au milieu de l'activité générale, qu'ils vont installer leur oisiveté à Paris, au milieu d'un monde qui leur ressemble et dont ils finissent par copier la frivolité. Ils les traitent de : « *Demoralised Americans* », Américains démoralisés. Mais le nombre en est rare. Comme chacun ne doit compter que sur soi-même, qu'il n'a pas d'espérances d'héritage à attendre, à escompter avec paresse, puisque celui qui possède ne doit rien à ses enfants ni à personne, et est libre de disposer de son bien comme il l'entend, la liberté de tester étant entière, chacun comprend qu'il doit travailler pour parvenir. Et n'est-ce pas là la principale cause de la vigueur, de l'énergie de la grande et jeune nation américaine ? Si Broadway est si tumultueusement animée, il faut voir aussi le port de New-York, au confluent des deux bras de mer qui se rejoignent à la pointe de la cité, en face de la promenade qui s'appelle *la Batterie*, vers cinq heures du soir, à l'heure du départ des bateaux à vapeur, gigantesques palais flottants, qui s'élancent dans toutes les directions avec des cris rauques. C'est un pandémonium maritime. L'Américain est là dans son élément : en habit noir, chapeau tuyau de poêle, la chique dans le coin de la bouche, ce qui lui donne un rictus sardonique, une main sur la roue du gouvernail, l'autre sur la sonnerie de la machine, il lance à toute vitesse son navire dans cette mêlée avec une audace, une décision, un sang-froid qui, les premiers jours, nous donnèrent le frisson.

Je quittai ainsi New-York pour passer sur la côte de New-Jersey, en route pour Washington, non sans avoir reçu un très aimable accueil du commodore Perry, commandant de la marine, homme remarquable, qui, moitié par vigueur, moitié par persuasion, a conclu le premier traité avec le Japon et ouvert cet intéressant pays, je ne dirai pas à la civilisation, (car je ne sais si cette ouverture a été pour le Japon un progrès), mais au commerce et aux relations avec les nations d'origine européenne. Dans le premier train où je pris place, je me trouvai en face d'un gros homme à moustache et royale, une énorme canne entre les jambes, qu'on me dit être le roi ou prince Murat. Puis nous passâmes devant une belle propriété appartenant au roi Joseph Bonaparte et involontairement je me souvins de certain passage de Voltaire, lorsque Candide se rencontre à Venise avec tous les rois détrônés. Il y en avait d'autres déjà à ajouter à Murat et à Joseph et le nombre ne devait pas tarder à s'augmenter encore. Spécialité d'articles de Paris, pourrait-on dire en langage commercial. Avons-nous gagné à ce genre d'exportation ? Je revis Philadelphie toujours charmante. Il y avait le soir une belle représentation au théâtre de Chesnut-Street où j'avais envoyé prendre des places, mais en arrivant pour les occuper, je vis au-dessus de la porte d'entrée une immense affiche jaune avec : *Prince de Joinville à huit heures et demie*, qui me fit immédiatement battre en retraite.

A Washington, je me rendis de suite au White-House, présenter mes respects au président Tyler, un homme sec à grand nez, arrivé successivement au poste de gouverneur de son État, la Virginie, et à la présidence des États-Unis, toujours par décès des titulaires dont il était le suppléant. L'hérédité monarchique n'aurait pas fait mieux. Notre temps fut pris, à Washington, par des politesses de toutes sortes. Dîner chez le président, visite du corps diplomatique, immense réception, avec au moins trois mille poignées de main, au White-House, bouquets en langage de fleurs ! ! ! Puis visite à l'arsenal de la marine, un joli petit arsenal, très mal situé mais admirablement organisé, et n'ayant été établi là que pour servir d'école primaire à l'ignorance du Congrès et l'intéresser aux choses de la marine. Quand je dis le Congrès, c'est plutôt la Chambre des représentants qu'il faudrait dire Aux États-Unis c'est le Sénat qui a le pouvoir et qui gouverne. Cette assemblée très peu nombreuse, surtout à l'époque dont je parle, élue au second degré et presque toujours réélue, avait le temps d'apprendre les nécessités gouvernementales, administratives, et de devenir une de ces assemblées permanentes comme le Conseil des Dix à Venise, comme le comité de la Comédie-Française, assemblées à action durable et intelligente. Mais la Chambre des représentants, remplie de journalistes n'ayant jamais étudié que l'art de pousser à l'abonnement, ne savait rien. Fort heureusement la constitution ne faisait d'elle qu'un rouage secondaire ; malgré cela, tout ce qui pouvait contribuer à l'éclairer était utile. Je quittai Washington *highly gratified* de la réception que j'y avais reçue, mais heureux d'en voir la fin, emportant surtout un très agréable souvenir de notre ministre, M. de Bacourt, un homme de l'esprit le plus charmant, vertu de famille, à en juger par ses nièces et petites-nièces, mesdames de Mirabeau et de Martel (Gyp).

De Washington je me rendis à Buffalo, non sans dérailler en chemin, et dérailler sur un viaduc en bois où, après avoir défoncé le tablier, notre locomotive resta, par le plus heureux des hasards, suspendue dans la charpente comme une mouche dans une toile d'araignée. Je voulais aller par les grands lacs à Green-Bay, sur le lac Michigan, pour suivre, à partir de Mackinaw, l'ancien Michillimackinac des Indiens, les traces de nos officiers, de nos soldats, de nos missionnaires, alors que, poussant toujours en avant ils découvrirent le Mississipi. Ce fut en 1672 que Talon, intendant de la Nouvelle-France, ayant appris des Indiens qu'il existait un fleuve immense, envoya à sa découverte une expédition dirigée par le père Marquette qui exerçait sur les peuplades indiennes une grande influence. Traversant les grands lacs, il débarqua à Green-Bay et se dirigeant à l'ouest atteignit bientôt le *Père des eaux*. C'est pour Green-Bay que je m'embarquai à Buffalo, sur le lac Érié, à bord du *staunch* steamer le *Colombus*, le dernier bateau qui, vu la saison avancée, la mi-octobre, se dirigeât vers cette destination. Notre bateau était *staunch*, en effet,

c'est-à-dire *solide*, fiche de consolation à la lenteur de sa marche. Il nous en donna bientôt la preuve, s'étant jeté la nuit, en filant huit nœuds et avec un choc épouvantable, sur un banc de roches où il s'arrêta en s'inclinant. Mais une grosse lame le reprit, le souleva une seconde fois, nouvelle secousse; à la troisième lame, les roches étaient franchies. Je me précipitai vers la machine, croyant tout démoli, le navire entr'ouvert ; mais non, il n'y avait rien. Le capitaine, un moment interdit, se contenta de passer sa chique d'une joue à l'autre sans mot dire ; l'incident était vidé. Ce ne fut pas du reste le seul imprévu maritime du voyage : nous passâmes une nuit entière échoués dans le lac Saint-Clair.

Rien ne peut donner une idée de l'insouciance avec laquelle nous naviguions. Pas de cartes d'abord ; on s'en allait au petit bonheur, sur renseignements transmis, par tradition, et cependant ces lacs sont de petits océans avec courants, brumes, coups de vent battant en côte, comme sur mer. On ne devait pas naviguer différemment quand Lasalle, un officier de l'armée du Canada, lança sur les lacs, en 1679, un premier navire qu'il nomma *le Griffon*, en l'honneur d'un griffon qui figurait dans les armes de son chef, le marquis de Frontenac. Aux dangers de mer il fallait ajouter pour notre staunch *Colombus* les dangers du feu. Les chaudières étaient chauffées au bois, au bois d'aloès, celui avec lequel on fait les crayons et les boîtes à cigares, qui répandait une odeur très agréable, mais qui, empilé pêle-mêle dans la cale, contre les foyers, s'enflamma plusieurs fois devant moi, les chauffeurs jetant un peu d'eau pour l'éteindre. Sur le pont, la machine à très haute pression travaillait à découvert au milieu des bœufs, des moutons, des colis de toute sorte que le roulis projetait contre elle. Et par-dessus le tout s'élevaient deux étages de cabines en planchettes minces comme du papier, incapables de résister au moindre coup de mer, mais donnant prise au vent et rendant la stabilité du navire peu certaine. Dans un coup de vent, heureusement fort court, que nous attrapâmes sur le Michigan, au milieu de la nuit, l'édifice commença à se détraquer. Je fus réveillé par l'envahissement de l'eau et le craquement des avaries qui se faisaient de toutes parts. Je me levai et trouvai tous les Américains du bord revêtus de ceintures de sauvetage, me saluant d'un : « Vous êtes marin, monsieur, mais on court plus de dangers sur nos lacs que sur l'Océan. » Ils avaient bien raison.

Notre traversée fut longue, et en route nous relâchâmes sur plusieurs points : à *Détroit*, jadis le fort français Pontchartrain, devenu aujourd'hui la capitale de l'État de Michigan. En face de Détroit est la rive canadienne où un bac à vapeur nous conduit et où je suis frappé du même contraste qu'au Niagara. Du côté américain une très jolie ville avec tout le confort de la civilisation, au milieu d'une activité prodigieuse; du côté canadien, un village de pauvres chaumières entourées de quinconces de pommiers comme un village normand, devant lequel se promène raide et automatique la sentinelle rouge. Les habitants de ce village, à la mine et à la tournure françaises, accoururent tout joyeux de nous entendre parler français, la langue de leurs pères : « Nous n'en savons pas d'autres, nous ne voulons pas que nos enfants en apprennent d'autre. » Et pourtant ils sont Anglais depuis un siècle. Étrange contraste que cette fidélité au souvenir de leur origine nationale et cette fidélité non moins sincère au gouvernement conquérant, qui leur assure la liberté de tester et les a affranchis de cette tyrannie administrative qui est malheureusement chez nous de tous les régimes.

De Détroit nous remontâmes la rivière Saint-Clair pour gagner le lac Huron, et c'était un magnifique spectacle que ce large fleuve bordé de forêts superbes dans toute la variété et le luxe de couleurs de leur feuillage d'automne. Sur la rive américaine, de loin en loin, quelque *log-cabin*, le premier logis de l'émigrant. Puis un moulin à scier, l'établissement nécessaire avant tout. Sur la rive anglaise, de ci de là, des *wigwams* d'Indiens hurons ou chippewas. A l'entrée du lac Huron, le mauvais temps nous prend avec de la neige et on va s'abriter dans une baie où l'on s'amarre à terre, près d'un de ces forts américains qui bordent la frontière indienne, forts tous semblables, composés d'un mur de gros madriers, crénelé, garni de banquettes à mousqueterie et d'embrasures à canons; à l'intérieur sont les casernes et les maisons des officiers. Ce fort s'appelle le fort Gratiot. En 1688 il s'appelait le fort Saint-Joseph et avait une garnison française, commandée par le baron de Houtou.

Pendant cette relâche il nous arriva une plaisante aventure. Nous n'avions sur le *Colombus*, comme copassagers, que cinq ou six personnes : un officier américain s'en allant commander le fort Winebago, un missionnaire méthodiste et sa femme, qui passaient le jour à chanter ensemble des hymnes, des cantiques et qui rentraient le soir dans leur cabine dans des empressements de tendresse exaltée. Puis une jeune couturière allant rejoindre sa famille à Green-Bay, et enfin miss Mary, la *chambermaid*, une belle blonde tachée de rousseur, l'amie de tout le monde. Pour se désennuyer du bord, la bande des passagers, hommes et femmes, avec miss Mary en plus, alla se promener et se divertir en commun à terre. Mais voilà que l'éveil est donné dans le fort; le major qui commande, les officiers accourent, demandent où est le prince et invitent tout le monde à entrer dans le fort, à venir se reposer;

se rafraîchir chez eux. Impossible de se refuser à ces très agréables et si cordiales politesses. Impossible de subdiviser la colonne : ce serait grossier et contraire à la bienséance comme à l'égalité américaines. Donc, on entre dans un salon où sont rangées les femmes et les filles des officiers du fort, qui, apercevant nos dames, ont un moment d'hésitation. Elles toisent le méthodiste et sa femme et les jugent d'un coup d'œil, mais la couturière et miss Mary, qui sont au bras de deux de mes compagnons, les embarrassent. Cependant elles s'élancent vers elles, les prennent par la main, les font asseoir à la place d'honneur, sur le canapé, et entament la conversation par un : « *Do you speak english?* » Je ne me rappelle plus comment cela s'est passé, mais je sais que nous avons bientôt regagné le bord, avec miss Mary, salués par vingt et un coups de canon.

Très pittoresque l'arrivée à Makinaw, petite île élevée et boisée, avec un fort surmonté du pavillon étoilé de l'Union. A côté du poste américain, une ruine à laquelle nous nous hâtons de grimper à travers bois. C'est l'ancien fort français, et l'émotion nous prend en pensant que le drapeau français a le premier flotté sur cette espèce de Gibraltar, quand, il y a cent soixante-dix ans, nos officiers prenaient possession, au nom du Roi, de ces magnifiques contrées. Notre imagination revoit nos soldats en habit blanc, montant la garde sur ces remparts, d'où leur vue s'étendait sur le confluent des trois grands lacs et sur un empire immense acquis par eux à la France, tandis que les peuplades indiennes accouraient de partout pour s'incliner sous la protection du grand chef des Visages-Pâles. Grande et glorieuse époque ! et quel est le voyageur qui, loin du sol natal, ne se sent pas profondément remué lorsqu'il retrouve le souvenir poignant des grandeurs passées de la patrie ?

Notre brave bateau, *le Colombus*, finit enfin par atteindre Green-Bay, et labourant la vase qui obstrue l'entrée du Fox-River, nous fait pénétrer dans cette belle rivière, et vient nous déposer devant un grand magasin qu'entourent une cinquantaine de maisons. Ce *settlement*, cet établissement n'est plus dans les *États* Unis; il est situé sur le *territoire* du Wisconsin. *Territoire*, c'est-à-dire embryon d'*État*, non encore assez peuplé, assez organisé, pour devenir *État*, et avoir voix délibérative dans l'Union américaine. Sur la rive gauche du Fox-River, le sol n'est même pas *territoire :* c'est une terre qui n'est à personne, et où s'établit qui veut, et où il veut. Comme tous les points que je viens de parcourir, Green-Bay, la baie verte de nos pères, et elle mérite encore son nom, a été occupée en premier lieu par nous. Après le voyage de découverte du père Marquette, M. de Beauchamptrelle, commandant pour le Roi à Makinaw, y envoya en 1684 vingt soldats, deux sergents et quatre musiciens, commandés par le lieutenant du Roussel. Maintenant il y a, comme je l'ai dit, un hôtel et une cinquantaine de maisons habitées principalement par des marchands qui trafiquent avec les Peaux-Rouges. Tout le monde parle français et à l'arrivée du bateau, accourt pour avoir des nouvelles du monde civilisé.

Quelques Indiens immobiles et silencieux, drapés dans leur couverture, regardent avec indifférence cette agitation. Des Squaws, chaussées de mocassins, la pointe de leurs petits pieds tournée en dedans, passent sans lever la tête, leur *papoose* ou bébé à cheval sur leur dos. Les peuplades indiennes, assez nombreuses, qui habitent le pays sont les Ménoménies, les Winebagos, les Iroquois, ces derniers émigrés du Canada pour fuir la domination anglaise. Je regrette bien de n'avoir pas eu le temps de visiter leurs wigwams; ils ont été jusqu'au bout, dans nos guerres avec les Anglais, nos plus dévoués alliés. Je causai avec le fils d'un de leurs chefs, qui m'assura avoir encore en sa possession l'épée de Montcalm, qu'il gardait comme une relique. Selon lui, pendant la bataille de Québec, probablement au moment où Montcalm fut blessé à mort, son épée fut accrochée à un arbre et recueillie par un  fidèle Iroquois qui l'accompagnait. Elle serait toujours restée depuis dans la tribu.

Après beaucoup de difficultés, nous réussîmes à nous procurer des chevaux de selle, un wagon de fermier pour nos bagages, et nous nous mîmes en route pour le Mississipi. Tout ce trajet fut très intéressant : pas de chemins, à peine une trace à travers les bois coupés de prairies que nous suivons jusqu'au lac et au fort Winebago. Au delà de ce lac, ce ne sera plus que la prairie, la prairie immense, sur laquelle on se dirige comme sur mer, ou guidé par l'instinct merveilleux d'un trappeur. Dans les bois nous rencontrons beaucoup de Peaux-Rouges occupés à la chasse ; le gibier abonde, gibier d'eau sur les cours d'eau, vols de *prairie hens*, sorte de grouses, et troupes de daims qui croisent sans cesse notre marche. De loin en loin un *clearing* ou premier essai de défrichement autour du log-cabin d'un *squatter* ou premier occupant. Nous suivons la première ligne de tirailleurs de l'armée de la civilisation qui s'avance toujours, envahissant la contrée sauvage, domaine de l'Indien. Lorsque cette population d'avant-garde que nous rencontrons s'agglomérera sur un point, l'hôtel s'élèvera, et à côté le magasin où un traitant débitera de tout, surtout de l'eau-de-vie, le poison destructeur des races indigènes. Après l'hôtel, viendra la banque, l'église, l'école, et tout ne tardera pas à former un village ou une ville dont les lois de l'Union américaine s'empareront. Quant aux premiers squatters, ils céderont leur log-cabin et leur défrichement à des arrivants de goûts plus sédentaires que les leurs, et ils s'en iront plus loin, avec femmes et enfants, souvent en échangeant des coups de fusil avec les Peaux-Rouges, faire un nouvel établissement, là où ils retrouveront cette indépendance absolue, qu'ils prisent au-dessus de tous les biens. Ainsi monte sans relâche la marée civilisatrice qui couvrira bientôt le continent américain.

Mais sur notre parcours nous n'en sommes encore qu'aux squatters, et c'est à eux qu'après les journées de marche, nous allons demander une hospitalité toujours cordialement accordée. Une race énergique et originale que ces squatters. Ici c'est un élève de West-Point (l'école polytechnique et militaire des États-Unis), ancien capitaine dans l'armée, qui a épousé une Indienne et a dû apprendre le français pour se faire comprendre d'elle et des Indiens du voisinage qui ne parlent pas d'autre langue ; une famille de jeune métis, plus rouges que blancs, grouille autour de lui. Là le père, la mère sont blancs, avec de superbes enfants que la mère berce, tout en nous faisant un excellent dîner avec un quartier de venaison, que nous avons acheté à un Indien qui venait de tirer la bête. Leur log-cabin, comme tous les autres, du reste, se compose d'une vaste chambre en bas, avec une grande cheminée où brûlent des troncs d'arbres, et un grenier en haut. C'est dans ces greniers que couchent les voyageurs de passage, comme nous ; il n'y fait pas chaud, car cela ferme très médiocrement et il gèle. Le soir, les fils de la maison reviennent du travail, des colosses dont la poignée de main est brisante, des gaillards qui manient aussi bien la carabine que la hache, et la soirée se passe à fumer la pipe, en causant tous ensemble autour du feu. « Il y a encore beaucoup d'Indiens, me dit-on, et assez turbulents ; dernièrement ils ont tué un blanc ; les squatters sont très clairsemés ; mais aussi nous n'avons à nous inquiéter de personne ni à nous gêner pour personne. »

A un endroit appelé Fond-du-Lac, l'établissement est un peu moins primitif que nos gîtes précédents. Notre hôte est un médecin d'un esprit cultivé, qui vit là, seul avec sa famille dont deux filles jolies qui nous font une tourte avec des cranberries (*cranberry-pie*), dont mon estomac reconnaissant se souvient encore. Ce brave docteur est armé jusqu'aux dents, car il n'a pas de voisins blancs, et, me dit-il, plus de deux cents Indiens vagabondent autour de lui. Il me prête un fusil avec lequel je vais à la chasse et je rencontre, en effet, bon nombre de Peaux-Rouges. Tant qu'ils trouvent du gibier, et ici il abonde, ces gens se montrent en général assez inoffensifs. Ce sont cependant les débris de peuplades guerrières qu'on n'a jamais pu soumettre complètement, et pas loin d'ici se trouve une colline qu'on appelle la *Butte des Morts*, en souvenir d'un combat suivi d'un effroyable massacre, que la garnison française de Makinaw, aidée de trois mille Indiens chippewas, eut à soutenir contre elles. En dépit de ce voisinage, mon hôte a bien choisi le terrain sur lequel il a planté sa tente, car une carte du Wisconsin m'étant tombée sous les yeux bien des années après, j'y vis que Fond-du-Lac était devenue une ville, avec ses chemins de fer.

Après Fond-du-Lac, nous nous sommes trouvés dans les prairies, les prairies immenses, à perte de vue, une herbe sèche, jaunie (fin d'octobre) recouvrant une plaine légèrement ondulée, avec par-ci par-là un bouquet de quelques arbres. C'est le *portage*, très peu élevé, qui sépare les eaux du Mississipi des eaux du Saint-Laurent. Nos chevaux galopent gaiement sur la terre gelée ; à un moment donné, nous apercevons une grosse bête qui s'enfuit devant nous à une espèce d'amble.

Nous pressons nos montures à sa poursuite et arrivons juste pour la voir entrer dans une touffe de broussailles qui n'a pas cinquante pas de large. Un Indien qui nous sert de guide, et qui a son fusil, entre dans le taillis, d'où sort un rugissement terrible, qui épouvante nos chevaux, suivi de l'apparition de la bête furieuse. C'est un puma ou panthère non mouchetée : elle galope en rond autour du cheval de M. de Montholon, puis elle se sauve dans un bouquet de bois plus vaste où, n'ayant pour arme qu'un fusil à un coup et à petit plomb, nous jugeons prudent de la laisser. Plus loin nous voyons un grand nuage se former à l'horizon et s'avancer rapidement : c'est la prairie en feu. Nous faisons alors la manœuvre bien connue de mettre le feu nous-mêmes à l'endroit où nous nous trouvons. En moins de cinq minutes notre feu était à un mille sous le vent, s'en allant avec la vitesse d'un cheval au galop, et un bruit semblable à un roulement lointain de mousqueterie. Nous sommes entrés avec nos chevaux dans l'espace incendié par nous, tandis que le grand feu aperçu de loin, ne trouvant plus d'aliments, s'enfuyait à droite et à gauche. J'ai depuis revu ce spectacle la nuit : c'est très beau.

En approchant du Mississipi, nous rentrâmes dans une contrée moins sauvage ; je me rappelle le premier hôtel où l'hôtelier me dit : « Vous arrivez bien, vous allez avoir un repas exceptionnel ; nous avons tué un mouton. » Depuis Green-Bay nous vivions exclusivement de venaison, de prairie-hens, de canards sauvages. Un mouton était une grande rareté. Nous atteignîmes le Mississipi à Galena, dans l'Illinois, Galena, ainsi nommée à cause de ses mines de plomb. Quand je dis mines, je me sers d'une expression qui était impropre quand je passai par là, la galène ou minerai de plomb étant à la surface du sol. On en voyait partout briller l'éclat métallique, et ce minerai était tellement riche qu'après le plus sommaire des traitements, il rendait 75 p. 100 de plomb. Joignant à cela des frais de transport infimes, puisque le Mississipi, cette artère immense coulait à deux pas du giscment, l'exploitation donnait des bénéfices tels qu'on ne prenait pas la peine d'extraire l'argent du plomb. Il résultait seulement de cette richesse minérale que tout ce qu'on buvait ou mangeait à Galena était imprégné de plomb, si bien qu'un de mes compagnons eut une syncope à la suite d'un précipité que l'eau de Botot dont il se servait pour sa toilette déposa dans son verre. Il se crut empoisonné.

Le Mississipi atteint, je n'avais pas le temps de le descendre jusqu'à la Nouvelle-Orléans, comme le firent nos explorateurs et nos soldats, lorsque, traversant les premiers ces magnifiques contrées, ils reliaient le Canada français à la Louisiane française. Le voyage que je venais de faire avait duré plus que je ne le supposais, mes devoirs de marin me rappelaient impérieusement à bord de ma frégate ; je ne songeai qu'à la rallier le plus rapidement possible. Mais les moyens de communication étaient rares dans l'Ouest, les chemins de fer inconnus, les routes à peine tracées. Force nous fut de descendre le Mississipi jusqu'à sa jonction avec l'Ohio, de remonter par cette rivière à Cincinnati et de gagner de là, en mail-coach, les voies ferrées des vieux États de la côte atlantique. Ce voyage de retour ne se fit pas sans quelques incidents. Dans la descente du haut Mississipi, notre bateau fit de nombreux échouages. Un d'eux nous retint assez longtemps près du confluent de la rivière des *Moines*, qui coule au milieu d'une ravissante contrée, appelée l'Iowa, contrée non encore annexée à l'Union à cette époque. Le gibier y pullulait. Je me souviens d'une partie de chasse que je fis avec le mécanicien du bateau, un jeune Kentuckien à taille de colosse. Nous fîmes lever des milliers de poules de prairies et d'autres bêtes sur lesquels nous fîmes un feu d'enfer, mais inoffensif. Pour notre justification je dois dire que nous tirions, le Kentuckien à balles, avec une immense carabine, si lourde qu'il fallait une demi-minute pour la mettre en joue, et moi avec un fusil à un coup qu'un barkeeper m'avait prêté avec cet avis : « Le canon est tordu ; pour atteindre un but, il faut viser de trois à quatre mètres à droite. »

Le territoire d'Iowa était encore un pays contesté entre les squatters et les Indiens. Ceux-ci plus nombreux que les blancs appartenaient à une grande tribu turbulente et guerrière, les Sacs et Foxes. On était en paix avec eux au moment de mon passage, mais mon bateau reçut une députation de leurs grands chefs, trente ou quarante, qui se rendaient à Washington pour faire entendre leurs griefs au président. Ils arrivèrent à bord en grand costume de guerre, — en *war-paint*, — le visage peint moitié rouge, moitié jaune, la tête arrangée comme un casque de cuirassier avec longue crinière de cheval et de grandes plumes ; le corps nu, mais couvert de colifichets, les jambes dans des culottes de peau, et par-dessus tout, de grandes couvertures. Leurs squaws les accompagnaient ; elles étaient laides ; mais les hommes étaient superbes, avec des physionomies de la plus énergique impassibilité. Ils se conduisirent à bord avec la plus grande dignité, et ne semblèrent s'animer qu'au moment où nous passâmes au confluent du Missouri et du Mississipi. Soit que quelque superstition s'attachât pour eux à ce lieu, soit que la grandeur du paysage formé par la jonction des deux grands fleuves en une espèce de lac qu'éclairait un beau soleil couchant leur eut fait impression, ils se réunirent tous à l'arrière du bateau pour faire une espèce d'invocation. C'était un tableau.

Je ne fis que passer à Saint-Louis, déjà grande ville et déjà capitale de l'Ouest. En remontant l'Ohio, *la belle rivière* de nos pères, il nous arriva un accident qui ne se produit plus, aujourd'hui que les rivières ont été nettoyées de leurs obstructions diverses par le gouvernement fédéral et le génie militaire, qui cumule avec ses fonctions, celle d'ingénieur des ponts et chaussées, organisation à la fois simple et économique, qu'on pourrait imiter partout. Nous fûmes *snagged*. Voici l'explication du mot et de la chose : par suite d'inondations, d'écroulements de berges, beaucoup de gros arbres avaient de temps immémorial été entraînés par les fleuves américains. Un grand nombre de ces arbres s'étaient ensuite accrochés au fond par leurs racines. Dépouillés de leurs branches, taillés en pointe par le frottement des eaux et inclinés par le courant, ils formaient comme de gigantesques et invisibles chevaux de frise sous-marins, contre lesquels les navires à vapeur, à la remonte, s'empalaient fréquemment, et souvent avec destruction du navire et grande perte d'hommes. Nous heurtâmes un de ces arbres, un peu de côté heureusement, mais il se dressa et nous enleva, avec un bruit épouvantable et un peu de consternation passagère, une roue et un tambour. Le *snagg* n'est qu'une des nombreuses sources d'accidents de la navigation fluviale américaine. Mais on se fait vite à l'insouciance du danger qui caractérise les Américains, et en somme le voyage sur leurs bateaux de rivière est agréable. Les cabines de couchage sont universellement propres et confortables. Sur certains bateaux, il y en a de très élégantes. J'ai même vu des *wedding-cabins*, c'est-à-dire des cabines ornées de glaces en tous sens, et très éclairées, destinées aux couples en voyage de noces, et la vérité m'oblige à dire qu'on n'est pas toujours sévère sur la régularité des couples en lune de miel.

A Cincinnati, la ville des cochons, je prends la diligence ; à Pittsburg, le canal, à travers les Alleghanys, sur un coche encombré de passagers des deux sexes, voyage très gai où le souvenir des petites Danaïdes, du père Sournois et de ses quarante gendres, débarquant du coche d'Auxerre sur l'air du carillon de Dunkerque : « Tutu... Tutu... mon père ! »

me poursuit sans relâche. A New-York je retrouve la *Belle-Poule* remise à neuf, grâce aux bons soins de mon second, M. Charner, mais je dois, avant de mettre à la voile, subir un certain nombre de banquets assaisonnés de toasts, et même aller à Boston pour un grand bal à Fanueil-Hall, le vieil Hôtel de Ville, berceau de l'indépendance américaine. Je fis mon entrée à ce bal précédé et entouré d'une armée de commissaires, portant gravement de gigantesques mirlitons et accompagné d'une assez belle femme, inconnue de tout le monde, qui se fait appeler *Amérique-Vespuce* et qui se met à jurer en français comme une païenne, parce qu'on lui renverse un verre de limonade sur sa belle robe de velours.

Enfin la *Belle-Poule* lève l'ancre, mais avant d'avoir passé Sandy-Hook, un ouragan de neige se déclare; on n'y voit plus et, en un moment, nous avons un pied de neige sur le pont. Le reste de la traversée de retour est à l'avenant, c'est-à-dire effroyable. Nous y courons un de ces dangers totalement imprévus dont la vie de marin est remplie et qui, lorsqu'on les a traversés, restent un de ses charmes. Faites l'expérience suivante : Mettez deux petits morceaux de papier dans une cuvette pleine d'eau et agitez cette eau. Par une attraction que les savants appellent la capillarité, les deux morceaux de papier finiront par se rapprocher et s'unir. C'est cette capillarité qui faillit nous perdre, ma frégate et un autre navire de guerre, *le Cassard*, qui naviguait de conserve. Nous avions reçu un violent coup de vent de sud-est; la mer était énorme. Tout à coup, à la tombée de la nuit, par un ciel noir comme de l'encre et une mer livide, le vent cesse subitement. Le *Cassard*, poussé par les derniers souffles de la brise, s'est rapproché très près de nous, attiré par la capillarité et ce rapprochement ne tarde pas à devenir inquiétant. Comme il n'y a plus un souffle de vent, il est impossible de manœuvrer. Impossible aussi de mettre des embarcations à la mer pour essayer d'éloigner un des navires de l'autre. Bientôt il n'y a plus entre la frégate et sa conserve, que la grosse mer agite convulsivement, que l'épaisseur d'une lame. Encore un moment et nos deux navires vont se briser l'un contre l'autre, et cela au milieu de l'Océan, la nuit, loin de tout secours. L'instant était solennel ; bien qu'on eut envoyé coucher une bordée de l'équipage, personne n'avait voulu rester en bas. Tous, officiers, matelots se tenaient sur le pont, tous graves. On n'entendait que le bruit des voiles battant violemment contre les mâts, et ma voix prescrivant à l'autre commandant ce qu'il devait faire au cas où un souffle viendrait d'ici ou de là. La nuit était arrivée et chacun de nous, dans son for intérieur, commençait à désespérer, quand le souffle si désiré se fit sentir et nous nous séparâmes.

Deux heures après nous étions en proie à une nouvelle tempête, venant cette fois du nord-ouest, accompagnée d'une gelée terrible, tempête qui n'eût rien laissé subsister de la *Belle-Poule* et du *Cassard* s'ils eussent été en collision, mais tempête qui me donna l'occasion d'admirer une fois de plus le courage et le dévouement de nos braves matelots. Pour saisir les premiers souffles du vent, il avait fallu déployer toutes nos voiles. La tempête se déclarant, il fallut les serrer de nouveau. Mais ces voiles, que la pluie du vent de sud-est avait trempées, étaient devenues sous l'action de la gelée, de vrais glaçons ; elles craquaient comme des vitres, coupaient les mains des hommes, leur arrachaient les ongles. Pour serrer le grand hunier que j'avais gardé le plus longtemps possible et

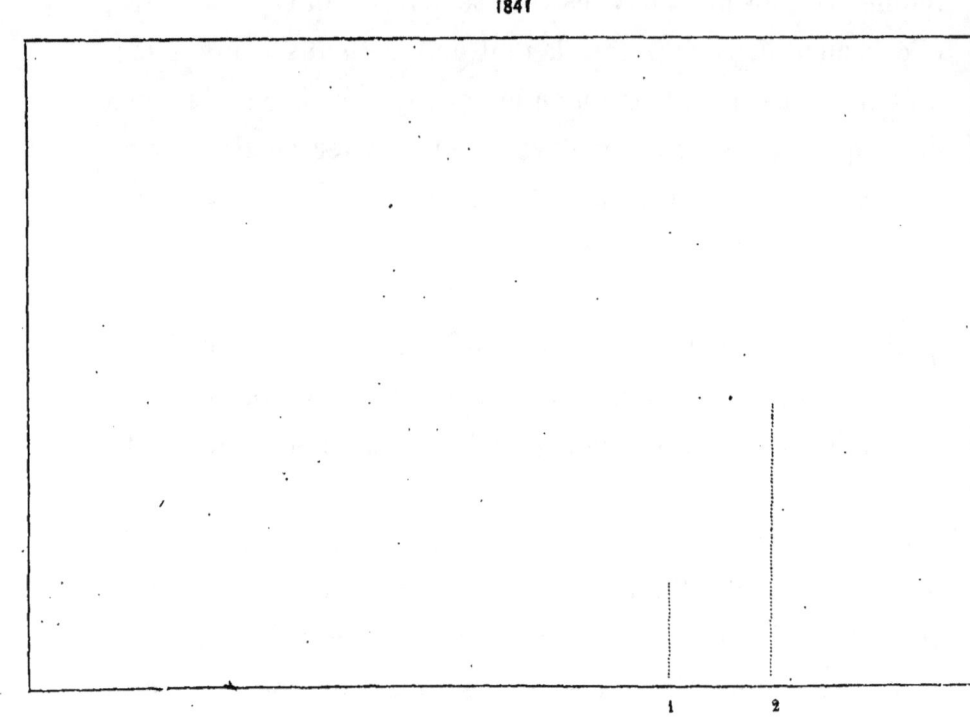

N° 24.   1. Charner, capitaine de frégate. — 2. Prince de Joinville.

« BELLE-POULE » ET « CASSARD ». — Calme après la tempête.

qu'il fallut ramasser au plus fort du coup de vent, un grand hunier très lourd, en toile de chanvre, la tâche fut affreusement dure. Je voyais mes pauvres hommes, cramponnés depuis une grande demi-heure sur la vergue, secoués par de terribles rafales et ils ne pouvaient en venir à bout.

A minuit, à l'heure du changement de quart, craignant que leurs membres engourdis par le froid fussent impuissants même à les tenir ainsi accrochés, je leur envoyai l'ordre de descendre pour être remplacés par des hommes frais. Mais non ! Ils refusèrent et achevèrent lentement, mais sûrement leur besogne. Seulement en descendant, ils vinrent sur le gaillard d'arrière, tout sanglants, tout congestionnés et le bonnet à la main me dire : « Commandant, le grand hunier est serré, » avec le regard indéfinissable, mais si émouvant de l'homme qui vient à travers le danger, de remplir jusqu'au bout son devoir !!! Mes braves matelots ! Je les aurais embrassés ! Mais je leur avais préparé, ce qu'ils apprécièrent davantage, un bon vin chaud avec lequel je les envoyai coucher. Quelques jours après, dans une nouvelle tempête, entre deux grains de neige, je vis le phénomène électrique si rare appelé le feu Saint-Elme, c'est-à-dire des gerbes de lueurs électriques à la pointe de tous les mâts et vergues de la frégate, illumination spontanée, imprévue, d'un grand effet.

Puis nous entrâmes à Toulon où nous saluâmes le pavillon de l'amiral Hugon, commandant l'escadre à laquelle la *Belle-Poule* allait être attachée.

IX

1842

L'escadre hivernant à Toulon, et la *Belle-Poule* devant faire de grandes réparations, je rentrai à Paris vers la fin de janvier 1842, et je m'y plongeai avec bonheur dans la vie de famille, notre bien le plus cher à travers les orages, les vicissitudes de la politique. Je ne fus pas insensible pour cela aux plaisirs de la vie mondaine, alors assez brillante. Beaucoup de fêtes se succédaient. Mon frère, le duc d'Orléans, donna au pavillon Marsan un bal costumé splendide. Le tout-Paris élégant, artiste, était là, revêtu de costumes historiques fidèlement copiés dans nos musées, ou d'habillements fantaisistes qui faisaient surtout valoir la beauté des femmes. Mesdames de Contades, de Murat, Place, avaient adopté le costume oriental; madame Thiers un riche costume moyen âge; madame de Plaisance conduisait tout un quadrille de chasseurs et chasseresses; madame la comtesse Duhesme, un quadrille où hommes et femmes portaient le costume charmant, mis à la mode par le tableau de la *Permission de dix heures* de Giraud. Au milieu d'un quadrille de chevau-légers Louis XV et de bergères Pompadour brillait la belle madame Liadières.

Les membres du corps diplomatique des deux sexes, les étrangers, avaient en général revêtu des costumes se rapportant à l'histoire de leur pays. Parmi les artistes : Eugène Sue, Henriquel-Dupont, Tony Johannot, Louis Boulanger avaient pris leurs modèles à l'époque de Louis XIII ; Eugène Delacroix était en Marocain, Horace Vernet en Arabe, Winterhalter en Florentin du XVIe siècle, Amaury Duval, Jadin, Eugène Lamy, Gudin, Raffet, etc., etc., en costumes d'une exactitude recherchée.

Quand on passa au souper, la musique du régiment de mon frère Aumale, le 17e légers, transformée en musique arabe, joua dans l'escalier toute une série d'airs algériens que ces braves gens avaient appris à Mouzaïa, à Médéah, au bois des Oliviers, sous le feu du ciel et des Arabes. Puis les convives s'assirent autour d'une table, devant le fameux surtout exécuté, sur les dessins de Chenavard, par Barye, Pradier, Klagman, Moine, par ma sœur Marie et aussi par Ary Scheffer et Paul Delaroche qui, cette fois, avaient quitté la brosse pour l'ébauchoir. Œuvre admirable, chef-d'œuvre digne de Benvenuto Cellini, dispersé, hélas ! aux quatre vents et perdu pour la France après la révolution de Février. Cette fête fut *la* fête de l'hiver, une de ces fêtes uniques, originales, dont on garde longtemps le souvenir. Mais il y en eut d'autres.

Chez le Roi on donnait tous les hivers une série de concerts, de grands et de petits bals. Ces derniers ne réunissaient qu'un nombre très restreint d'invités, appartenant exclusivement au monde diplomatique ou étranger de passage à Paris, à la jeunesse dansante, mais surtout à la jeunesse féminine dont les quartiers de noblesse étaient l'élégance et la beauté. Dans ces petits bals, on se pressait pour voir la princesse de Ligne danser la mazurka avec une grâce polonaise incomparable, de même que dans les grands bals, un peu cohue, il y avait foule, mais foule plus curieuse qu'admiratrice pour voir les entrechats et les pas de zéphir du prince de Craon, dernier repré-

sentant de l'école de danse prétentieuse dont, sous le Directoire, Trénis avait été le chef. Ces grands bals-cohue étaient une forte corvée, surtout pour nous qui devions à tour de rôle en faire les honneurs jusqu'à la fin. Je me souviens cependant d'avoir ri de bon cœur, un jour que cette corvée m'était échue, en voyant un officier de garde nationale coiffé d'un tricorne surmonté d'un grand plumet, et dont la vision était un peu troublée par le souper qu'il venait de faire, vouloir absolument prendre pour danseuse le suisse d'appartement en hallebarde et baudrier, qui se tenait à l'entrée des salles du bal. Il cherchait à l'entraîner avec ivresse, et il n'interrompait ses tentatives que pour essayer de le séduire en exécutant devant lui des pas de la chorégraphie la plus excentrique.

Aujourd'hui c'est la course appelée le Grand Prix de Paris qui marque le terme de ce qu'on est convenu d'appeler la saison. Sous la monarchie de Juillet, c'était la fête du Roi, avec son feu d'artifice et ses réceptions assommantes au premier chef. Les révolutions se suivent, les gouvernements changent, mais tout ce qui est ennuyeux reste. Sous la monarchie, sous l'empire, sous la république, il est indispensable, paraît-il,

1842

N° 25

GRAND BAL AUX TUILERIES. — Après souper.

qu'au moins une fois par an, le corps diplomatique, le clergé, les chambres, les officiers de terre et de mer, les compagnies et corporations de toutes sortes viennent défiler devant le chef de l'État, quel qu'il soit, et prononcent devant lui une série de clichés, exprimant des vœux qui généralement manquent totalement de sincérité, vœux auxquels le malheureux est éternellement condamné à répondre par toutes les formules diverses de la banalité. Mon père avait un talent particulier pour varier ces réponses qu'il improvisait toujours. Recueillies par la sténographie, on les remettait à Vatout pour leur donner un dernier poli avant de les envoyer au *Moniteur*, devoir que le spirituel académicien avait en horreur et qu'il appelait irrévérencieusement : accommoder *le macaroni royal*.

Pour les comparses, comme moi, le seul intérêt de ces réceptions théâtrales était l'observation des personnalités qui passaient devant nous. Deux jeunes pairs de France aux longs cheveux qui défilaient toujours aux derniers rangs de la Chambre, Montalembert et Victor Hugo, attiraient plus particulièrement notre attention. Nous nous faisions indiquer ensuite, parmi les membres du conseil municipal de Paris, Victor Considérant, l'homme à l'œil au bout de la queue. Il y avait aussi un membre de l'Institut, habillé de vert et culotté de noir, dont nous attendions toujours avec joie l'apparition. Ce brave homme paraissait successivement mêlé à trois ou quatre députations. Il arrivait avec une première, saluait, témoignait de son enthousiasme après les discours, mais pendant que cette députation s'en allait par la porte de sortie, il regagnait à reculons la porte d'entrée pour reparaître avec une seconde, puis une troisième, et s'avancer de nouveau avec les mêmes saluts et les mêmes démonstrations d'enthousiasme.

Parmi les officiers généraux, les diplomates non en service actif, qui prenaient part à ces cérémonies, je remarquais deux amiraux anglais qui ne manquaient jamais de s'y associer : Sir Sydney Smith et lord Cochrane. Tous deux avaient eu d'éclatantes carrières : le premier avait défendu Saint-Jean-d'Acre contre l'armée du général Bonaparte, de concert avec Djezzar-Pacha ; l'autre, un grand bel homme à figure énergique, s'était illustré par les exploits les plus hardis, tant en Europe qu'au Chili où il a laissé de vaillantes traditions. Tous deux avaient rendu d'éminents services à leur pays, où cependant ils ne pouvaient rentrer, disait-on. Pourquoi ?

La réception du clergé avait son originalité. Invariablement on n'entendait pas un mot du discours de l'archevêque. Soit accident, soit fâcheuse coïncidence d'heure, ce discours était toujours couvert par le bruit de la formidable aubade donnée dans la cour par les douze ou quinze cents tambours de la garde nationale et de la garnison de Paris, battant à l'unisson, au signe d'un seul tambour-major.

Enfin, dans la soirée, nous avions *le clou* de la représentation, la réception du corps diplomatique. Elle se faisait avec une certaine pompe. Le corps se réunissait dans un salon, près du pavillon Marsan, où une collation lui était préparée. Les aides de camp du Roi allaient l'y chercher et l'amenaient à travers toutes les galeries des Tuileries à la salle du Trône, située près du pavillon de Flore. Quand tous ces ambassadeurs, ministres, avec leur suite, en uniformes variés, étincelant aux lumières, paraissaient aux portes de la salle du Trône et s'avançaient lentement vers le Roi en faisant trois saluts successifs, la mise en scène était superbe. Seul l'introducteur des ambassadeurs, remplissant le rôle de maître des cérémonies, faisait ombre au tableau. Je n'ai jamais compris pourquoi nous avions choisi pour ce rôle théâtral un homme affreusement laid et sans nez. En face des représentants du monde entier, il eût fallu un beau gaillard. Une fois les allocutions prononcées et le *cercle* fait par le Roi et la Reine, le corps diplomatique s'en allait à reculons, avec les mêmes trois saluts qu'à l'arrivée et s'écoulait lentement, car il était très nombreux à l'époque dont je parle. Outre les ambassadeurs des grandes puissances, il y avait les ambassadeurs de famille, puis les ministres de tous les pays du monde, y compris les ministres des petits États d'Allemagne et d'Italie, aujourd'hui fondus dans les unités allemandes et italiennes. Toutes ces ambassades ou légations comptaient d'innombrables attachés, généralement jeunes gens de grande famille, attirés par les plaisirs de Paris, heureux d'avoir un uniforme et un titre d'admission à toutes les fêtes de la cour, des ambassades, de la société, car il y avait encore une société que nos divisions et nos lois révolutionnaires n'avaient pas, jusqu'alors, réussi à détruire.

De tous ces diplomates, le plus aimable, le plus aimé, était sans contredit l'ambassadeur d'Autriche, le comte Apponyi, un superbe magnat hongrois. Par la longue durée de son ambassade, par sa bienveillance de grand seigneur, par le salon dont sa femme, sa gracieuse fille, ses fils et neveux avaient eu le talent de faire le premier salon de Paris, le comte

Apponyi était devenu une personnalité des plus sympathiques. Ses collègues d'Angleterre, de Russie, de Prusse, se renfermaient exclusivement dans leur rôle officiel et dans une froide politesse. Lord Cowley, un Wellesley, aurait eu de la peine, s'il l'avait voulu, à faire oublier ses prédécesseurs, lord Grandville, lord Stuart de Rothsay, et surtout les charmantes filles de ce dernier, si belles, si aimables, si artistes, devenues lady Waterford et lady Canning. Parmi les ministres, je vois encore devant mes yeux, superbe dans sa fustanelle et son costume grec, Coletti, un vrai patriote et un ami dévoué de la France; puis le ministre de Suède, le comte de Lœvenhielm, un charmant vieillard, le page de service auprès de Gustave III, la nuit de son assassinat. L'ambassadeur d'Espagne changeait à chaque pronunciamento et je ne me rappelle aucun nom.

Chose nouvelle, nous avions aussi un ambassadeur turc. Pendant des siècles, il n'avait paru que des missions ottomanes de passage. Le premier titulaire permanent avant Namick-Pacha et Reschid-Pacha, qui parlaient très bien le français, s'appelait Ahmed-Fethi-Pacha; il ne savait pas un mot de notre langue. J'assistai au grand dîner donné en son honneur aux Tuileries, et voilà ce qui s'y passa. On l'avait, bien entendu, placé à table à la droite de ma mère, ayant de son autre côté un interprète des affaires étrangères tout galonné et décoré. Sitôt le dîner commencé, le pacha crut devoir adresser à ma mère un beau compliment en turc qui renfermait sans doute toutes les fleurs de la poésie orientale, à en juger par les yeux levés au ciel, les mains pressées contre son cœur, les salutations dont il l'accompagnait. Le discours terminé, le pacha se tourna vers le drogman pour qu'il le traduisît à ma mère, ce que celui-ci se mit en devoir de faire pendant que le pacha accompagnait ses paroles et les accentuait de nouveaux saluts, de nouvelles mines et nouvelles mains sur le cœur. Or voici la traduction que le drogman, qui sans doute avait lu le *Bourgeois gentil-homme*, débitait à la Reine : « Madame, j'ai une fille que je désirerais bien faire entrer à  la maison de Saint-Denis. J'aurais besoin pour cela de la puissante protection de Votre Majesté. Elle comprendra que je profite de cette occasion unique de m'adresser à Elle ! » Et le brave pacha de saluer toujours avec émotion et ma mère de se voir obligée de lui sourire et de lui rendre ses saluts !

Comme situation générale, l'année 1842 semblait une année d'apaisement. L'orage oriental était à peu près oublié, un souffle pacifique s'étendait sur l'Europe et, sous cette influence, le calme et la prospérité régnaient en France. Nous avions une magnifique armée dont mes frères s'occupaient aussi assidûment que moi de la marine. Cette armée avait d'ailleurs à sa tête un éminent ministre, le maréchal Soult, qui, tout en traitant M. Thiers de « Foutriquet », employait le fruit de sa haute expérience et de son long ministère à tout perfectionner sans secousse, avec un esprit de suite admirable. Cette armée, de plus, combattait tous les jours en Afrique sous un chef non moins éminent, le général Bugeaud, et continuait ainsi la conquête de l'Algérie, belle colonie, qui eût été incomparable si nous eussions pu y jeter un excédent de population que d'autres races ont encore, mais que nos lois révolutionnaires ont tari. Nos forces navales étaient aussi sur un bon pied, autant qu'elles pouvaient l'être à la veille du grand duel entre marine à voiles et marine à vapeur, duel qui allait tout bouleverser en dépit des hésitations de la routine.

De la politique, ma bête noire, je ne dirai rien, bien entendu. J'ai eu la curiosité avant d'écrire ces lignes, de parcourir les volumes du *Moniteur* du temps : j'ai reculé d'épouvante devant l'effroyable accumulation de bavardages inutiles que j'y ai rencontrés. A côté de ces torrents d'éloquence assez inoffensifs, la presse se livrait à des intempérances de plume bien autrement dangereuses, parce qu'elles flattaient plus de passions et que les calomnies qu'elles répandaient s'étendaient plus loin. Le bon gouvernement, utile, éclairé, animé d'un patriotique et prévoyant esprit de suite, passait encore à côté des obstacles semés sous ses pas. Il devait s'écouler six ans avant qu'ils l'entravassent complètement et que la foule aveugle se mît à danser en rond autour du gouvernement renversé, en chantant le refrain de toutes nos révolutions périodiques depuis cent ans, le credo démocratique :

> Démolissons
> Tant que nous pourrons !
> Après, nous verrons
> Ce que nous ferons !

Mais mon hiver parisien s'était vite écoulé, et vers la fin de mai, l'escadre de l'amiral Hugon se disposant à prendre la mer, la *Belle-Poule* étant réparée, je me mis en route pour rejoindre mon poste. Pour me rendre à Toulon, je m'embarquai à Lyon sur un bateau à vapeur qui, par un beau coucher du soleil, me déposa à Arles. Rien de joli comme cette arrivée devant la vieille ville par excellence, avec ses tours élevées, les hautes murailles des Arènes, les maisons de pierre assises dans le Rhône et le port rempli de ces navires aux longues antennes de forme si gracieuse. De plus, c'était dimanche, et la promenade était peuplée d'une foule de jolies femmes. J'aime cette petite ville et j'y reviens toujours avec plaisir, aussi ai-je vite sauté à terre et, confiant mon bagage au portefaix de l'hôtel du *Forum*, ai-je profité du long crépuscule pour voir ce que trois années avaient pu apporter de changements à ma vieille connaissance. Arles, colonie grecque, a conservé parmi ses femmes, le type si vanté dans l'antiquité, qu'un peu de sang catalan n'a pas altéré. Cité romaine, ses magnifiques monuments, son théâtre, ses arènes montrent quel rang elle tenait dans les Gaules. Aujourd'hui c'est une ville riche, gaie, insouciante, où la population vive et légère aime le plaisir et ne s'en prive pas. La nuit me prit pendant ma promenade et, par un magnifique clair de lune, je me trouvai comme dans une ville arabe, au milieu d'un labyrinthe de ruelles où la chaleur du jour s'était conservée, où les femmes 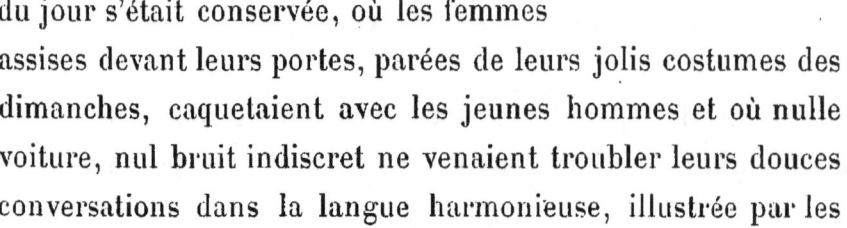 assises devant leurs portes, parées de leurs jolis costumes des dimanches, caquetaient avec les jeunes hommes et où nulle voiture, nul bruit indiscret ne venaient troubler leurs douces conversations dans la langue harmonieuse, illustrée par les poèmes des trouvères. C'était charmant. Quel beau, quel adorable pays que la France en ses aspects si variés du sud, du nord, de l'est comme de l'ouest! Quel enchantement continuel quand on peut séparer tout cela de l'écœurante et dissolvante politique ! Le lendemain je descendis le Rhône à travers la Camargue, au milieu de ses troupeaux de taureaux, de ses vols de flamants. et tout absorbé en rêveries comme si je pressentais alors le beau poème de *Mireille* dont Mistral et Gounod ont fait une œuvre immortelle.

Nous sortîmes de Toulon pour la campagne d'évolutions, vingt vaisseaux ou frégates, superbe escadre, sous les ordres de l'amiral Hugon, *le Père la Chique*, comme l'appelaient les matelots, sobriquet qui porte avec lui sa signification. Grandvillais de naissance, Normand de caractère, l'amiral cachait sous une grande bonhomie une inébranlable fermeté. Je n'ai jamais connu plus marin que lui ; il devinait le temps, le prédisait bien avant le baromètre et prenait à l'avance toutes les mesures en conséquence : c'était l'instinct des choses de la mer en personne. Il avait avec cela derrière lui toute une carrière de vaillance. A Navarin où il commandait l'*Armide*, il était venu avec une chevaleresque fraternité, interposer son navire entre les bâtiments turcs et une frégate anglaise qui souffrait beaucoup de leur feu, service que la corvette anglaise *la Rose* lui rendit à son tour avec une égale bravoure, vers la fin du combat. De tout cela il résultait que, nous sentant bien commandés, nous avions une confiance absolue dans notre chef, et que moi en particulier, je l'aimais beaucoup. Quand nos vingt vaisseaux aux voiles blanches manœuvraient tous ensemble, au signal de l'amiral sur les eaux bleues de la Méditerranée, le silence n'étant troublé que par les voix perçantes des officiers de quart, le spectacle était vraiment beau, tant au point de vue pittoresque qu'à celui d'une juste fierté nationale.

Nous nous en allâmes ainsi, naviguant, évoluant, tirant le canon, et constatant chaque jour la valeur des états-majors comme des équipages, jusqu'au golfe de Naples, où nous jetâmes l'ancre pour donner à tous un temps de repos et de récréation. Et la récréation fut complète, toutes les classes de la population s'unissant pour nous faire le plus sympathique accueil. Nous envoyâmes nos équipages à terre et la gaieté française s'associant à la gaieté napolitaine, on ne voyait que *corricolos* au galop, emportant des grappes de matelots en goguette. Notre ambassadeur, le duc de Montebello, qui tenait grand état de maison et exerçait la plus large hospitalité au palais Rothschild, mit nos officiers en rapport avec l'aimable société napolitaine, et ce ne furent que fêtes et réunions. Pour y répondre, l'amiral donna une très jolie matinée sur son vaisseau à trois-ponts *l'Océan*, moi, un bal à bord de la *Belle-Poule*.

Outre mes cousins et cousines, j'avais retrouvé à Naples bon nombre d'anciennes connaissances et je m'étais surtout associé à une charmante Tertullia qui tenait ses assises quotidiennes au palais Fernandina, un centre de réunion dont ceux de ma génération qui ont habité Naples ont gardé le souvenir. La maison était espagnole et appartenait à la famille de Toledo, dont de nombreuses branches y avaient des représentants, les Villafranca, les Alcanicez, les Bivona, les Sclafani. Que de femmes charmantes de toutes nations s'y rencontraient, que de parties n'y avons-nous pas organisées ; tantôt une ascension de nuit au Vésuve, alors en flammes, ou une fouille à Pompeï au clair de lune, en société d'Isabelle Colonna, de Thérèse

Sclafani, de cette ravissante Lauretta Acton, depuis madame Minghetti, et de tant d'autres. En pareille société, sous ce beau ciel, enveloppé, enivré du charme indéfinissable dont le paysage, l'air qu'on respire sont imprégnés, qui ne tomberait pas amoureux? Mais le signal d'appareillage monte au grand mât de l'*Océan*, il faut s'arracher aux délices, il faut partir, le cœur gros, mais emportant de bien doux souvenirs. Où allons-nous? C'est le secret de l'amiral!

Quelques jours après cette séparation, nous étions en pleine mer, tout aux devoirs du métier et à nos exercices quotidiens, lorsqu'on aperçoit au loin la fumée d'un bateau à vapeur; bientôt il apparaît et se couvre de signaux adressés à l'amiral, qui ordonne à la flotte de mettre en panne. La mer étant belle, un officier se détache du vapeur, se rend à bord de l'*Océan*, et tout aussitôt nous voyons mettre à l'eau le canot de l'amiral qui s'y embarque et se dirige vers la *Belle-Poule*. Au milieu de l'étonnement général et des mille conjectures qu'inspire cet incident inusité, je reçois mon chef à la coupée. Il me saisit la main, la serre fortement, m'entraîne dans la chambre et me dit : « Votre frère le duc d'Orléans est mort, tué dans un accident de voiture. J'ai ordre de vous envoyer immédiatement à Paris. » Sa rude figure de vieux marin marquait une profonde émotion, mais que dire de ce que j'éprouvai devant ce coup terrible et si inattendu. Les grandes douleurs de ce monde sont les déchirements du cœur, mais ici la douleur était plus poignante, car je ne crois pas qu'il y ait jamais eu une famille plus unie que la nôtre. Et non seulement je perdais le plus aimé des frères, mais le confident, le compagnon, le guide de toute ma vie. Je voyais, je sentais le désespoir de tous les miens, de mon père, de ma mère surtout, comme de mes frères et sœurs, à ce coup effroyable, et leur douleur venait encore s'ajouter à la mienne. Je restai un moment atterré, puis l'amiral me quitta, je remis le commandement à mon second, et une heure après, j'étais en route pour Toulon, lisant sur les visages mornes le sentiment qu'un malheur public était survenu et que la France venait de faire une grande perte.

La perte était immense, irréparable, en effet. Depuis dix ans nous tous, et avec nous la France entière, considérions mon frère comme le chef, le *chef de demain*, le chef des grands jours à venir. Sans doute nous avions pour le Roi, pour *le Père*, comme nous l'appelions entre nous, la plus tendre affection, le plus entier dévouement, le plus profond respect, mais celui vers lequel nous nous tournions pour avoir une direction, c'était Chartres. Pas un de nous qui n'eut depuis l'enfance accepté sans hésitation ses conseils, son autorité. Que de fois n'avions-nous pas discuté avec lui toutes les chances de l'avenir au dedans comme au dehors, et ne nous avait-il pas distribué à chacun les rôles qu'il nous destinait, rôles que nous sentions marqués au coin du bon sens, de la connaissance profonde des choses, et de cette griffe du chef qui s'impose. Ce que nous éprouvions vis-à-vis de lui, nous, ses frères, ses lieutenants, le pays l'éprouvait également. Aujourd'hui le Roi était sur la brèche et livrait chaque jour, avec son grand courage, la bataille de la vie, afin de conserver à la France la paix, le calme, la prospérité dont elle jouissait, et ceux que l'envie démocratique n'aveuglait pas l'en remerciaient. Mais le Roi vieillissait, les grands accidents pouvaient se produire, et, comme nous, tout le monde tournait les yeux avec confiance vers le chef jeune qui, sans se mêler aux luttes stériles de la politique terre à terre, se préparait sans relâche pour les grandes éventualités.

Aussi bien pour tous que pour nous, le *chef de demain* était, je le répète, le duc d'Orléans. On lui savait gré de l'attention de tous les instants qu'il apportait à la bonne organisation, au perfectionnement de nos forces militaires, du soin avec lequel il allait chercher dans leurs rangs, sans ombre de favoritisme et sans distinction de naissance, les hommes les plus méritants, les Lamoricière, les Cavaignac, les Canrobert, les Mac-Mahon, pour les pousser au premier rang. C'était *pour demain*. De même dans le civil, s'il tendait la main, non pas aux incorrigibles révolutionnaires, mais aux hommes d'opinions avancées, qui faisaient de l'opposition au gouvernement du Roi, c'était aussi *pour demain*, pour pouvoir à l'heure des dangers de la patrie, servir de trait d'union patriotique à toutes les forces vives de la nation. Hélas! le sentiment général, le nôtre comme celui de la grande majorité des hommes qui songent, fut que le lien qui aurait pu réunir en faisceau ces forces, soit contre la révolution débordante au dedans, soit contre l'ennemi au dehors, venait de se briser. La mort détruisait une succession anticipée, acceptée de tous, et le principal soutien de la monarchie de Juillet. Désormais le navire allait errer sans chef, sans but, sans boussole, exposé à tous les orages. Les hommes comme les principes faisant défaut à la fois, nous retombions dans les gouvernements éphémères. Les événements n'ont que trop justifié ces tristes pressentiments.

Comme homme, mon frère aîné était grand et d'une taille élancée, exceptionnellement élégante. A cheval, en uniforme, c'était un superbe cavalier et sa prestance militaire plaisait également au soldat et à la foule. Brave ! Il l'était jusqu'à la témérité ; autre cause de popularité auprès des foules. On savait qu'en Afrique, devant Mascara, il avait été blessé en se jetant hardiment à un moment critique au milieu des tirailleurs. On savait qu'au col de Mouzaïa, quand toute l'armée portait un képi couvert d'une toile cirée noire, il avait voulu, seul, rester coiffé d'un képi rouge éclatant qui le désignait à tous comme chef, mais qui le désignait aussi, et avec lui ses voisins, aux balles de l'ennemi. A la séduction de la bravoure, mon frère joignait encore celle de la parole, de cette musique de mots à laquelle les hommes et surtout les Français sont si sensibles, et il y joignait une autre vertu non moins séductrice, surtout chez un prince : il savait écouter. Écouter a même été une de ses qualités maîtresses, car entouré comme il l'était toujours d'hommes éminents de tous pays, il s'assimilait avec une merveilleuse facilité et une mémoire admirable, non seulement les idées fécondes qu'il découvrait dans leurs conversations, mais jusqu'aux paroles qui avaient saisi son imagination. De ces paroles, comme de celles qui sortaient de son esprit cultivé, si français, et de son cœur, il savait faire un merveilleux usage. Quoi de plus éloquent que ce toast porté par lui au retour de l'expédition des Portes de Fer, à un repas d'adieu en plein air, où sa division tout entière, officiers et soldats, était réunie pêle-mêle autour de lui :

« A l'armée d'Afrique et à son général en chef, le maréchal Vallée, sous les ordres duquel elle a accompli de si grandes choses !

« A cette armée qui a conquis à la France un vaste et bel empire, ouvert un champ illimité à la civilisation dont elle est l'avant-garde ! à la colonisation dont elle est la première garantie !

« A cette armée qui, maniant tour à tour la pioche et le fusil, combattant alternativement les Arabes et la fièvre, a su affronter avec une résignation stoïque la mort sans gloire de l'hôpital, et dont la brillante valeur conserve dans notre jeune armée les traditions de nos légions les plus célèbres !

« A cette armée, compagnie d'élite de la grande armée française qui, sur le seul champ de bataille réservé à nos armes, doit devenir la pépinière des chefs futurs de l'armée française, et qui s'enorgueillit justement de ceux qui ont déjà percé à travers ses rangs !

« A cette armée qui, loin de la patrie, a le bonheur de ne connaître les discordes intestines de la France que pour les maudire et qui, servant d'asile à ceux qui les fuient, ne leur donne à combattre, pour les intérêts généraux de la France, que contre la nature, les Arabes et le climat !

« Au chef illustre qui a pris Constantine, qui a donné à l'Afrique française un cachet ineffaçable de permanence, et fait flotter nos drapeaux là où les Romains avaient évité de porter leurs aigles !

« C'est au nom du Roi, qui a voulu que quatre fois ses fils vinssent prendre leur rang de bataille dans l'armée d'Afrique, que je porte ce toast ! »

On devine quel accueil ce mâle langage rencontra chez les soldats dont il venait de partager les fatigues et les dangers. C'était un charmeur, charmeur de soldats, charmeur d'artistes, qui trouvaient chez lui encouragement et protection ; charmeur aussi de femmes. Mais ici je touche un point délicat, où le secret inviolable et plus que le secret m'arrêtent. Le vieux baron James de Rothschild disait sur ses vieux jours qu'il était encore à connaître la femme qui lui résisterait. Je crois qu'il se vantait un peu ; je crois aussi que s'il ne l'avait pas connue, il finit par la rencontrer, mais je suis convaincu que mon frère aîné, au cours de sa brillante jeunesse, sans aller aussi loin que le baron, trouva peu de femmes qui ne répondissent pas à ses hommages, au moins par une secrète, mais douce émotion. Dans combien d'aventures cette séduction de sa personne ne l'entraîna-t-elle pas. Il en est une où son sang-froid, sa hardiesse le tirèrent d'une situation bien hasardeuse. C'était à l'époque où les tentatives d'insurrection étaient continuelles à Paris ; *il,* ou *elle,* avait eu l'idée au moins originale, de se donner rendez-vous dans une rue peu poétique, qui existe encore aujourd'hui, la rue Tiquetonne. Or voilà que des rumeurs sinistres se font entendre, puis s'apaisent pour recommencer de plus belle. Bientôt on distingue des bruits lointains de tambours, suivis de coups de fusil. C'est la situation du IVe acte des *Huguenots !* On se précipite à la fenêtre ; la rue est pleine d'insurgés en armes, occupés à construire des barricades ! Comment s'échapper, lui, le prince royal, connu du monde entier : « Je relevai, me dit-il, le collet de mon paletot et j'eus la chance d'arriver dans la rue au moment où l'on traînait une voiture pour la renverser comme noyau de barricade. Je m'y attelai à l'instant, aidai à la culbuter et à accumuler autour d'elle pavés et matériaux avec un zèle qui eût désarmé tout soupçon, puis, guettant le moment, je m'échappai. » Une heure après, il était à cheval en uniforme et la garde municipale enlevait *sa* barricade à la baïonnette.

Tel était, sous toutes ses faces, le frère que je venais de

perdre. J'arrivai à Neuilly à temps pour prendre part aux obsèques solennelles qui lui furent faites à Notre-Dame, au milieu des témoignages touchants d'une douleur universelle. Nous le conduisîmes ensuite à la chapelle funéraire de Dreux, puis nous nous enfermâmes à Neuilly pour nous serrer les uns contre les autres et pleurer dans la retraite et le silence.

Mais si mon frère Nemours, à qui la mort du duc d'Orléans créait des devoirs éventuels de régence, ne pouvait plus s'éloigner, ni moi, ni mes autres frères qui portions l'uniforme, nous ne devions pas rester longtemps oisifs. Aumale fut nommé au commandement de la province de Tittery, en Algérie, la *Belle-Poule* reçut l'ordre de partir pour une campagne sur les côtes de Guinée et de l'Amérique du Sud, en touchant d'abord à Lisbonne, et il fut convenu qu'Aumale prendrait passage à son bord jusque-là. Après de douloureux adieux, nous partîmes donc ensemble pour nous embarquer à Brest. Pour nous y rendre, le deuil nous affranchissant des réceptions officielles, nous prîmes le chemin des écoliers, par la vallée de la Loire avec ses vieux châteaux, le sauvage Morbihan et le Finistère si pittoresque. Notre première étape fut Blois, où nous visitâmes le château, ce bijou historique, puis Amboise, Saumur, Angers, le Pont-de-Cé, Nantes. Tout est adorable dans ce parcours, le paysage, les monuments, les souvenirs, les légendes. C'est comme le déroulement émouvant de l'histoire de l'ancienne France, de cette vieille France dont les grandeurs passées et les chevaleresques aventures consolent ceux qui l'aiment avec passion des misères révolutionnaires. Petit séjour à Nantes, d'où Aumale se rendit à Châteaubriand visiter ses terres en compagnie de M. de la Haye-Jousselin, tandis que j'allais, à Karheil, voir le château des sires de Coislin. Le château était à vendre et mon père désirait l'acheter pour servir de centre aux landes de Saint-Gildas et de Lanvaux qui lui appartenaient et qu'il s'était occupé avant 1830, à boiser avec succès. Pour atteindre Karheil, je passai par Blain, où je vis les restes du fameux château des Rohan, le berceau de cette grande famille. Sur les neuf tours en jeu de quilles qui l'ornaient, deux seulement sont encore debout ; le reste a été démoli pendant la Révolution. Le cœur se serre lorsqu'on voit ces ruines semées partout et qu'on entend cet inévitable refrain : « Démolis pendant la Révolution ! » Les Huns, les Sarrasins n'ont pas fait pis.

Accompagné d'un vieillard poudré et à ailes de pigeon, un type de vieux serviteur de l'ancien temps, M. Bizeul, fondé de pouvoirs des Coislin comme des Rohan, j'ai visité Karheil, château perché sur un rocher que contourne une jolie rivière. Les allées d'un beau parc étaient obstruées de barrières, de fossés, de haies, d'obstacles artificiels qui les changeaient en terrain de steeple-chase, « arrangement, me dit M. Bizeul, fait par M. le marquis pour l'amusement des personnes qui venaient au château ». Puis il me regarda, je ne sais ce qu'il vit dans mes yeux, mais un accès de chagrin le saisit, et c'est presque en larmes qu'il me prit pour confident de sa douleur de voir une des plus anciennes et vénérables familles de Bretagne se *fondre !...* Et ce vieil ami avait lieu d'être ému : il y avait quelqu'un dans le marquis de Coislin d'alors. Jeune, il s'était mis comme un preux d'autrefois à la tête de partisans dévoués, lors de la levée de boucliers de madame la duchesse de Berry. Plus tard, je l'avais rencontré à Paris, superbe cavalier dont le regard profond respirait la passion et devait l'inspirer. Bien des années après, en 1870, ceux qui, aux combats de l'armée de la Loire, ont vu les zouaves de Charette, remarquaient dans leurs rangs un grand vieillard à longue barbe blanche, simple zouave, mais donnant l'exemple de la bravoure et du dévouement. C'était le marquis de Coislin. Quel dommage que, par suite de nos révolutions et de nos divisions, les services que de pareils hommes pourraient rendre à la France soient perdus pour elle !

De Nantes aussi, je fus visiter l'usine de la marine à Indret, où je fus reçu par des chefs très capables, très intelligents, et où je vis un personnel ouvrier des plus remarquables, mais les uns et les autres fourvoyés dans un établissement mal placé, dont l'idée mère était fausse, et condamné par suite à végéter dans des efforts impuissants. Puis nous prîmes la route de Vannes, à travers le Morbihan, administré pendant le règne tout entier de mon père, et avec l'estime de tous les partis, par le même préfet, fait exceptionnel, surtout si l'on tient compte de l'état de guerre civile latente où se trouvait ce département, et tout à l'honneur de ce préfet, M. Lorois. Voyageant rapidement, nous n'eûmes que le temps de nous agenouiller à Sainte-Anne d'Auray, le lieu de pèlerinage vénéré des Bretons, et de donner quelques aumônes à la foule des mendiants qui encombrent les marches du sanctuaire. Tous partirent aussitôt clopin-clopant et à grand bruit de sabots et de béquilles, chercher de l'eau de la Bonne-Mère pour nous laver les yeux et les mains. Ravissante, cette traversée de la Bretagne, de Nantes à Brest, par Auray, Rosporden, Quimper ; partout de riants et pittoresques paysages, partout de vieilles églises gothiques entourées de beaux arbres ; partout (à cette époque, 1842) des costumes pleins de caractère. Ici des saulniers ou paludiers de Guérande

1842

N° 26.

DANSE BRETONNE

en blouse, culottes, grandes guêtres blanches, et larges chapeaux chargés d'amulettes sur leur chevelure flottante. Là, des gens venus de Saint-Pol-de-Léon, tout en noir. Plus loin un groupe de femmes au corsage brodé, et aux coiffures bizarres, à genoux en pleine lande, au pied d'une croix de pierre. Sont-elles jolies, ces petites Bretonnes, avec leurs tailles bien prises, leurs jupes courtes, laissant voir une fine jambe chaussée de bas bleus, et leur teint frais et vermeil sous la coiffe blanche ! Elles sont en prière, les yeux  dévotement baissés, mais les jours de *pardon*, ces yeux se relèvent et s'animent des feux de la passion. Si l'on en croit la chronique, nos jolies petites dévotes se laissent alors guider par ce onzième commandement de Dieu, qui, suivant le feu lord Clarendon, résume les dix autres :

> D'être pincé te garderas
> Afin de fauter librement,

En anglais :

> *Thou shalt not be found out.*

Après une rapide traversée nous arrivâmes à Lisbonne. Certes le Tage est un beau fleuve, mais le panorama si vanté de Lisbonne ne mérite pas, selon moi, sa réputation. Seule la tour de Belem charme les yeux par son architecture originale et lorsqu'on y débarque, l'enchantement se continue devant la ravissante église située derrière elle, mais voilà tout. Le reste est laid. Nous descendîmes à terre dans la chaloupe (*falua*) royale, une embarcation garnie de sculptures dorées, avec tendelet de soie à l'arrière, dont l'équipage se composait d'hommes de l'Algarve au teint bistré, revêtus de culottes courtes, de vestes en velours amaranthe, et coiffés de bonnets vénitiens. Ils ramaient debout, en cadençant le coup d'aviron à l'aide d'une espèce de litanie en l'honneur de la reine, qu'ils chantaient en chœur.

Ce n'était pas la première fois que je venais à Lisbonne ; j'y retrouvai avec joie la reine Doña Maria, une amie d'enfance dont j'allais devenir je ne sais combien de fois beau-frère ; j'y retrouvai aussi son mari, le roi Ferdinand, que je connaissais moins. Artiste jusqu'au bout des ongles, musicien, aquarelliste, aquafortiste, céramiste remarquable, le roi Ferdinand détestait la politique ; cela et quelques autres petits défauts qui nous étaient communs nous lièrent intimement, et cette amitié dura jusqu'à sa fin prématurée. Je suis retourné bien souvent en Portugal ; j'y ai toujours reçu un accueil dont je garde le plus reconnaissant souvenir. J'y ai rencontré des hommes distingués, des femmes aimables, instruites, charmantes ; aussi ai-je voué au Portugal comme aux Portugais des sentiments d'une sincère affection et tous mes vœux les suivent-ils sur terre et sur mer, mais je n'entrerai pas dans la moindre réflexion sur leur vie politique. A l'époque dont je parle, ce pays avait deux illustres épées : les maréchaux Saldanha et Terceira, qui servaient alternativement de pivot à des changements alternatifs de constitution, soit à l'aide de soulèvements militaires, soit à l'aide de procédés plus parlementaires. C'était la coutume du pays, et il ne s'en portait pas plus mal. Il y avait, comme chez nous, deux partis dynastiques, mais, chose curieuse, le parti miguéliste qui faisait opposition à la reine Doña Maria, parti peu nombreux du reste, se prétendait le parti de la légitimité, bien qu'il revendiquât les droits de Don Miguel, représentant d'une branche cadette. Que les profonds politiciens arrangent cela à leur façon.

Je ne sais si c'est à l'occasion de ce séjour à Lisbonne que, recevant à Belem le corps diplomatique, le duc de Palmela, qui me le présentait comme ministre des affaires étrangères, me demanda de l'excuser s'il abrégeait la cérémonie, la duchesse de Palmela étant en train, au moment même, de mettre au monde son quinzième enfant, preuve palpable, donnée par un ministre des affaires étrangères, de la vitalité de la nation portugaise. Le duc de Palmela, un diplomate de la vieille roche, qui, à beaucoup d'esprit naturel et de talent, joignait l'avantage de s'être frotté aux grands diplomates du siècle, les Talleyrand, les Metternich, etc., etc., m'invita à dîner quelques jours après. Le repas fut splendide. A l'arrivée, les *archers* royaux, ainsi nommés parce qu'ils sont armés de hallebardes, garnissaient l'escalier ; puis on passa dans de beaux salons au fond desquels, à la sortie de table, une vaste porte s'ouvrit pour laisser voir, au haut d'une estrade de plusieurs marches, un magnifique lit de cérémonie et dans ce lit, la duchesse nouvellement accouchée, à qui tous les convives s'empressèrent d'aller présenter leurs hommages. A une revue des troupes portugaises, je remarquai de beaux bataillons de chasseurs et j'eus une bien amusante conversation avec le célèbre amiral, Sir Charles Napier, qui assistait à cette revue, à cheval, en uniforme de capitaine de vaisseau anglais, mais avec un petit chapeau à la Napoléon à cocarde portugaise;

son pantalon remonté, ses pieds armés de gigantesques éperons de chasse et une énorme trique à la main.

Enfin le roi Ferdinand nous emmena à une chasse à Mafra, dans les montagnes peu élevées, mais accidentées et couvertes

d'une végétation rabougrie, qui s'étendent du côté de Torres-Vedras. Très pittoresque cette chasse dans des sites de montagnes souvent fort beaux et où l'on a sous les yeux des tableaux qui ressemblent à des scènes de guérillas, à une guerre de partisans. Des centaines de traqueurs, en costume éclatant, culottes, mouchoirs autour de la tête, couverture drapée sur l'épaule, un fusil ou un bâton à la main, grimpaient dans les gorges, filaient avec rapidité le long des corniches et rabattaient sur les chasseurs une foule de daims, cerfs, sangliers, renards. Le soleil était couché que la fusillade durait encore.

Mais nous avions hâte, Aumale et moi, de voir du Portugal autre chose que Lisbonne, ses plaisirs, sa vie officielle et politique; aussi, au retour de cette chasse, nous nous mîmes en route pour une excursion fantaisiste que nous comptions pousser jusqu'à Coïmbre, l'antique et célèbre ville universitaire. Les voies de communication étant encore primitives dans ce pays, nous voyageons à cheval, escortés d'un ancien capitaine d'état-major français, aide de camp du duc de Raguse en 1830, devenu par son oncle, Hyde de Neuville, marquis de Bemposta en Portugal, et finalement aide de camp du roi Ferdinand. — Nous formons une caravane dont un *Almocreve* indigène a entrepris le transport. Le premier jour nous traversons une espèce de désert à mauvais renom, couvert de bruyères à perte de vue : ce sont les derniers contreforts de la sierra d'Estrella, longue chaîne de montagnes qui commence en Espagne, près de Ségovie et d'Avila. En traversant une gorge sauvage en un lieu appelé Mecheira, nous rencontrons une bande de gens de mauvaise mine paraissant chasser négligemment, le fusil sur l'épaule ; nous étions nombreux et bien armés ; je suppose qu'on nous a considérés comme un trop gros gibier. Je le suppose d'autant plus qu'un peu plus loin nous avons rencontré des patrouilles de cavalerie envoyées en hâte, des voyageurs ayant été détroussés à Mecheira le matin même. Deux jours de marche nous mènent à Alcobaça, à Aljubarota. Remarquez tous ces noms en *al ;* les Maures ont passé par là. Aljubarota est célèbre par la bataille qui, en 1385, a fondé l'autonomie de la monarchie portugaise. L'armée du grand maître d'Avis, Don Jaô, avait affaire à une armée espagnole qui se servait d'artillerie (le fusil à aiguille de ce temps-là), chose inconnue aux Portugais. Ceux-ci avaient le vent, le soleil, la poussière contre eux, mais soutenus par l'esprit national, l'exemple de Don Jaô et de l'évêque de Braga, qui parcourait les rangs le casque en tête et la lance au poing, ils mirent en fuite l'armée de l'Espagne, dont le roi ne s'arrêta qu'à Séville. Quant au grand maître d'Avis, devenu roi, il fonda en mémoire de sa victoire le couvent et l'église de Batalha, que nous visitons.

Je ne sais pas décrire les monuments, je ne suis pas architecte, mais les grandes choses m'impressionnent toujours et Batalha est incontestablement grand, simple, sévère, avec ce caractère religieux que je demande en vain aux églises de notre époque. Le portail délicat et merveilleusement conservé représente le Paradis terrestre, et toutes les statues des saints sont autant de petits chefs-d'œuvre. Derrière l'église une chapelle commencée par Don Emmanuel n'a pu être finie, et c'est grand dommage à en juger par ce qui existe. Il y a là des sculptures d'une finesse inouïe, que l'on confondrait presque avec des toiles d'araignées. Par malheur, les Vandales sont venus; les vitraux ont disparu, une foule de statuettes ont quitté leurs niches, offertes aux amateurs ou touristes de passage. A côté de l'église est le couvent, semblable comme style au cloître de Belem. On y voit une salle gothique gigantesque que j'ai trouvée superbe. On raconte que trois fois la voûte s'est écroulée et que, reconstruite une quatrième fois, l'architecte se plaça dessous au moment où l'on abattait l'échafaudage. La voûte résista, aussi fit-il sculpter sa figure sur un des pendentifs des

ogives, et ce n'est pas une des moins jolies statuettes que renferme cet admirable monument. D'autant plus admirable à mes yeux, qu'il est vierge de toute restauration barbare.

Passé à Leiria, où un grand marché nous permet d'admirer la beauté des femmes de la campagne et leurs ravissants costumes. Nous y logeons dans une posada dont l'écurie est au premier, la cuisine au second, et dont nous partageons les chambres avec des oies, des cochons et une troupe de *hongreurs* français en tournée.

Après Leiria, Pombal. Ces petites villes portugaises sont charmantes et semblent appartenir à une autre époque. On y voit encore le *Pilori*, la *Geôle*, celle-ci une espèce de cage à bêtes féroces avec une immense fenêtre grillée, de niveau avec la place, par laquelle tout le monde cause, sans surveillance aucune, avec les prisonniers et condamnés enfermés pêle-mêle. Deux jeunes femmes seulement occupent la geôle de Pombal. Nous sommes entrés en conversation avec elles. En les questionnant, ainsi que les passants, nous avons su qu'elles étaient sœurs et puis l'éternelle histoire : l'aînée aimée par un jeune homme... et tout ce qui s'ensuit ! N'ayant pas le courage de faire disparaître l'enfant, c'est la petite sœur qui l'a enterré vif. Les malheureuses sont là depuis cinq mois dans la cage, attendant le jugement et exposées à toutes les insultes, quolibets et grossiers propos de la populace. Quel supplice pour ces femmes qui, à leurs traits, leurs tournures appartiennent évidemment à une classe supérieure de paysans. L'aînée, la mère, est très belle, mais pâle et paraît affaiblie par la souffrance. La physionomie est si douce qu'elle me fait peine à voir.

« Ah ! n'insultez jamais une femme qui tombe ! » a dit le poète.

Après le Pilori et la Geôle, autre souvenir du moyen âge. Un peu avant d'arriver à Coïmbre, nous rencontrons sur le chemin une grande famille du pays, les Pinto-Basto, en voyage. Les dames sont en litières, portées chacune par deux mules empanachées, les hommes sont à cheval en costume du pays, escortés de nombreux serviteurs aussi à cheval, en grands bonnets, culottes et riches vestes de velours à boutons d'argent. Tous ont la couverture bariolée sur l'épaule et sont armés de cet immense bâton dont les Portugais savent si bien se servir. Cette caravane a fort bon air ; en la regardant passer, on se croirait au XVIe siècle.

Tout à coup du sommet d'une éminence, nous apercevons la vallée du Mondego, si belle et si riante, Coïmbre s'élevant en espalier sur ses bords et un bel horizon de montagnes. C'est fort pittoresque. Nous descendons à un long pont de pierre

qui mène à la ville et chacun, dans notre caravane, s'arrange de son mieux pour offrir le moins de prise possible aux quolibets dont messieurs les étudiants ont l'habitude de saluer les étrangers à leur arrivée. En effet, toute la basoche est sous les armes, dans ce costume noir, pourpoint, culottes et manteau que les *Estudiantinas espagnoles* ont rendu familier. Ici seulement, une espèce de bonnet phrygien noir remplace le tricorne et la cuiller espagnole. O surprise ! Messieurs les étudiants, loin de se moquer de nous, descendent du parapet sur lequel ils sont assis, nous ôtent leurs bonnets et nous accueillent avec une politesse sympathique. Peut-être savent-ils que nous aussi nous avons usé nos culottes sur les bancs des écoles et saluent-ils des confrères. Par-dessus cette haie bienveillante d'hommes noirs, nous voyons le fleuve couvert de voiles blanches et sur ses bords, au milieu des saules, nombre de ces laveuses à robes retroussées et aux belles formes que Camoëns a baptisées les Nymphes du Mondego. Au bout du pont, entre de hautes murailles irrégulières se présente une porte sombre comme l'entrée d'une ville turque et, comme nous allons la franchir, des objurgations lamentables, des cris douloureux, poussés par des êtres invisibles, se font entendre; des paniers, suspendus à des poulies, nous descendent sur la tête; des écuelles emmanchées au bout de grands roseaux sortent de soupiraux grillés et effrayent nos chevaux. Ce sont les prisonniers enfermés derrière ces murailles qui nous supplient de déposer une aumône ou quoi que ce soit dans leurs paniers et écuelles.

Débarqués dans une bonne auberge, nous découvrons que le *Mesonero*, autrement dit notre hôte, possède deux jolies filles qu'il enferme sous clef dans une espèce de tour, tant la ville de Coïmbre offre de dangers. Mais nous nous ingénions pour voir les belles recluses ; à l'aide d'un bouquet emmanché au bout d'une longue perche, on fait apparaître à la fenêtre deux visages éveillés qui justifient leur réputation, et on fait connaissance. Puis on vient nous chercher pour visiter l'université dont le grand maître en robe bleue et or, assisté de deux professeurs qui parlent admirablement français, nous fait les honneurs; Aumale, bien plus universitaire et bien plus lettré que moi, leur donne brillamment la réplique. Ce vaste établissement, où professeurs et étudiants me paraissent fort à leur affaire, est admirablement organisé et sa haute antiquité l'a mis en vénération dans le pays. Pour les Portugais, c'est la source de toute instruction, et on nous a dit naïvement que si nous avions en France de bonnes universités, c'est qu'elles étaient dirigées par des professeurs de Coïmbre.

De là nous allâmes voir une vieille mosquée convertie en cathédrale, mais ayant encore son caractère mauresque bien conservé. Partout en Portugal comme en Espagne, les Maures ont laissé des traces ineffaçables de leur passage, dans les monuments, le langage, comme dans les types de la race. Une promenade à la *Quinta das lagrimas*, la villa des larmes, termina notre séjour à Coïmbre. C'est à l'ombre des cèdres gigantesques qui abritent cette villa, dans un site ravissant au bord du Mondego, que se déroula la légende romanesque chantée par Camoëns, des amours de l'Infant de Portugal Don Pedre et d'Inez de Castro, suivies du meurtre de cette dernière, meurtre que la vie entière de Don Pedre fut consacrée à venger, d'où son surnom de *Justicier*. Les maîtres actuels de la *Quinta* me donnent des cheveux d'Inez de Castro, recueillis par eux lors de la profanation de son tombeau, pendant les guerres napoléoniennes. Ils sont blonds.

Nous retournons à Lisbonne par d'autres chemins, chemins affreux, à peine tracés à travers un pays de landes et de sapins, pays pittoresques mais sauvages et déserts où nous rencontrons en plein jour des loups énormes, rôdant autour de troupeaux de chèvres que les chevriers rassemblent comme aux temps primitifs, à son de conques. Deux jours de marche nous amènent en vue de la petite ville de Thomar et à la nuit nous gagnons notre gîte, une *hospedaria* épouvantable où, gelés et moulus, nous nous installons dans la cuisine. Aumale berce les enfants dans la cheminée et s'en fait adorer pendant que je m'ingénie à faire la conquête de la maîtresse du logis, une grosse femme de quelque littérature, car elle jure dans toutes les langues.

Thomar ! Connaissez-vous Thomar ? En avez-vous jamais

entendu parler ? Que de voyages entrepris cependant, que de peines prises pour aller voir des monuments bien inférieurs ! L'objet de mon admiration est un couvent, hélas ! saccagé, pillé, voisin de la destruction, mais l'édifice le plus original que l'on puisse concevoir. Le noyau de ce couvent est une mosquée ronde à piliers de couleur, avec son mirhab, où mon imagination voit encore les musulmans en longues robes et turbans méditer gravement. De mosquée, avec la conquête, le temple est devenu chrétien, le mirhab du milieu, maître-autel ; des saints de pierre sont grimpés partout et ont installé leurs niches ; des sculptures en bois, admirables de délicatesse ont entouré le maître-autel. Après les Maures sont venus les Templiers, puis les Chevaliers du Christ qui défendirent vaillamment le couvent contre un retour offensif des Maures ; on montre encore une porte appelée la porte du sang, à cause du carnage dont elle fut témoin. Templiers et Chevaliers du Christ ont les uns et les autres marqué de leur caractère le monument.

Don Emmanuel parut ensuite, et avec lui le style riche et coquet de son époque. On ajouta un chœur et une porte admirable à l'ancienne mosquée ; les cloîtres s'étendirent, des salles charmantes s'élevèrent. Enfin les Philippe d'Espagne, pendant leur suzeraineté sur le Portugal, résidèrent à Thomar et y apportèrent, par l'adjonction de nouveaux cloîtres, la lourde et sévère architecture mise en vogue par le sombre caractère de Philippe II. Ce couvent est à la fois un musée architectural, un musée historique et un monument religieux des plus saisissants. Le silence de ces vastes cloîtres — il y en a six ou sept — laisse une impression profonde. Je ne pouvais m'en arracher, découvrant à chaque instant quelque détail frappant. Je fus tiré de mes rêveries, de mon admiration, et ramené à la réalité par un guide volontaire qui m'accompagnait et qui, me voyant arrêté devant une ravissante statuette, me dit : « Je vais la détacher et vous l'emporterez, » ajoutant, comme je me récriais : « Mais tout le monde prend ici ce qu'il veut. » Je suis heureux de pouvoir ajouter que, rentré à Lisbonne, nous dénonçâmes ce vandalisme, en même temps que nous enflammâmes l'esprit si artiste du roi Ferdinand par nos descriptions. Il fit à son tour le voyage de Thomar, et grâce à lui, la conservation de cet édifice unique fut désormais assurée.

Charmant voyage de Thomar à Lisbonne, par Abrantès, où je vis venir à moi un vieux monsieur vêtu d'un uniforme antédiluvien, avec une épée en travers, comme les marquis de comédie, qui se jeta à genoux en m'entourant les jambes de ses bras et s'écriant : « J'embrasse le conducteur de Napoléon. » Allusion au retour de Sainte-Hélène qui me surprit un peu. Rentré à Lisbonne, j'eus le chagrin de me séparer d'Aumale, qu'un navire à vapeur emmena en Algérie. Il allait y entreprendre la brillante campagne qui aboutit à la prise de la smalah d'Abd el Kader, l'éclatant fait d'armes dont le beau tableau d'Horace Vernet au musée de Versailles perpétue le souvenir. On sait que, lancé à la poursuite de cette smalah, mon frère l'atteignit avec sa cavalerie seule, et loin de tout soutien, après plusieurs marches de nuit qu'il réussit à dérober à l'ennemi. « Ils sont bien nombreux, accourut lui dire le colonel Yusuf qui marchait à l'avant-garde, et qui était un vaillant. — Un prince de ma race n'a jamais reculé, » fut la réponse. « En avant ! » Et la petite troupe se jeta sans hésitation, général en tête, sur l'immense agglomération guerrière qu'elle avait devant elle. Le succès justifia cette

1842

Nº 27.
LE TAGE A LISBONNE

audace. Pour moi, pendant qu'Aumale voguait vers l'Algérie, je faisais mes adieux à ces excellents amis et parents, la reine Doña Maria et le roi Ferdinand, et je mettais à la voile pour le Sénégal et la côte de Guinée, où j'allais faire la tournée de nos établissements coloniaux.

X

1843

Une énorme lame vient en déferlant de lancer bien loin sur le sable la pirogue à quatre pagayes, avec laquelle j'ai traversé la barre de Guet-n-dar. Une foule de noirs se précipitent avant que la lame revienne, m'enlèvent et me déposent avec de grands cris de : « Pitit roi, pas goutte d'eau ! » aux pieds de Bobokar, roi de Guet-n-dar, grand nègre revêtu d'un péplum de cotonnade rayée et coiffé d'un tricorne galonné qui a connu de meilleurs jours sur la tête d'un général ou d'un cocher.

Sitôt à terre, le roi de Guet-n-dar, et je l'appelle roi pour me conformer à l'usage africain qui donne ce titre à tout chef investi du droit de bâtonner les gens, le roi, dis-je, se mit en devoir de m'ouvrir lui-même un chemin dans la foule de ses sujets à grands coups de matraque, et, traversant la langue de sable qui forme son royaume entre le fleuve Sénégal et la mer, je fis mon entrée à Saint-Louis, chef-lieu de nos possessions sur la côte occidentale d'Afrique. Si à la Martinique on ne parle que de sucre, à Terre-Neuve que de morues, à Saint-Louis il n'est question que de *gomme*. C'est la denrée par excellence. On ne la trouve que là, ou bien en Arabie.

Les forêts de gommiers sont situées en pays arabe, sur la rive droite du Sénégal, et par conséquent aux mains des Maures qui en apportent le produit au fleuve. Divers postes établis par nous le long de son cours, sont destinés, soit à protéger les *traitants*, ou courtiers de couleur, intermédiaires entre les Maures et les négociants blancs, incapables d'affronter un climat meurtrier, soit à barrer aux Maures la route des marchés anglais de la Gambie. C'est dans les garnisons de ces postes, véritables charniers, que nos officiers et soldats vont mourir ou prendre le germe de maladies incurables. J'entends dire que dans ces derniers temps, par l'emploi préventif de la quinine, et à l'aide de certaines améliorations, les effets de l'insalubrité ont un peu diminué, mais lors de mon passage, la situation était affreuse. Aussi, à mon arrivée à Saint-Louis, mon premier soin fut-il d'aller visiter ces victimes du devoir, à l'hôpital qu'ils encombraient, et mon cœur se serra à la vue de toutes ces figures amaigries, jaunies, dont un grand nombre portaient déjà l'empreinte de la mort prochaine. Pauvres braves soldats! J'aurais voulu avoir des croix à mettre sur leurs poitrines pour adoucir, par un souvenir de la patrie, les derniers moments d'une vie donnée pour elle. Mais je n'avais rien et je ne pouvais m'empêcher de songer avec rage que nous approchions du premier de l'an, qu'une pluie de décorations allait s'abattre sur une foule de directeurs de théâtre à services exceptionnels, de chefs de cabinet, de publicistes, n'ayant jamais quitté le boulevard, les favoris ou élus de la politique, de l'affreuse politique! Ce triste hôpital, mal bâti, peu solide, était du reste tenu en perfection, grâce aux médecins de la marine et aussi à nos admirables sœurs de charité, dont je ne peux pas prononcer le nom sans me livrer à une nouvelle digression indignée. Faut-il que nous soyons tombés assez bas pour tolérer que ces saintes et dignes femmes, ces modèles de courage et d'abnégation, qui ont soulagé partout tant de souffrances et porté si haut le nom français dans le monde entier, soient aujourd'hui sacrifiées à de prétendus esprits forts, à des réformateurs de brasserie!

Après l'hôpital, cette salle d'attente de la mort, je vis les casernes des vivants, des bouges, construits par sainte routine sur un modèle à tant le mètre, identiques pour tous les climats et impropres à tous. Quelle différence avec les édifices spacieux, aérés, confortables, élevés par les Anglais pour la santé et le bien-être de leurs garnisons coloniales.

Saint-Louis est bâti au bord du fleuve dont on voit s'éloigner les rives plates encaissées dans des masses de verdure. Le matin la ville est généralement enveloppée dans une brume malsaine : c'est pourtant l'heure où la population se traîne languissante dans ses rues droites et sablonneuses, bordées de quelques maisons blanches à terrasses et de cases à nègres. Quand la brume se lève, elle n'est plus qu'un désert brûlant. J'avais dû remonter le fleuve pour aller visiter nos postes militaires et leurs garnisons, mais le seul bateau disponible était absent, retenu hors du fleuve par la barre de son embouchure, absolument infranchissable. Après l'avoir vainement attendu plusieurs jours, je quittai Saint-Louis pour Gorée et Dakar.

A Gorée je revis les jolies signares, cette compagnie de mulâtresses régulièrement enrégimentées, qui fournit à nos officiers, à nos fonctionnaires, des femmes de ménage et des épouses dévouées pendant le temps de leur service colonial. Je retrouvai ensuite mon ami le roi de Dakar, une vieille connaissance, qui m'envoya complimenter à bord par son général de *cavalerie*, un géant d'une maigreur excessive, en hausse-col et tricorne, mais sans pantalon.

Je m'embarquai à Gorée pour aller visiter nos postes de la Gambie et de la Cazamance sur l'aviso colonial *le Galibi*. Ce navire était à lui seul une curiosité, non pas comme navire de guerre, car c'était un bon petit aviso à vapeur, armé de quatre canons, mais à cause de son organisation intérieure. Il n'y avait à bord que quatre blancs, le lieutenant de vaisseau commandant, un pauvre garçon qui devait bientôt mourir à son poste, victime du climat, un *écrivain*, un mécanicien et un quartier-maître canonnier. Tout le reste de l'équipage était composé de nègres, appelés hypocritement captifs du gouvernement, ayant généralement pour tout costume un bonnet de peau de singe sur la tête, et un fil avec des gris-gris ou amulettes à la ceinture : « Vous n'avez pas essayé de les habiller ? dis-je au commandant. — Si, mais dès qu'ils vont à terre, ils vendent à l'instant leurs effets ou les donnent aux femmes, et ils reviennent tout nus. J'y ai renoncé. » Quand nous dûmes appareiller, le commandant m'avoua qu'aucun homme de son équipage n'avait jamais su gouverner, sauf un noir qui lui servait de maître d'hôtel, et encore ne savait-il gouverner qu'en rivière, et tenir le bateau à égale distance des deux rives ; en mer, il n'avait jamais rien pu comprendre à la boussole. Comme nous avions une certaine étendue de mer à traverser pour gagner l'embouchure des rivières, je pris à bord une baleinière de la frégate avec son équipage, et mes hommes se chargèrent du gouvernail. Mais une nouvelle difficulté surgit. Le seul mécanicien du bord ne pouvait rester éternellement sans repos, dans sa machine. Il fallut confier celle-ci par moments à un nègre qu'il avait dressé tant bien que mal, et j'avoue que j'étais peu rassuré quand je le voyais tripoter ses leviers et ses robinets avec la suffisance du singe qui montre la lanterne magique. Outre notre équipage nègre, il y avait encore à bord une véritable ménagerie en liberté : des gazelles, assez inoffensives, il est vrai, mais une légion de singes malfaisants et enfin une civette privée. Le jour, les singes ne cessaient de jouer de mauvais tours à tout le monde ; la nuit, ils se tenaient tous embrassés, avec leurs queues formant comme une étoile ou les rayons d'une roue. Si on avait le malheur, par mégarde, de marcher sur une de ces queues, toute la boule de singes en avait pour une heure à pousser des hurlements, comme les journalistes quand on touche à un membre de la confrérie. Quant à la civette, elle venait s'offrir comme compagne de lit à chacun de nous tour à tour avec le plus puant et le plus désagréable des contacts.

Bientôt nous arrivâmes à l'embouchure de la Gambie, et y

pénétrant par un dédale de bancs de sable, nous eûmes devant les yeux un grand cours d'eau à bords plats, couverts de palétuviers, et derrière cette végétation aquatique des arbres gigantesques, fantastiques dans leurs dimensions et entourés de toute la splendeur de la végétation tropicale. Ainsi se présentent identiques les fleuves de la côte occidentale africaine. A peine entrés en rivière, nous nous trouvâmes en face d'une de ces questions internationales qui pullulent sur les côtes de cette partie du monde. La Gambie est fleuve anglais, mais nous possédons sur ses rives le territoire d'Albreda, que j'allais visiter. Avions-nous le droit de nous y rendre directement par les eaux anglaises de la Gambie, ou devions-nous nous arrêter auparavant à Sainte-Marie-Bathurst, chef-lieu des possessions anglaises en rivière, pour en demander l'autorisation. Si un bâtiment marchand, français ou autre, voulait remonter à Albreda, les Anglais l'arrêtaient de gré ou de force pour maintenir leur droit, mais ce droit, nous le contestions et l'affaire étant en suspens, je passai devant Sainte-Marie-Bathurst sans m'arrêter, et vins directement mouiller à Albreda. Peu important, ce comptoir ! J'y suis reçu par quatre blancs et une foule de nègres. Etendu sur un canapé sous la vérandah de la maison à un étage où il demeure, l'habitant n'a pour société que celle de la signaré qui lui sert de femme, et d'une foule d'esclaves des deux sexes qui vont et viennent. Les fièvres l'environnent de toutes parts et à la moindre imprudence l'emportent, mais le pays est riche. Peuplé par des nègres de race mandingue, musulmans fervents qui *travaillent*, le produit de ce travail est un objet d'échange lucratif. Le soir, après une longue promenade dans les bois où l'air est embaumé de mille senteurs, où des vols d'oiseaux charmants, de perruches à longue queue, de veuves au noir plumage, perchent sur les arbres, je vois paraître un petit navire anglais d'où se détache un officier. Il vient de la part du gouverneur de la colonie anglaise qui se trouve à bord, et remonte vers le haut du fleuve offrir ses compliments au capitaine du navire français et lui témoigner son regret de ne l'avoir pas vu le matin à Bathurst. C'était une plainte déguisée. Apprenant qui je suis, et que je compte me rendre à Bathurst le lendemain, il me fait dire qu'il rebrousse chemin pour me recevoir. Le mât de pavillon qui portait nos couleurs est tombé récemment ; je le fais rétablir. Il faut, dans un pays contesté comme celui-ci, que, jusqu'à décision du gouvernement, notre pavillon flotte et préserve nos colons de toute insulte.

Puis je descends à Bathurst. Nos captifs, sous la direction inquiète du quartier-maître canonnier, exécutent tant bien que mal une salve de vingt et un coups de canon que les forts anglais nous rendent à l'instant, et je vais à terre dans la baleinière que j'ai amenée de la *Belle-Poule*. Le commandant du *Galibi*, qui veut m'escorter, a équipé un canot et revêtu pour cette fois les canotiers de belles chemises rayées et de bonnets rouges. O miracle ! Électrisés par la réception qui m'est faite et l'exemple de mes baleiniers blancs, ils ont fidèlement rapporté chemises et bonnets. Je suis reçu sur la plage par une compagnie de ce qui s'appelait alors le Royal African Corps, superbe troupe noire à officiers blancs. J'ai beaucoup causé avec le gouverneur, un homme sensé, qui m'a exprimé l'espoir que ma visite amènerait un prompt règlement d'une situation locale qui pouvait susciter des difficultés sérieuses.

Ce gouverneur a été très aimable. Il m'a donné un fort beau dîner avant lequel j'ai été un peu étonné de voir paraître au salon *the ladies*, représentées par trois mulâtresses très foncées, en grande toilette décolletée, le mouchoir brodé et l'éventail à la main. Les portes de la salle à manger s'étant ouvertes en même temps, un geste du gouverneur m'a signifié que je devais conduire à table une de ces dames. Ne sachant pas laquelle avait le pas, j'ai mis mon bras en rond au milieu du salon et une mulâtresse y a passé le sien en rougissant. Bien des années après, me trouvant à dîner à Washington avec un homme charmant, le grand abolitionniste Charles Summer et de très aimables femmes, je me suis amusé à lui raconter mon dîner de Bathurst et lui ai demandé si jamais il avait,  *lui*, donné le bras à une négresse. J'attendais sa réponse avec curiosité pour voir s'il oserait dire oui devant les dames américaines, si susceptibles sur le chapitre de la couleur, mais il s'en tira adroitement. « My dear prince, dit-il, dans toutes les religions à chacun sa part : Je prêche, vous pratiquez, ne confondons pas. »

En sortant de la Gambie, je vois le capitaine du *Galibi* s'agiter avec violence sur sa passerelle, l'équipage étant au poste d'appel, et interpeller d'une manière véhémente le *capitaine de rivière*, titre porté par le principal nègre de l'équipage. Je m'approche et le commandant me dit : « Je viens de faire l'appel ; je ne peux pas retenir les noms de tous ces gaillards ; je fais l'appel en les comptant. Je viens de recommencer quatre ou cinq fois mon addition, je trouve toujours un homme de trop. » Puis s'interrompant, il hurle : « Capitaine de rivière ! Qu'est-ce que cela veut dire ? Il y a un homme de plus ! » Le capitaine de rivière, cantonné à l'avant, feignait de ne pas entendre, mais forcé dans ses retranchements, il arrive, ôtant son chapeau tromblon, signe distinctif de son autorité, et découvrant sa tignasse grise qui ressemblait à un passe-montagne de laine, il murmura de sa voix la plus douce : « Commandant ! c'est un *pitit caâdeau* qu'on m'a fait à Bathurst ! »

Bientôt nous sommes dans la Cazamance, après avoir bien manqué de nous perdre sur les bancs qui en obstruent l'entrée, où la mer brise avec furie. C'est une belle rivière, large, profonde, que je remonte pendant cent vingt kilomètres. Aux quelques villages situés près de son embouchure succède le désert, mais un désert recouvert de forêts et de jungles impénétrables. On avance entre deux murailles de verdure et la seule distraction du parcours est l'observation des nombreux hippopotames que le passage du *Galibi* semble beaucoup déranger. En approchant de notre poste de Sedhiou que je venais visiter, on aperçoit quelques villages de Mandingues qui nous accueillent par des hurlements. La jungle a été nettoyée autour des habitations que les grands arbres recouvrent comme d'immenses parasols.

La végétation est tellement gigantesque que parfois un village entier s'abrite sous un seul et même arbre. Le poste de Sedhiou, un fort en briques ayant aux quatre coins un petit bastion avec un canon, est établi sur un passage très important de caravanes de l'intérieur. J'y suis reçu par un capitaine d'infanterie, M. Dallin, qui y a rendu les plus grands services, mais perdu sa santé, et deux soldats blancs, minés par la fièvre. Le reste de la garnison se compose de soldats noirs, des hommes superbes, braves, dévoués, excellents ouvriers qui ont fait et font tous les travaux du poste.

En me rappelant ces beaux soldats et rapprochant mes souvenirs des services récents rendus par leurs successeurs, les tirailleurs sénégalais, troupe admirable, qui serait bonne partout, comme nos turcos d'Algérie, dont les preuves ne sont plus à faire, je me demande pourquoi nous n'utiliserions pas les ressources considérables de recrutement que nous offre l'Afrique occidentale, pour former de nombreux bataillons noirs. Bien encadrés, ils trouveraient un utile emploi, surtout dans les contrées insalubres où nous gaspillons aujourd'hui tant de précieuses existences.

Je vais même plus loin, car ma conviction est qu'en agissant ainsi, nous ne ferions que préparer l'avenir, et devancer la force des choses. L'état d'armement dans lequel se trouve l'Europe, avec tout le monde soldat, forcément soldat, avec toutes les carrières interrompues et l'existence de chacun livrée au hasard d'une surprise électorale, d'un incident parlementaire, ne peut durer. — Il est malheureusement à craindre que pour sortir de cette situation insensée, une secousse violente ne soit nécessaire, secousse qui fera table rase de toutes les idées fausses, parées de beaux noms, accumulées depuis un siècle. Après cette crise on voudra enfin être libres comme en Amérique, libres d'être et de faire *ce qu'on veut*, libres surtout de n'être soldats que *si l'on veut*, comme on l'était avant la Révolution. Nul doute que ces inventions de la tyrannie révolutionnaire, la conscription, le service obligatoire ne deviennent un objet d'horreur pour tous, et que le premier qui osera prendre l'initiative de leur abolition ne soit salué des bénédictions de l'humanité entière. Force sera donc à tous les gouvernements d'en venir à ce qui est vrai et juste : aux armées de volontaires, d'auxiliaires, — et qui sait si nous ne trouverons pas alors dans nos régiments noirs la puissance de nos armées, comme les Russes la trouveraient dans les régiments jaunes, les Anglais dans leurs légions indiennes. Mais j'arrête cette digression.

En descendant la Cazamance, nous échouâmes et pendant que l'on travaillait à renflouer le navire, je mis pied à terre dans une crique où, dès le début, je troublai le sommeil de deux crocodiles qui dormaient sur une pierre. Un instant après je faillis être renversé par un gros sanglier à poil roux et défenses recourbées, un *phacochère*. Puis je me trouvai dans la brousse, grandes herbes qui me dépassaient de beaucoup, au-dessus desquelles régnait la toiture de verdure d'arbres géants. Me frayant un chemin, j'arrive à un endroit où le sol est foulé, les branches cassées, et où je vois les traces et les empreintes encore fraîches d'une bande d'éléphants ; j'entends même à côté de moi les craquements causés par le passage d'un gros animal qu'il m'est impossible d'apercevoir. Nous suivons le sentier tracé par les éléphants, mais entravés par les herbes qu'ils ont couchées, nous tordant les pieds dans les trous faits dans la terre humide par leurs énormes pattes, nous sommes bientôt obligés de battre en retraite. Un autre sentier de bêtes nous conduit à une vaste clairière, une espèce de petite plaine enclavée au milieu des bois, où nous voyons des troupeaux d'antilopes qui broutent tranquillement. Nous nous mettons à leur poursuite, mais, comme les canards sur les étangs, ces bêtes ont une juste appréciation de la portée de nos armes et la fusillade impuissante que nous dirigeons sur elles ne les émeut pas. Pas une ne quitte la plaine pour s'abriter dans les bois où l'on entend hurler les grands fauves. Ah! si nous avions eu des carabines à longue portée, quelle chasse nous aurions faite, et quel paradis de chasseurs que ce pays encore absolument vierge! Une seule victime tomba sous nos coups, un gros singe tué par un matelot et mangé par lui et ses camarades. C'était, paraît-il, « à s'en sucer les doigts ».

Faute de gibier nous rapportâmes de cette expédition dans la Gambie et la Cazamance... la fièvre! Personne n'y échappa et, malgré les soins du chirurgien-major de la *Belle-Poule*, très habile dans le traitement de cette maladie, nous fûmes longtemps à nous en remettre.

Je revins à Gorée où j'eus encore un triste spectacle : celui d'une de nos canonnières revenue d'une rivière avec quatre hommes valides sur soixante-quinze. Le typhus décimait l'équipage. J'avais à remettre la croix au lieutenant de vaisseau commandant, M. de Langle, dont la conduite avait été héroïque. J'allai causer avec lui le long de son bord dans l'anse déserte où le navire contaminé était relégué. Une foule de spectres se traînaient aux sabords pour me voir. C'était lamentable!

J'avais visité à peu près toutes nos possessions sur la côte;

occcidentale d'Afrique et j'en emportais une assez mauvaise impression.

Devançant, dans ces parages comme partout, les autres nations, c'est de Dieppe au xive siècle que partirent les premières expéditions européennes au continent noir. Elles en rapportèrent principalement de l'ivoire, dont la manipulation créa une branche d'industrie conservée encore à Dieppe de nos jours. — Jusqu'au xviiie siècle, nous possédâmes sur la côte les comptoirs les plus importants. Après quoi, comme en Amérique, comme dans l'Inde, où nous avions aussi été les premiers, tout se mit à péricliter et nos possessions se réduisirent au peu que je venais de voir. Depuis ma visite, un effort se produit pour reprendre le travail d'extension de nos établissements, de notre commerce dans ces parages. Réussira-t-on ? Aura-t-on surtout, au milieu de nos vicissitudes politiques, de l'éternel provisoire où nous vivons, l'esprit de suite nécessaire pour réussir? Je le souhaite ! Mais nous nous heurterons toujours contre deux obstacles insurmontables : un climat insalubre, mortel à la race blanche, et la population noire, population enfantine dont la discipline peut faire des soldats, mais qui ne travaillera jamais que sous l'empire de la contrainte, et de la *brutale* contrainte.

Avant de continuer notre campagne sur la côte africaine, nous nous rendîmes en division : les frégates *Belle-Poule*, *Africaine* et la corvette *la Coquette* aux îles du Cap-Vert, à la fois pour faire changer d'air à nos équipages, essayer la marche respective de nos navires et faire des vivres, des provisions fraîches. Ce dernier but ne put être réalisé par suite d'une circonstance originale. Un poste portugais, dans l'Archipel des Bissagots, avait été attaqué par les noirs, et à une demande de secours, le gouvernement de Lisbonne avait répondu en envoyant deux transports prendre des troupes aux îles du Cap-Vert et en particulier à Porto-Praya où nous étions, pour les conduire sur le point menacé. Mais pour prendre ces troupes il fallait qu'il y en eût et il n'y en avait pas, ou elles n'existaient que sur le papier. Pour y suppléer, et répondre à l'appel pressant qui lui était adressé, le gouverneur n'avait pas trouvé mieux que de mettre une souricière aux portes des villes, de saisir et d'embarquer comme soldats tous les habitants venant de la campagne. Bien entendu, une fois la mèche éventée, il ne venait plus personne, les marchés étaient déserts et les villes affamées.

Si les îles du Cap-Vert, vues du large, ne présentent que des montagnes arides, des roches pelées, des flancs déchirés, elles sont en réalité sillonnées par des vallées ravissantes, couvertes de bois touffus, paisibles demeures d'innombrables singes et où viennent se réfugier, lorsqu'elles sont poursuivies, les bandes de pintades qui habitent les régions découvertes de l'île. Rien de curieux comme de voir ces masses de volatiles de deux ou trois cents ensemble, fuyant comme un goum arabe, d'une course tellement rapide que, sur le terrain rocailleux des îles, il est impossible, même au meilleur cheval, de les rejoindre. Un habitant nous donna à déjeuner dans une des vallées dont je parle. Son habitation, à laquelle on arrivait par une allée de cocotiers, était située au milieu d'un bois d'orangers énormes, des orangers de vingt mètres de haut. Nous fûmes servis à table par de belles négresses esclaves et voici, d'après notre hôte, le régime auquel elles étaient soumises. Leur temps, le dimanche excepté, appartenait au maître, qui en échange leur donnait à manger ou au besoin quelques coups de fouet. Hors de cela elles s'habillaient elles-mêmes avec l'argent qu'elles gagnaient. Dieu sait comment! se logeaient où elles pouvaient, mais recevaient une *prime* quand elles avaient un enfant, un petit esclave venant augmenter le *stock* du maître. C'était simple. Du reste, en regagnant la côte d'Afrique, j'allais tomber en plein dans toutes les questions soulevées par l'esclavage, la répression de la traite, qui se faisait encore, et l'avenir de la race noire.

Notre premier point d'arrêt, Sierra-Leone, diffère du reste de la côte africaine, universellement plate, par ses montagnes grandioses, ses mornes verdoyants qui s'avancent jusqu'à la mer. Entre ces mornes s'ouvre l'embouchure d'une vaste rivière, qui forme un port excellent, une station militaire et commerciale de premier ordre, mais qui est effroyablement insalubre. Comme couleur locale, nous fûmes entourés, avant d'entrer en rivière, par des milliers de requins et en quelques instants nous hissâmes à bord cinq de ces énormes squales. Puis, sitôt mouillés devant la ville de Free-Town, un monsieur d'un certain âge, avec un habit bleu, pantalon de nankin et chapeau de haute forme, se présenta, demandant à parler au commandant. On me l'envoie : « Commandant, me dit-il, je viens savoir combien vous désirez de femmes pour le service de la frégate. — Mais, monsieur, lui répondis-je un peu surpris, je ne sais pas, je n'y ai pas encore songé. — C'est que je me fais un devoir, dès qu'un navire de guerre entre dans le port, de venir offrir mes services. — Eh bien, monsieur, je vous remercie infiniment, je ne vous ferai aucune commande et laisserai le commerce entièrement libre. » Je n'ai jamais su dans quel but il tenait tant à s'assurer le monopole de ses fournitures. A part ce petit incident, notre relâche, pendant laquelle nous reçûmes un accueil charmant des plus aimables gouverneurs et gouvernantes, ressembla à toutes les autres.

Mais Sierra-Leone était intéressant comme quartier général de la station navale anglaise employée à la répression de la traite, et comme lieu de débarquement des cargaisons d'esclaves trouvées à bord des négriers capturés par elle. La ville de Free-Town et ses alentours étaient encombrés de ces malheureux qu'on qualifiait un peu hypocritement de *Liberated African* (*Africains délivrés*), mais qu'on se gardait bien de mettre en liberté, ce en quoi on avait raison. Relâcher ce bétail humain ramassé dans des razzias lointaines, n'ayant plus ni famille ni patrie, c'était le rejeter sûrement aux mains de maîtres indigènes cruels, impitoyables, qui, faute de trouver à les revendre, les réservaient pour des sacrifices humains ou des repas de cannibales. Il y avait donc humanité, une fois capturés, à les garder, mais, pour éviter d'avoir à nourrir des bouches inutiles, on en faisait d'abord des soldats en prenant les plus beaux hommes. Le gouvernement anglais, toujours en avance, leur appliquait la loi du service obligatoire avec temps de service illimité.

Le service du recrutement pourvu, on transformait bon gré mal gré ce qui restait de ces pauvres diables en *free labourers*, ou travailleurs libres, et le plus grand nombre était expédié comme tels aux Antilles anglaises. Le navire qui les portait n'était plus un négrier et sa cargaison ne se composait plus d'esclaves ; si les mots étaient changés, les choses se ressemblaient terriblement, mais la philanthropie et la sentimentalité étaient satisfaites. Satisfaits encore étaient les capitaines et les équipages des croiseurs anglais, car la chasse aux négriers était fort lucrative et les bénéfices qu'elle donnait faisaient oublier l'insalubrité du climat et la monotonie du blocus.

La passion du lucre, excitée des deux côtés, donnait lieu à des actes qui frisaient la piraterie et dont le chapelet se déroula à mes oreilles tout le long de la côte de Guinée. C'est ainsi que je rencontrai un Français qui, commandant un négrier espagnol immobilisé par le calme, avait victorieusement repoussé l'attaque des embarcations d'un croiseur anglais et tué de sa main le lieutenant commandant, monté le premier à l'abordage. Une légère brise et la nuit survenant lui avaient permis de s'échapper. Mais laissons cela. La traite des noirs et sa répression, comme les abus des uns et des autres, sont choses du passé, dépourvues d'intérêt. L'esclavage seul reste. Il a toujours existé en Afrique et les progrès constants faits dans cette partie du monde par le mahométisme, qui l'admet comme base sociale, vont sans doute lui apporter une consécration nouvelle. Si toutes les peuplades noires se fondent en une vaste association musulmane, animée à la fois du fanatisme religieux et de la passion esclavagiste, une redoutable difficulté viendra s'ajouter à celles que l'action européenne aura à combattre sur le continent habité par les fils de Cham.

Après les *Africains délivrés* de Sierra-Leone, voici une autre guitare : une république nègre avec tout le matériel de la chose, élections, assemblées, journaux, ayant en plus le puritanisme protestant poussé à la dernière exagération. La République de Libéria, fondée par une société religieuse américaine, sorte d'Eldorado à l'usage exclusif des noirs affranchis des États-Unis, est interdite à la race blanche. Après des commencements difficiles, des abandons, des repeuplements, des disettes pendant lesquelles les malheureux affranchis regrettaient amèrement leur esclavage perdu, la république a fini par s'asseoir. Ils étaient là, dix mille environ, ne faisant absolument rien, car le nègre libre dit et pense comme le nègre esclave : « Travail pas bon. » De quoi vivaient-ils ? De soleil d'abord, puis d'une sorte de courtage entre les navires de passage et les indigènes. Ils végétaient et, s'ils ne tombaient pas en pleine décomposition, ils le devaient à un grand mulâtre virginien très intelligent, qui ressemblait d'une manière frappante à Alphonse Karr, le gouverneur Roberts, avec lequel j'eus de longues et intéressantes conversations. Il avait su se saisir de la clef de la caisse, et était devenu, de ce fait, l'unique représentant de la souveraineté nationale. En dépit de la constitution, des lois, des règlements, tous les pouvoirs se trouvaient concentrés entre ses mains, et sa république transformée, sauf le nom, en une bonne petite dictature.

En quittant Libéria, nous dégringolons le long de la Côte d'Ivoire, de la Côte d'Or, poussés doucement par un vent brûlant appelé *harmattan*. Les cartes sont primitives, incomplètes, les renseignements insuffisants ; nous naviguons avec prudence, à la sonde. La côte, uniformément basse et verdoyante, n'offre aucun signe distinctif. Pour savoir où l'on est, il faut courir après une pirogue de pêcheurs et demander son chemin, le chapeau à la main, comme on le fait dans la rue. C'est un spectacle amusant de voir la noire et grosse *Belle-Poule*, ses voiles blanches à peine enflées par un léger souffle, en côtoyant la terre, au milieu d'une foule de pirogues chargées de sauvages bruyants, entièrement nus, avec des colliers partout et des flèches dans leurs cheveux crépus semblables à des poignées de crin retirées d'un matelas et taillées de mille formes.

Un marché se tient le long du bord. Nos matelots descendent dans leur chapeau des galettes de biscuit, ou n'importe quoi, et remontent des ananas, des bananes, des poissons, peut-être un perroquet gris. Ainsi nous voguons jusque devant de grands forts ou murailles blanches hérissées de canons : Axim, Elmina, Cape-Coast. Les premiers battent pavillon hollandais; le dernier, anglais. Tout le long de la Côte d'Or, de la Côte des Esclaves, nous allons rencontrer ces forts, jadis construits pour la protection et la réglementation humaine de la traite, aujourd'hui établissements onéreux, servant à peine d'entrepôt pour le commerce d'échange entre l'huile de palme, les graines oléagineuses, l'ivoire d'un côté ; la poudre, l'eau-de-vie, la verroterie, les allumettes, la toile bleue dite guinée, de l'autre. Je fais le trajet d'Elmina, où les officiers hollandais sont très aimables, à Cape-Coast par terre, en palanquin. Mes compagnons voyagent dans des paniers en forme de momies égyptiennes que de grands nègres portent en équilibre sur leur tête, sans y mettre les mains. Il ne faut pas remuer. A Cape-Coast, autre moyen de transport. Le gouverneur Maclean me mène faire une longue excursion sur la route de Commassie, capitale du roi des Ashantis. Nous voyageons dans une petite victoria attelée en *four in hand* de quatre nègres superbes dont le dos porte les traces de terribles flagellations.

L'attelage, malgré une route sablonneuse, marche gaiement au grand trot, excité par les encouragements du gouverneur qui crie sans cesse : « *Get on faster boys!* » (Plus vite, enfants !) Puis je regagne le bord, me dirigeant sur Accra, autre groupe de forts : le fort Crèvecœur, hollandais, Christianborg, danois, dont le gouverneur, charmant jeune homme, vient me voir à bord. Vivant seul au milieu des noirs, il est heureux de se retrouver un moment au milieu des bêtes de son espèce.

Le lendemain nous allons à terre en pirogue, car la barre est mauvaise et l'on me prévient charitablement de ne pas mettre mon bras en dehors ni ma main dans l'eau ; un malheureux matelot français dont le chapeau était tombé à l'eau, il y a peu de jours, ayant voulu le repêcher avait eu le bras saisi et emporté par un requin. Je me le tins pour dit ; nous nous lançons dans la barre et faisons le saut sans encombre. Au moment où je touche terre, une fusillade épouvantable éclate ; c'est une réception à la mode du pays qui m'a été préparée. Plus de trois mille indigènes m'ont entouré en dansant, faisant la fantasia à pied. Vêtus de colliers de coquillages, de bracelets aux bras et aux jambes, quelques-uns avaient sur la tête des bonnets de peaux de bêtes, des roues de plumes de dindons ou des cornes d'or au front. Tout le monde criait, se tortillait, tirait des coups de fusil ; les anciens étaient serrés autour de moi avec des porteurs dansants, qui tenaient sur leur tête d'immenses parasols de couleur. Les femmes se démenaient comme les hommes en exécutant les danses les plus extravagantes, les plus caractérisées, au son de vingt ou trente tam-tams, ou grosses caisses, de six pieds de long, le tout faisant un charivari, un bacchanal inouï. En approchant du fort, la foule en a simulé la prise d'assaut ; le gros canon de la place a tiré et j'ai fait une entrée triomphale entre deux haies de soldats en uniformes danois rouges. Rien de plus pittoresque.

Le gouverneur nous a donné un splendide déjeuner à l'européenne dans une grande salle du fort. Il n'y avait d'africain que le service, mais il ne manquait pas de couleur locale, étant fait par une vingtaine de jeunes négresses, choisies pour l'irréprochable beauté de leurs formes qu'aucun voile, même le plus diminutif, ne couvrait. Elles étaient là, l'assiette à la main, la serviette blanche sur le bras, sans aucun embarras, puisqu'elles portaient le costume du pays. Qu'on s'imagine les cariatides de bronze qui entourent le nouvel Opéra descendues de leurs piédestaux pour tourner les plats dans un grand dîner de Paris. Toute la coquetterie de ces demoiselles consistait dans l'arrangement de leur chevelure laineuse, découpée en charmille de la manière la plus fantaisiste, et dans la finesse de leur peau douce et luisante comme du satin, douceur qu'elles obtiennent par des bains quotidiens, avec frottage au sable fin, frottage qui, malheureuse-

1843

DINER INTERNATIONAL. — Côtes de Guinée.

ment, n'enlève pas le fumet. Je n'ai jamais pu supporter l'odeur du nègre et de la négresse, mais j'ai connu des personnes qu'elle enivrait et qui, malgré leur santé délabrée par les fièvres africaines, demandaient toujours à retourner servir au Sénégal et à la côte pour la retrouver. On dit aussi qu'elle attire le requin et que si un blanc se baigne avec un nègre là où il y a des requins, le nègre sera toujours saisi le premier. Je ne l'ai pas expérimenté.

Cent milles à l'ouest des forts d'Accra et nous sommes en face de Widah, entrepôt principal du royaume de Dahomey. Du bord on aperçoit une espèce de digue de sable sur laquelle la mer brise avec fureur. Derrière la digue règne une large lagune en partie marécage et, au delà de cette lagune, les pavillons de France, d'Espagne, du Brésil flottent sur des forts, de grandes maisons blanches européennes. C'était la première fois que, depuis le Sénégal, nous voyions le drapeau national arboré sur un point quelconque de la côte; aussi fûmes-nous très empressés de visiter l'établissement qu'il abritait. Le débarquement ne fut pas facile et j'attendis longtemps dans une grande pirogue montée de vingt pagayeurs à genoux, la face en avant, que le vieux nègre placé à l'arrière jugeât l'entreprise possible. Il ne cessait de faire des invocations à tous les fétiches de la terre, en aspergeant la mer avec une bouteille d'eau-de-vie, l'œil fixé sur les lames arrivant du large, quand tout à coup il poussa un grand cri auquel les vingt pagayeurs répondirent avec force, hurlant en cadence, pendant que leurs pagayes, maniées avec un ensemble frénétique, faisaient voler la pirogue. Nous avions été dépassés sans encombre par deux énorme lames, mais il en arrivait une troisième immense, menaçante. Arriverions-nous avant elle?

Allait-elle se mettre debout toute droite et nous renverser ou bien déferler et nous submerger ? Non ! Elle nous atteignit; mais le vieux patron avait jugé juste : elle nous souleva sans catastrophe et nous lança sur la plage où une centaine de nègres saisirent la pirogue et l'entraînèrent. Empoigné moi-même avant d'avoir eu le temps de me reconnaître, je fus placé dans un hamac suspendu à une longue perche que cinq ou six nègres de haute taille tinrent à bras tendu horizontalement sur leur tête pendant le temps nécessaire pour passer la lagune où ils avaient de l'eau à la ceinture. Ils me déposèrent enfin à la porte du *fort français*, au milieu d'une foule immense que l'arrivée d'une escadrille française (nous étions trois bâtiments) avait fort excitée.

Widah avait été et était encore une factorerie d'esclaves très importante. Autrefois Français, Anglais, Portugais y possédaient trois forts successivement abandonnés. Des factoreries portugaises, espagnoles, brésiliennes demeurèrent seules en possession du commerce du pays. Elles vendaient au roi de Dahomey des marchandises d'Europe, recevaient en échange des esclaves qu'elles exportaient jadis en quantité. De là une source de grande richesse. Mais aujourd'hui, avec la croisière anglaise, il n'échappe plus un négrier sur dix. Il y a encombrement d'esclaves aux mains du roi de Dahomey qui s'en débarrasse en les faisant massacrer dans les sacrifices humains, aux fêtes des fétiches. Un Français, M. Provençal, de la maison Régis de Marseille, a dernièrement relevé le pavillon du fort français, rétabli les habitations, et s'est mis à faire un commerce licite, offrant ses marchandises au roi de Dahomey, mais n'acceptant en échange que l'huile de palme et autres denrées. Si la traite doit s'éteindre, et, lorsque j'étais à la côte, ses jours étaient déjà comptés, ce Français entreprenant et courageux aura plus fait pour la civilisation de ces contrées que toutes les violences. Je fus très heureux de le constater, et ne lui marchandai pas mes encouragements. La cour du fort était déjà pleine de barriques d'huile de palme; c'était bon signe.

Sitôt arrivé, je reçus la visite de l'*avogal*, gouverneur de Widah pour le roi de Dahomey, un gros nègre, bien portant, avec qui je n'eus qu'une conversation banale. Il était accompagné de deux autres noirs à figure intelligente et œil perçant, qui s'assirent sans mot dire à ses côtés et se retirèrent aussi silencieusement. « Ce sont les censeurs, me dit M. Provençal. Chaque fonctionnaire du roi est toujours accompagné ainsi, pour rapporter ce qu'il a fait ou dit. Quand le roi n'est pas satisfait, il lui fait couper la tête. » Si cette coutume existait partout, il y aurait moins de ministrables. Ce roi est un souverain antique : il a conservé chez lui le droit du seigneur. Quiconque de ses sujets se marie doit lui présenter sa femme à l'essai, et si l'essai lui plaît, il la garde. Son autorité est sans bornes, mais c'est égal, tout puissant qu'il soit, il aura de la peine à transformer ses sujets de chasseurs d'esclaves en faiseurs d'huile.

Après la visite de l'avogal, j'allai à mon tour voir un curieux personnage, plus roi à Widah que le roi de Dahomey lui-même qui ne peut se passer de lui, car c'est le fournisseur des fusils, de la poudre, pour aller en guerre, de l'eau-de-vie pour griser les amazones. C'est un Brésilien appelé Don Francisco de Souza, mais universellement connu sous le nom de *Cha-Cha*, domicilié à Widah depuis quarante-trois ans, et vétéran négrier à qui les Anglais ont pris trente-quatre navires, dont deux encore récemment. Petit vieillard à œil très vif et figure expressive, il a, dit-on, deux mille esclaves dans ses baracons et est père de quatre-vingts enfants *mâles*; on n'a pas compté les filles. Tous ses fils sont élevés convenablement : je les vois se promener de tous côtés, uniformément vêtus de blanc et coiffés de chapeaux panamas. Ce sont, en général, de fort mauvais mulâtres.

L'état de la barre, qui est impraticable, m'empêche de retourner à bord. Il est convenu que je dînerai chez Cha-Cha et que je coucherai au fort français, où je m'installe dans l'ancien logement du gouverneur, que je partage avec monsieur Provençal. Il m'arriva là une assez bonne aventure. J'avais été complimenté le matin par un très vieux nègre, jadis portier du fort, du temps que M. Dagneau en était commandant pour le roi (de France) et en souvenir je lui avais fait donner, pour lui et les siens, une dame-jeanne d'eau-de-vie autour de laquelle ils ont d'abord dansé pour l'emporter ensuite avec enthousiasme. Or l'enthousiasme a grandi à mesure que le contenu de la dame-jeanne diminuait et, vers le soir, la cour du fort a été envahie avec grand bruit de tam-tams et de gloussements de femmes par une foule immense de Dahoméens, précédés d'une espèce de corps de ballet de jeunes négresses se tortillant de toutes façons. En tête marchait le vieux portier du fort très excité, qui a commencé en français nègre une nouvelle harangue : « Croire anglais tués, tous français. — Voir français, trouver père. — Contents, tous contents ! — Envoie commandant à nous — Pitit-Roi — contents, tous contents ! — Tous femmes, tous filles à toi, tous contents ! » Et ces demoiselles de grimacer des sourires et de contorsionner de plus belle au milieu d'un *fortissimo* de tam-tams. Evidemment la foule attendait quelque chose et comme ce quelque chose ne venait pas, le vieux nègre est devenu plus explicite de gestes et de paroles. C'était bien un rejeton de race royale que le peuple attendait de moi. Aussi le commandant Larrieu, de la *Favorite*, s'élance-t-il vers moi : « Allons, monseigneur ! Voilà l'occasion de se distinguer ! Noblesse oblige ! — Mon cher, je vous délègue mes pouvoirs. » Et je battis une honteuse retraite à laquelle la foule ne se méprit pas, à en juger par ses grognements de désappointement.

Le soir, je dînai chez Cha-Cha dans de la vaisselle plate, avec des candélabres et des chandeliers d'église pour éclairage, avec des toasts au Roi, à la Reine, à la prospérité de la France, salués chacun de vingt et un coups de canon, car la factorerie de Cha-Cha, son harem, où il avait, dit-on, un millier de femmes, était une vraie place forte, hérissée de canons, avec la lagune comme défense naturelle. A ce dîner assistaient la plupart des enfants de Cha-Cha et plusieurs capitaines de négriers, prodigues de récits d'aventures. Cha-Cha me fit don d'une boîte de cigares de la Havane comme n'en avait jamais fumé le roi de toutes les Espagnes. Je la passai à Larrieu et le lendemain je retournai à bord, non sans quelques rencontres. Ce fut d'abord celle des équipages débarqués des négriers capturés la semaine d'avant, une cinquantaine d'hommes de toutes nations, à mine résolue, qui m'arrêtèrent pour me demander avec arrogance de les rapatrier à un port où ils pussent se réemployer, chose impossible. La seconde rencontre fut plus pénible. Des barracons s'échappèrent une foule d'esclaves boiteux ou malingres, qui se jetèrent à mes genoux, s'accrochant à mes habits avec des supplications et des gémissements pour que je les achetasse. Ces malheureux, sans valeur marchande et que le roi s'ennuierait de nourrir, s'attendaient à être expédiés à bref délai à Abomey pour les sacrifices humains. Il y en avait des centaines. C'était lamentable.

Après Widah, notre navigation changea d'aspect : nous entrâmes dans cette partie de la côte appelée *The Bights* (les baies), composée des golfes de Benin et de Biafra, entre lesquels s'avance l'immense delta du Niger. Le temps, toujours aussi brûlant, devint excessivement lourd ; le ciel était constamment noir, les pluies continuelles ; deux ou trois orages toujours sur l'horizon. Parfois une éclaircie se produisait au loin, s'agrandissait rapidement en formant voûte, et une tornade éclatait, sorte d'ouragan en miniature, de trois à quatre heures de durée, mais d'une violence inouïe. La *Belle-Poule* dut fuir à sec de voiles devant l'une d'elles, avec une vitesse de douze nœuds. Ce temps était prodigieusement malsain, mais, dans le cours de cette longue campagne, je ne perdis qu'un homme, enlevé par une hépatite aiguë. J'attribuai cet heureux résultat, d'abord à l'habileté incontestable de notre major, le docteur Loze, dont la carrière entière s'était passée dans les pays tropicaux. Il avait cette théorie que la quinine n'est absolument efficace que si elle est administrée à un moment très passager de la fièvre, entre l'accès chaud et l'accès froid, et il veillait lui-même ses malades pour ne pas laisser passer ce moment salutaire. Nous prîmes en second lieu des précautions hygiéniques exceptionnelles, surtout contre l'humidité des nuits. Les hommes portaient la tenue d'hiver du coucher du soleil à son lever ; il n'était ensuite permis à aucun homme de se coucher sur le pont pendant les quarts de nuit, surtout à la rosée. Ils devaient marcher tout le temps sous une tente constamment tendue sur le pont. Pour obtenir ce résultat, on n'avait jamais qu'une demi-bordée de l'équipage de quart, la nuit. On naviguait avec précaution et lenteur, faute de bras, mais le résultat valait bien cette dérogation temporaire à la vie habituelle des navires de guerre.

Je remontai l'une des branches par lesquelles le Niger verse ses eaux dans le golfe de Guinée, à bord d'une goélette de la station, *la Fine*, commandant Lahalle. Cette branche, connue sous le nom de rivière de Bonny, était la branche commerciale, celle par laquelle s'écoulaient les produits amenés de l'intérieur par le colossal Niger, un fleuve partout navigable, sans cataractes, sans rapides, la grande artère à venir de l'Afrique équatoriale. Un roi nègre nommé Pepel, plus intelligent que les autres, s'était fait le courtier de cet important commerce. Les navires marchands européens remontant la rivière venaient mouiller devant sa ville, lui livraient leur cargaison, et embarquaient en échange l'huile de palme, la richesse de la contrée. Seulement, avec les noirs tout se fait lentement. Soit que l'huile de palme qui venait en pirogue et très irrégulièrement du haut du fleuve n'arrivât pas en quantité suffisante, soit lenteurs calculées de Pepel, il s'écoulait quelquefois un an avant que la cargaison de retour fût complète. Pendant ce temps, la maladie décimait les équipages ; il y a eu des cas où tout le monde était mort, ou bien, en désespoir de cause, on mettait à la voile sans avoir complété la cargaison due, et la mauvaise foi de Pepel triomphait, jusqu'à ce qu'un navire de guerre vînt lui faire rendre gorge. La station française avait eu plusieurs fois déjà occasion de le châtier, et c'était rendre service au commerce de toutes les nations que d'aller de temps en temps lui montrer les dents. Tel était, ajouté à un peu de curiosité, le but qui nous amenait dans le Niger.

Arrivés devant la ville de Pepel, nous trouvâmes huit grands navires de Liverpool, en partie désarmés et couverts de toits en feuilles de latanier, entourés de pirogues qui faisaient un incessant va-et-vient avec la terre où des centaines de nègres les chargeaient de barriques d'huile de palme. Il y avait là un mouvement, une activité commerciale que je n'avais encore vus nulle part à la côte. Tout ce commerce était exclusivement anglais. Pour éviter la mortalité qui frappait leurs équipages, les Anglais, sitôt leurs navires arrivés en rivière, les désarmaient, les recouvraient d'une toiture et renvoyaient leurs matelots en Angleterre. Le déchargement et le chargement étaient alors faits par des travailleurs nègres et, sitôt qu'un navire était plein, on le réarmait pour l'envoyer à Liverpool avec l'équipage d'un nouvel arrivant, et ainsi de suite. C'était très intelligent, très approprié aux circonstances, mais, pour employer un pareil système, il fallait que les maisons de commerce eussent beaucoup de navires, beaucoup de capitaux et un esprit de suite qu'on ne trouve plus chez nous, sous notre régime d'instabilité et de provisoire perpétuel. Nous ne pourrions songer à lutter.

Sitôt mouillés, nous nous disposions à aller à terre, lorsqu'un grand brouhaha attira notre attention et me fit monter en hâte, de la cabine sur le pont. Un malheureux nègre qui se baignait tout proche, avec une quantité d'autres baigneurs et baigneuses, venait d'être saisi et entraîné par un requin. On voyait encore le remous au-dessus de l'endroit où la bête le dévorait. C'était la deuxième fois que j'étais témoin d'une pareille scène. Ces horribles bêtes sont fétiches à l'embouchure de la rivière de Bonny, là où elle joint ses eaux à celles du nouveau Calebar et on leur offre des sacrifices humains, c'est-à-dire qu'à certains jours de l'année, on va processionnellement à la barre du fleuve jeter à l'eau de malheureux enfants à qui l'on a persuadé qu'on les menait à une fête. Les requins en font une belle curée, à la joie des assistants et au bruit des tam-tams. Ce culte des Jew-Jew (les requins) est un des plus abominables que je connaisse. A Widah c'étaient les serpents qui étaient fétiches, ici à Bonny ce sont les lézards; c'est moins cruel. Ils sont pourtant hideux les lézards fétiches de Bonny, d'énormes lézards, d'un mètre à un mètre et demi de long. Ils ont des temples où on les nourrit et d'où ils sortent pour se promener en agitant constamment une langue fourchue, couleur de rose et marchant de côté pour ne pas mettre leurs pattes sur leurs énormes ventres en forme de sac qu'ils traînent comme un chalut. Le soir il faut avoir des lanternes pour ne pas marcher sur messieurs les fétiches, ce qui mettrait en mouvement la justice du peuple.

En visitant les capitaines des navires anglais, nous apprîmes qu'un navire français, *la Julie*, de Bordeaux, après être resté neuf mois en rivière, venait de partir en désespoir de cause sans être rentré dans ses avances, et que Pepel, croyant que nous venions pour cette affaire, était dans ses petits souliers. Mais, après enquête, nous ne pouvons trouver trace d'aucune plainte, ni officielle, ni officieuse; de plus, *la Julie* est accusée d'avoir voulu se livrer à une opération de traite. Et nous voilà dans l'embarras! Que faire? Ne rien dire à Pepel? — Il se moquera de nous, car il a mauvaise conscience; toutes ses pirogues ont fui à notre arrivée et aucun noir n'est venu à bord. Le menacer? Mais de quoi? et pourquoi? Raconter comment nous sommes sortis de cet impasse serait trahir le secret... professionnel. Tout ce que je puis dire, c'est que le lendemain, coiffé d'un immense chapeau de paille et un grand parasol bariolé à la main, je fonctionnais en qualité de drogman de Son Excellence le commandant Lahalle, lieutenant de vaisseau, représentant de la France et de la marine française. Nous avons d'abord traversé un marigot, recouvert d'énormes mangliers à travers lesquels on a pratiqué, pour les pirogues, de petits canaux qui vont jusqu'aux maisons. Sous la sombre verdure de ces mangliers, ces longues pirogues pleines de noirs tous nus, à l'aspect féroce, avaient l'air d'immenses crocodiles prêts à s'élancer sur nous. Au bout d'un certain temps, nous avons accosté à la maison même de Pepel, espèce de labyrinthe bâti en torchis et en paille. J'ai annoncé Son Excellence le commandant à un nègre qui parlait espagnol. On nous a fait asseoir; il est venu une foule de noirs; les anciens se sont assemblés. Enfin a paru un grand jeune homme habillé d'une chemise et d'un pantalon de toile bleue, avec des amulettes au cou et un bâton de commandement garni de peau de tigre à la main; c'était Pepel. Il comprend l'anglais et le parle un peu. Nous avons eu avec lui ce qu'on appelle ici un palabre. Je parlais fort lentement, le roi me répondait. Nous avons passé bien des choses en revue... Nous avons été... sévères, mais justes... Rien n'a transpiré sur les résultats de notre conférence, mais l'action diplomatique de la France s'était fait sentir. Ce qui se faisait sentir aussi, c'était l'horrible odeur de la ville de Pepel, ville infecte, habitée par une population très nombreuse, mais hideuse.

Une fois dehors, je m'arrête devant un spectacle saisissant : un bouquet d'arbres (des calcédrats, je crois) formant demi-cercle, et tellement immenses qu'à côté d'eux les hommes semblent des pygmées, impression semblable à celle que j'ai reçue à Sainte-Sophie de Constantinople. Les troncs de ces arbres semblent les piliers d'une cathédrale fantastique et il faisait sombre en dessous comme dans une vieille église. Sur le sol nettoyé, sablonneux, grouillaient des centaines de femmes vêtues ou non, tatouées, peintes, bariolées de mille couleurs, grattant la terre pour y chercher de l'eau douce, cette denrée si rare à la côte : c'était à peindre !

CITOYEN DE FERNANDO-PÔ.

Au sortir du Niger, du Niger anglais, irrévocablement anglais, de violentes tornades nous menèrent rapidement à Fernando-Pô, île charmante, couverte de forêts, surmontée d'un pic gigantesque, semblable au pic de Ténériffe et perdu presque toujours dans la nue. Mouillé très près de terre, dans un port excellent, j'en profitai pour envoyer l'équipage se divertir et laver son linge à terre. Un joli ruisseau qui tombait de cascade en cascade à travers le fouillis des plantes tropicales devint bientôt le théâtre d'une foule de petites blanchisseries auxquelles toutes les négresses du voisinage, poussées sans doute par le désir de voir comment s'y prenaient les quatre cents beaux gars *blancs* de mon équipage, vinrent apporter leurs concours. Ce n'était plus du haut de la montagne en bas qu'un charivari de cris de joie et d'éclats-de rire européano-africains qui faisaient plaisir à entendre.

Officiellement, Fernando-Pô était île espagnole, mais pas un Espagnol n'y habitait, pas un pavillon espagnol n'y flottait. Au contraire, les Anglais y avaient jeté quelques cargaisons d'*Africains délivrés* et un personnage officiel ou non était venu les administrer. Il s'était bâti une maison confortable devant laquelle il avait planté un mât surmonté du pavillon anglais. Au bout de quelque temps, il avait pris le titre de gouverneur et on voulut me faire aller lui rendre visite comme tel, ce que je refusai absolument. A mon arrivée en Europe, ayant eu occasion de rencontrer le comte Bresson, notre ambassadeur en Espagne, je lui parlai de l'état de choses de Fernando-Pô et je reçus peu après une lettre de lui de Madrid, dans laquelle il me disait que le gouvernement espagnol venait d'expédier un navire de guerre pour reprendre possession de l'île. La chose en valait la peine, car si le Niger anglais, le Cameroon allemand et le Gabon français doivent prendre un jour le développement colonial et commercial qu'ils semblent promettre, Fernando-Pô, avec sa situation insulaire, sa salubrité relative et ses ports excellents, placés à égale distance de ces trois centres d'action, ne pourra manquer de devenir une station commerciale et militaire d'une grande importance.

Je parle du Gabon *français :* il ne l'était pas encore; mais il n'allait pas tarder à le devenir. Déjà nous y entretenions des relations commerciales intéressantes et on songeait à y former un établissement colonial. Le commandant Bouet, qui m'avait précédé dans ces parages, avait remonté le fleuve sur la canonnière qu'il commandait, et m'avait vivement encouragé à le remonter aussi sur la *Belle-Poule*, et à faire ainsi la preuve de son accessibilité aux plus grands navires, accessibilité qui, une fois reconnue, en ferait une station maritime de premier ordre. Je me décidai à tenter l'expérience, bien que sans cartes, sans alignements ni relèvements, la côte uniformément basse ne présentant aucun point de repère, aucun signe distinctif, pas même un arbre plus élevé que les autres pour se diriger. Bouet m'avait seulement signalé la présence de bancs dangereux à éviter. « Mais bah! Vous trouverez bien votre chemin au milieu de tout cela. » Et, en effet, nous le trouvâmes, mais ce fut un vrai voyage de découvertes.

Pendant que nous avancions avec les précautions nécessaires, il nous arriva de la rive droite du fleuve, là où s'élève aujourd'hui Libreville, une flotille de pirogues amenant le roi Qua-Ben, roi de la rive droite, et sa suite. Ce chef monta à bord, vint me saluer, et s'installa avec importance, ainsi que toute sa suite, sur la dunette de la frégate. C'était un petit homme contrefait, dont la figure portait la marque habituelle de malice des nains et des bossus; il était affublé d'un uniforme d'officier de la marine anglaise. Très occupé de la conduite de mon navire, je ne faisais aucune attention à lui, lorsqu'un gabier descendu de la hune d'artimon s'approcha de moi et me dit tout bas : « Commandant, ce roi est un affreux coquin. J'étais ici l'an dernier sur un navire de Nantes, il nous a pillés! — En êtes-vous sûr ? — Parfaitement, c'est Qua-Ben, je le reconnais très bien. — C'est bon! Appelez le capitaine d'armes..... Capitaine d'armes! Prenez le roi que voilà et mettez-le aux fers! »

Quatre paires de bras vigoureux enlevèrent Sa Majesté

nègre sous la direction du capitaine d'armes, commissaire de police du bord, et le roi, ainsi porté, et escorté de sa suite consternée, disparut dans la batterie. Le roi poussait des cris aigus semblables à ceux d'un chien à qui on a écrasé la patte, au milieu desquels il me semblait distinguer par intervalles le mot Bouet! Bouet! C'était bien de ce nom qu'il se prévalait, et une fois étendu sur son lit de repos, on finit par obtenir de lui, à l'aide de divers interprètes, une confession de son méfait, mais aussi on apprit ce fait, confirmé par une enquête sommaire, que le commandant Bouet l'avait déjà châtié une première fois et lui avait fait rendre gorge. Je le fis donc remettre en liberté en lui recommandant de méditer, pour sa conduite future, ce second avertissement. Il s'empressa de déguerpir, et la *Belle-Poule* jeta l'ancre proche de la rive gauche du fleuve, devant la ville d'un autre roi appelé Denis.

Ce Denis n'était pas le premier venu ; il avait dans sa famille des prédécesseurs illustres : son père, enlevé fort jeune et emmené en Europe, était devenu, sous le premier Empire, chapeau-chinois dans une musique militaire et, rentré dans ses foyers, avait de suite été appelé à la plus haute magistrature. Le fils avait recueilli l'héritage du père. C'était un beau nègre à tignasse grise, parlant assez bien le français et très disposé à s'entendre avec nous pour ouvrir son pays au commerce et à la civilisation. Il vint en grande pompe me faire visite, vêtu d'un bel uniforme de général de la République, défroque de quelque acteur du cirque olympique : chapeau à panache tricolore, habit galonné ouvert sur la poitrine, culotte blanche et bottes à revers. Il était décoré de la Légion d'honneur en récompense de je ne sais

GABON. — Un roi mélomane : « Encore ! encore ! »

quel service rendu à notre station navale et une grande médaille d'or de la reine Victoria, présent des Anglais, lui pendait entre les cuisses, suspendue à une longue chaîne. Son fils, qui habitait près du débarcadère une grande case entourée d'une palissade semblable à celles qui, à Paris, entourent les démolitions et sur laquelle était écrit en lettres de un pied de haut, non pas : « Il est défendu de faire ou déposer... » mais bien : « Petit Denis, fils du roi » avait voulu venir aussi. Il possédait un uniforme de colonel de hussards, mais au dernier moment, ne sachant comment le mettre, il me fit demander de lui envoyer quelqu'un pour l'aider dans cette besogne. Je m'empressai de déléguer pour cette opération messieurs les aspirants de la frégate qui s'acquittèrent avec joie de cette mission et habillèrent *Petit Denis* comme les garçons tailleurs habillent monsieur Jourdain dans le *Bourgeois gentilhomme*. Seulement les scélérats le serrèrent tellement dans son dolman, sa ceinture, son ceinturon, qu'il arriva à bord plus mort que vif, dans un état voisin de l'apoplexie. Nous fîmes à la famille royale le meilleur accueil. M. Paulus, mon chef de musique, la régala de son plus bruyant répertoire. Mais dès que la musique s'arrêtait, le roi demandait : « Encore ! Encore ! » Les musiciens n'en pouvant plus, je fis enfermer le roi dans une étroite cabine avec les trois tambours de la frégate, avec l'ordre de battre des rigodons jusqu'à ce qu'il en eut assez. Mais les tambours à leur tour durent se déclarer vaincus et il fallut, à la fin, renvoyer d'autorité à terre l'insatiable mélomane et les siens.

Pour reconnaître mes bons procédés, il me proposa de me faire assister à une chasse aux éléphants, très nombreux dans le voisinage, dont ils dévastaient les plantations. Mais la saison était particulièrement malsaine, tout le monde était malade ; pour faire cette chasse, il fallait aller passer la nuit dans des marais pestilentiels où on était certain de prendre la fièvre. Je sortais à peine de me remettre de celles que j'avais attrapées dans la Cazamance, je dus renoncer à l'offre alléchante qui m'était faite. Nous passâmes quelques jours au Gabon au milieu d'une population noire qui me parut plus intelligente et plus facilement civilisable que celles du reste de la côte. Les femmes aussi avaient les traits plus fins que la généralité des négresses. On voyait des nez aquilins, des lèvres raisonnables, des regards presque européens. Elles étaient surchargées au cou, aux bras, aux jambes, de colliers, de bracelets de métal ou de coquillages, qui accompagnaient tous leurs mouvements d'un bruit de crécelle, précaution indiscrète, imaginée, affirme-t-on, par l'excessive jalousie de leurs seigneurs et maîtres. En somme, je quittai le Gabon sous une bonne impression, quant à son avenir colonial et naval.

Après sa tournée sur la côte de Guinée, la *Belle-Poule* devait faire route pour le Brésil. Nous mîmes donc à la voile pour Rio-de-Janeiro. En route nous touchâmes à l'île du Prince, île portugaise, entièrement couverte de plantations d'un café estimé par les connaisseurs le premier du monde. L'île presque entière était la propriété d'une dame qui tenta l'impossible pour obtenir du commissaire du bord de renoncer à sa carrière et de venir administrer pour elle son immense domaine. Ne pouvant l'y décider, elle lui envoya comme souvenir au moment du départ une paire de bretelles brodées de ses mains. A l'île du Prince nous fîmes de l'eau, denrée presque introuvable le long de la côte, et les vivres de campagne du bord étant presque épuisés par notre longue navigation, je pris un chargement d'ignames, destinées à jouer le rôle de pommes de terre, chargement complété pendant une relâche de quelques heures à l'Ascension, par l'embarquement de nombreuses tortues, des tortues de trois cents kilos, qui tinrent parfaitement lieu de viande fraîche.

A Rio-de-Janeiro un changement brusque s'accomplit dans mon existence, changement depuis longtemps désiré par mes parents : je me mariai et épousai la princesse Françoise, deuxième fille de l'Empereur Don Pedro Ier, que j'avais appris à connaître six ans auparavant, lors d'un premier passage au Brésil. La demande officielle de la main de la princesse fut faite au nom du Roi par le baron de Langsdorff, envoyé *ad hoc* en mission extraordinaire à bord du vaisseau *la Ville de Marseille*. Le mariage fut célébré au palais Saint-Christophe, et peu de jours après nous partîmes pour Brest où nous arrivâmes après une longue traversée de vents contraires de soixante-douze jours.

Je dus, à l'arrivée, quitter le commandement de la *Belle-Poule*, et ce ne fut pas sans une certaine émotion que je me séparai du vieux sabot qui m'avait si bien et si longtemps porté à travers tant d'aventures. A mes excellents officiers je donnai une cordiale poignée de main, sûr (alors) de les rencontrer au cours de ma carrière navale. Mais où les adieux furent poignants, ce fut lorsque je pris congé de mon vaillant équipage, une vraie famille où la discipline rigoureusement établie dès le début était devenue telle que le mot punition avait disparu, où la religion du devoir devenue commune à tous avait engendré entre chefs et subordonnés l'affection réciproque, mère de tous les dévouements.

Cette belle unité militaire que quatre années consécutives de soins et d'un esprit de suite invariable avaient amenée au plus haut degré de perfection, ces braves gens à qui je pouvais tout demander, sûr de tout obtenir, allaient se disperser, rentrer dans leurs foyers. Je ne devais plus en revoir que quelques-uns, de-ci, de-là. Encore aujourd'hui à près de cinquante ans de distance, quand le hasard me conduit sur quelque point du littoral, il m'arrive de voir l'œil d'un vieux marin se fixer sur moi, tout changé que je suis, comme si cet œil scrutait les profondeurs de sa mémoire. Puis sa main se porte à son bonnet, tandis que l'autre se tend vers moi avec un bon regard et un : « Vous souvenez-vous de un tel, gabier de grand mât, de telle tempête, de tel danger..... ? » L'émotion me prend alors et je me répète à moi-même comme je le répéterai toujours à satiété : Que ne peut-on faire avec des Français lorsqu'ils sont imprégnés de l'esprit de hiérarchie, de discipline, de devoir !

XI

1844

A peine rentré à Paris, je fus bombardé membre du Conseil d'amirauté. Grand honneur pour moi d'être associé si jeune aux vétérans de carrière qu'il comptait dans son sein. Mais la réunion de tous ces hommes d'expérience ne formait qu'un comité consultatif, placé à côté du ministre pour l'aider de ses avis sur les questions qu'il lui plaisait de lui soumettre. C'était un modérateur sans initiative et je m'y sentais mal à l'aise. J'avais certes et j'ai toujours eu jusqu'à nos jours le plus grand respect pour cet éminent comité. Il n'a pas peu contribué par sa permanence, son esprit de suite, à préserver de l'outrecuidante ignorance des champignons de la politique notre organisation navale, organisation qui a donné la mesure de sa valeur partout, en Crimée, comme sur les champs de bataille de 1870, en Tunisie comme en Chine. Mais en 1843, nous étions sur le seuil de l'inévitable révolution apportée au matériel naval par l'emploi de la vapeur. Il s'agissait pour nous de créer et de créer rapidement, sous peine d'être devancés par d'autres, une force navale nouvelle, peut-être mieux appropriée que l'ancienne à notre génie, à nos ressources. Passionné pour la grandeur de mon pays, ayant des loisirs, puisque rien ne me condamnait à m'absorber dans les mesquineries de la politique de marchandage électoral où nous nous traînions ; n'étant retenu ni par l'esprit de routine, ni par l'excès d'expérience, je désirais ardemment m'employer là où je pourrais aider activement à la création d'un élément puissant de force nationale. Je ne fis donc que passer au Conseil d'amirauté. Je me souviens seulement d'y avoir assisté à de longues séances, dans cette salle du ministère dont les fenêtres donnent sur la rue Royale, salle dont un de mes collègues, l'amiral de Bougainville, avait fait une sorte d'étuve à force de calorifères, de bourrelets, de tapis, de paravents et de chancelières. On y mourait de chaleur, et quand un autre de nos collègues, le baron Charles Dupin, nous y adressait des harangues de longue durée, j'avais bien de la peine à me tenir éveillé.

Sur mes instances, le ministre se décida à nommer une commission spéciale de la marine à vapeur, dont je fis partie. La grande commission ne produisit rien, ou presque rien, mais une sous-commission travailla beaucoup. Nous y étions cinq : un capitaine de vaisseau, M. de Verninac (depuis ministre de la marine sous le général Cavaignac) ; un ingénieur très capable, ancien directeur d'Indret, M. Rossin ; M. Durbec, colonel d'artillerie ; M. Touchard, lieutenant de vaisseau, et moi. Je ne ferai pas l'histoire de ces travaux, ni des luttes incessantes que nous eûmes à soutenir contre la ténacité de l'habitude, la crainte des responsabilités. Tous ces tâtonnements de notre transformation navale semblent presque enfantins lorsqu'on les considère à un demi-siècle de distance, et puis si j'en retrouve le souvenir très exact dans ma mémoire, j'ai perdu le moyen de les contrôler, toutes les notes, rapports, correspondances relatives aux travaux dont je parle n'étant plus entre mes mains, et voici pourquoi.

Quelques mois après la révolution de 1848, comme j'habitais Claremont en Angleterre, on m'annonce un visiteur, monsieur de X..., portant un beau nom, bien connu en Normandie, dans la politique, dans les sciences. Mais au lieu d'un des visages que j'attendais, je vois paraître celui d'un déclassé de cette famille que je me rappelai à l'instant avoir aperçu une fois en Algérie où, revêtu d'un uniforme belge, il fonctionnait comme *reporter* du journal *le Constitutionnel*. Il entre et me dit : « Vous me reconnaissez? — Parfaitement. — Eh bien! je viens de chez vous. — Comment? — Après la prise des Tuileries le 24 février, vous étiez à Alger en ce moment, je me suis installé dans votre appartement. On y est très bien. J'y suis resté plus de deux mois. Il était un peu en désordre, vous pensez bien. Tout ce qu'il y avait de bon avait été pris, mais le sol était couvert de livres, de papiers, d'un tas de choses sur lesquelles tout le monde avait marché. Je me suis amusé à débrouiller tout cela et principalement vos correspondances, vos papiers, que j'ai classés. J'en ai fait plusieurs catégories : tout ce qui regardait la politique, vos missions, je l'ai donné au ministère des affaires étrangères ; tout ce qui regardait la marine au ministère de la marine. Enfin j'ai disposé de tout. Mais j'ai mis de côté quelques papiers concernant les intérêts de madame la princesse de Joinville au Brésil, quelques journaux intimes de vos voyages et je vous les rapporte. » Il me montra en souriant un paquet qu'il tenait à la main, puis il ajouta : « Seulement mon voyage m'a coûté cher. — En bon français, combien en voulez-vous ? — Cent louis ! » — Je vais les lui chercher et, sans mot dire, lui montre la porte, le pied me démangeant dans ma botte. Voilà comment j'ai su ce qu'étaient devenus mes papiers de *marine*. Je regrettai la perte de toutes mes correspondances intimes, je regrettai surtout les lettres de M. Dupuy de Lôme, jeune ingénieur du plus grand mérite, dont le génie était de vingt ans en avance de son temps, et avec lequel j'étais en relations de tous les jours.

Notre commission fit ce qu'elle put. Elle commença modestement par changer l'armement de combat de nos navires existants, — à les armer en pointe — de manière à leur permettre de développer la plus puissante force d'artillerie, en exposant le moins possible l'appareil moteur. De nombreux types sortirent de nos mains : le *Descartes*, le *Cuvier*, le *Pluton*, etc. La protection des machines vint ensuite, et par nos soins, il se fit au polygone de Gavres, près de Lorient, toute une série de tirs, pour déterminer la pénétration des projectiles à travers toutes sortes de matières : le bois, le charbon, le caoutchouc, la tôle, et enfin tôle sur tôle, c'est-à-dire la *cuirasse*. Retardé, comme tout progrès, par nos secousses politiques, il a fallu dix ans pour que le cuirassement reçût sa première application.

A ce même Lorient, un capitaine de frégate, M. Labrousse, se livrait à des expériences sur la meilleure forme à donner à *l'éperon*, et un homme de lettres, nommé Jal, recherchait pour nous dans les vieux bouquins, dans les archives, tout ce qui concernait les manœuvres, la tactique des navires à rames, des galères. Puis nous passâmes du bâtiment à roues au navire à moteur submergé et par suite bien plus facilement protégeable, et j'allai suivre en mer les premiers pas des créations nouvelles, — de notre premier navire à hélice, appelé alors le *Napoléon*, nom changé ensuite contre celui de *Corse*, sous lequel il a rendu des services comme aviso pendant plus de quarante ans ; — de notre premier bâtiment en fer, également à hélice, le *Chaptal*, construit à Asnières par M. Cavé ; — de la *Pomone*, notre première frégate à machine auxiliaire, munie d'une hélice proposée par l'ingénieur suédois Erickson, etc. Mais de tous ces essais, les plus intéressants furent ceux du *Napoléon*, d'abord, comme je l'ai dit, parce que c'était notre premier navire à hélice, et ensuite parce que ce mode de propulsion est d'invention française.

Dallery, un facteur d'orgues à Amiens, eut le premier l'idée, en 1803, de construire un bateau mû par une hélice. Il s'y ruina et, de désespoir, brisa son appareil. L'idée fut ensuite reprise par Sauvage, un constructeur de navires, qui lui fit faire quelques progrès. J'avais connu ce Sauvage en 1835, à propos d'une autre invention appelée le physionotype, au moyen duquel on prenait une empreinte mathématique des traits du visage. Mais comme, avant de mettre sa figure dans l'instrument, on faisait une grimace épouvantable, le résultat était monstrueux, bien que rigoureusement exact. Les travaux de Sauvage sur l'hélice avaient plus d'avenir que son physionotype, seulement ce n'est pas lui qui en recueillit le bénéfice. Ils tombèrent dans le domaine public. Les Anglais construisirent, à titre d'essai, un *sloop* appelé le *Rattler* ; les Américains un autre, le *Princeton*, mais le *Napoléon* les devança et surtout réussit mieux qu'eux. Il fut en premier lieu commandé à l'industrie privée, comme paquebot poste, par le ministère des finances, plus hardi, en fait d'innovations, que le ministère de la marine, et sa construction fut confiée à deux hommes éminents : M. Normand, du Havre, pour la coque ; un Anglais, M. Barnes, pour le moteur et le propulseur. Ces messieurs réussirent du premier coup, aussi bien l'un que l'autre.

J'eus, pendant l'été de 1843, le commandement d'une escadrille, chargée de faire des expériences comparatives entre des bâtiments d'ancien type et ce petit navire, que nous essayâmes de toutes les façons. A chaque incident de mer, M. Normand, M. Barnes et moi, qui escortions le *Napoléon* sur le *Pluton*, nous nous précipitions sur le pont pour observer comment le *Napoléon* se conduisait. M. Normand nous faisait une conférence sur ses lignes, sur les remous qu'il produisait en fendant l'eau, sur sa conduite au roulis, au tangage ; M. Barnes, un gros Anglais, ne disait mot, mais, sortant sa règle à calcul de sa poche, marmottait des formules d'équations. Le navire était du reste parfaitement commandé par un lieutenant de vaisseau très capable, qui a été depuis ministre de la marine, M. de Montaignac. Partout où nous allions, comme personne n'avait encore vu de bâtiment à hélice, c'était un étonnement général. Dans le cours de la croisière, nous entrâmes dans la Tamise et remontâmes la Medway de Sheerness à Chatham. C'était le matin, il faisait un léger brouillard, nous étions annoncés et les autorités s'apprêtaient à nous recevoir, attendant pour se réunir que le bateau fût signalé, soit qu'on l'aperçût, soit qu'on entendît le son de ses roues frappant l'eau. Mais le *Napoléon*, s'avançant à grande vitesse dans la brume, sans que le moteur fît le moindre bruit, prit tout le monde par la surprise, et lorsque les chefs du *Yard* accoururent, ils le virent stopper : puis, grâce à son hélice, tourner presque sur place pour se ranger à quai, allures nouvelles, dont le commodore, vieux marin, était encore tout interloqué quand je débarquai.

Au cours de cette visite dans la Tamise, la petite escadrille remonta à Woolwich où les autorités anglaises nous accueillirent avec cette cordialité franche que j'ai presque toujours rencontrée chez elles. On nous montra l'arsenal de l'artillerie et l'arsenal de la marine. Dans le bassin de celui-ci, se trouvait une corvette à vapeur à roues, avec une installation nouvelle dont j'avais entendu parler. Le couvercle du tambour des roues formait un grand chaland qu'on pouvait mettre à l'eau par un mécanisme ingénieux, et ces chalands étaient capables, en cas de débarquement, de conduire à terre une masse de soldats, et même de sauver l'équipage en cas de désastre, ce qu'ils ont fait du reste en Crimée et ailleurs, quand tous nos navires en ont été pourvus. Le commodore, sir Frederick Collier, voulut bien, sur ma demande, faire faire devant moi la manœuvre de ces chalands. J'en fis mon profit. Deux ou trois mois après, j'étais rentré à Paris, lorsqu'un capitaine de vaisseau anglais, dont le nom m'échappe aujourd'hui (Smith, je crois), qui était l'inventeur de ces chalands, me demanda une audience. Il vient, dit-il, offrir son système à la marine française, et me prie de le recommander au ministre, vu l'intérêt avec lequel j'ai suivi la manœuvre de ces bateaux à Woolwich. Puis il ajoute qu'il m'apportera un *modèle*. « Attendez un moment, » lui dis-je. Je sonne et je fais demander un vieil ouvrier que j'employais. Celui-ci arrive, ayant à la main un modèle du bateau et de l'appareil de mise à l'eau de mon interlocuteur fait sur mes dessins au retour d'Angleterre. Celui-ci, en le voyant, resta pétrifié et ne me dit qu'un mot : « *Wonderfull !* » Il paraît que j'avais du premier coup attrapé la ressemblance. Ce que c'est que de savoir dessiner !

Comme hors-d'œuvre, disons que le vieil ouvrier dont je viens de parler avait été charpentier de marine à bord de l'escadre de Villaret de Joyeuse, lors de la bataille navale que nous appelons du *13 prairial* et les Anglais du *1st of June*. Il se rencontrait souvent chez moi avec un académicien aussi âgé que lui, nommé Dupaty, qui avait été également marin et présent à la même bataille. C'était alors entre ces vieux guerriers des échanges de souvenirs qui m'amusaient et souvent m'intéressaient beaucoup. C'est ainsi que j'appris qu'avant de sortir de Brest pour combattre les Anglais, la flotte avait été *épurée*. On avait guillotiné le capitaine et deux lieutenants du vaisseau amiral, *la Côte d'Or*, dont le nom avait été changé en celui terrifiant de *la Montagne*. Le capitaine d'un autre vaisseau, *le Jean-Bart*, avait été aussi raccourci. On avait ensuite emprisonné ou dirigé sur les armées de terre des milliers de marins et de soldats exercés, mais dont les opinions n'étaient pas sûres, pour les remplacer par des purs qui ne savaient rien. Pour *encourager les autres*, à la sortie de l'escadre, *Jean Bon* Saint-André, le représentant du peuple en mission, depuis, sous Napoléon, préfet de Mayence (son nom l'y prédestinait), avait fait dresser une guillotine à bord de chaque vaisseau ; elle était placée à l'avant, au pied du mât de misaine. Toutes ces mesures de terrorisme et de désorganisation révolutionnaire ne nous donnèrent pas la victoire ; elles n'aboutirent qu'à la défaite, accompagnée de véritables carnages. Nos équipages étaient d'une vaillance qui a souvent été jusqu'à l'héroïsme, mais ils ne savaient rien. Ils recevaient la mort sans la donner. Tous les boulets anglais portaient, tous les boulets français s'en allaient en l'air. On est profondément ému, quand on consulte les annales des deux marines, française et anglaise, de voir les pertes énormes éprouvées par les vaisseaux français, en regard du chiffre insignifiant des hommes atteints sur les vaisseaux anglais. C'est que sur mer, comme sur terre, les improvisations sont funestes, et que, je l'ai déjà dit, rien ne remplace l'instruction et les habitudes de hiérarchie et de discipline longuement établies.

C'est à la fin de la bataille du 13 prairial que se place l'épisode si dramatique, quelquefois contesté, du *Vengeur* s'abîmant dans les flots avec tout son équipage, plutôt que de se rendre. J'ai entendu souvent attribuer la paternité de cette légende à Barrère qui, ayant à rendre compte à la Convention de la bataille perdue, avait voulu lui dorer la pilule. Je questionnai avidement mes deux vieux marins sur cet incident de la lutte où ils avaient été acteurs. Dans une autre circonstance, j'interrogeai un des derniers survivants du *Vengeur* lui-même, auquel j'avais été chargé de remettre la croix. De ce que j'ai entendu de ces bouches diverses, de ce que j'ai recueilli d'ailleurs, voici, je crois, l'exacte vérité sur l'épisode en question. A la fin du combat, après être resté accroché pendant une longue lutte à bout portant avec le vaisseau anglais le *Brunswick*, le *Vengeur*, criblé de boulets reçus de tous côtés, ayant perdu tous ses mâts, prenait l'eau par ses sabords à chaque coup de roulis. Dans cette situation, il ne pouvait tarder à couler. La lutte était finie, il était six heures du soir; les vaisseaux anglais l'*Alfred* et le *Culloden*, ainsi que le cutter *Rattler* vinrent à son secours, et avec le peu d'embarcations qui n'avaient pas été brisées dans le combat, se mirent en devoir de sauver d'abord le brave capitaine Renaudin, son fils et ensuite l'équipage. Le vaisseau *l'Alfred* recueillit deux cent treize hommes, le *Culloden* et le *Rattler* à peu près autant, mais le sauvetage durait encore quand le vaisseau s'abîma et avec lui disparurent non seulement les blessés les plus grièvement atteints, mais aussi une quarantaine d'hommes valides qui, se voyant perdus, saluèrent courageusement la mort des cris de : « Vive la Nation ! Vive la République ! » La légende est assez belle comme cela pour n'avoir pas besoin d'embellissements imaginaires.

Je reviens un moment à mon brave académicien, M. Dupaty, dont j'avais fait la connaissance de la manière la plus absurde. Au beau temps de l'enthousiasme guerrier de la garde citoyenne, le père Dupaty était capitaine, 2e légion, 1er bataillon, commandant Talabot. Un certain soir, étant de garde au Palais-Royal, il dit des vers dans le salon de mon père, et un peu grisé par l'inspiration lyrique, il lui demanda de mettre un de ses fils dans sa compagnie. Le Roi se mit à rire et lui dit : « Joinville sait très bien le maniement d'armes qu'un vieil invalide lui a appris, il fera votre affaire. » On m'habilla en garde national avec un sac rempli de foin, sur le dos, parce que, dans l'ardeur du moment, les compagnies *Chic* avaient le sac, et on m'envoya manœuvrer avec mon bataillon sur le terrain de la rue de Londres, là où s'élève aujourd'hui le quartier de l'Europe. Rien de plus ridicule, mais le père Dupaty était aux anges. Il y fut bien davantage en obtenant qu'on jouât une de ses pièces, un opéra-comique intitulé *Picaros et Diégo*, le jour d'une représentation de gala, donnée sur le théâtre du château de Compiègne pour célébrer le mariage de ma sœur Louise avec le roi des Belges. Mais voilà qu'au plus beau moment, l'acteur principal s'avance en face des époux, des Majestés, de tous les grands personnages qui formaient l'assistance et entonne un flonflon de la pièce auquel personne ne s'attendait :

> Oui, c'en est fait, je me marie,
> Je veux vivre comme un Caton.
> Il fut un temps pour la folie,
> Il en est un pour la raison !

Comme le roi Léopold ne passait pas pour avoir eu une vie exempte d'aventures, l'à-propos fit un effet merveilleux. Tout le rang des gros bonnets baissa la tête, pendant que le reste du public étouffait une furieuse envie de rire.

Cette longue digression m'a entraîné un peu loin ; je reviens au séjour de ma petite escadrille en Angleterre. Mon frère Aumale, qui m'avait accompagné pendant notre croisière, se rendit avec moi à Windsor pour saluer la reine Victoria. J'avais bien, au cours de mes navigations, relâché dans quelques ports anglais, mais, de fait, c'était la première fois que je voyais l'Angleterre, l'hospitalière Angleterre, et cette première impression fut saisissante. Si, en remontant la Tamise jusqu'au pont de Londres, la couleur grise et charbonneuse du ciel, des eaux, des monuments, de tous les objets, me sembla singulièrement triste, l'immensité du mouvement commercial et de l'activité publique que j'avais sous les yeux, dépassa tout ce que j'avais pu me figurer d'avance. A cette impression ineffaçable de grandeur et de puissance, s'en joignit bien vite une autre non moins profonde, impression que les longues années de mon existence n'ont fait que confirmer, celle d'une nation qui a su traverser une révolution sans laisser entamer sa discipline sociale, ni permettre à l'envie démocratique de détruire ses traditions et de semer la discorde entre les différentes classes de sa population.

Je trouvai Windsor superbe. Le vieux château entouré d'arbres séculaires, baignant ses fondations dans les eaux de la Tamise, le fleuve national, et étendant sa protection sur le pittoresque collège d'Eton, où l'élite de la nation vient recevoir du clergé seul une si saine et si vigoureuse éducation, est bien le symbole du calme dans la force et la permanence de la monarchie anglaise.

J'avais déjà rencontré plusieurs fois à Paris le prince Albert, mais je voyais la reine Victoria pour la première fois. Gaie, spirituelle, avec un aimable et fin sourire qui n'était pas exempt de malice, la jeune souveraine était alors dans toute la fraîcheur, l'éclat de la jeunesse et le rayonnement du bonheur. Elle et son royal époux nous firent un accueil dont je garde le plus reconnaissant souvenir, et de ce jour je vouai à la reine des sentiments d'une affection profondément respectueuse que l'âge n'a fait qu'augmenter. Notre séjour à Windsor fut de courte durée et sans incidents frappants, sauf la rencontre que j'y fis d'hommes de guerre ou d'État éminents : le duc de Wellington, Sir Robert Peel, lord Aberdeen.

Ce fut à ce moment que le voyage de la souveraine de la Grande-Bretagne au château d'Eu fut décidé. J'allai au-devant d'elle avec ma flottille jusqu'à Cherbourg. Là elle m'invita à passer sur son navire, le superbe yacht *Osborne*, commandé par un fils du feu roi Guillaume IV, lord Adolphus Fitz

Clarence, un très bon garçon, mais un type rubicon de la vieille marine anglaise, avec un œil qu'il avait quelque peine à garder ouvert, ce qui lui valut un jour d'un petit écolier déjà à cheval sur sa dignité, et qu'il plaisantait à propos de son chapeau : *Oh! what a bad hat ! — And you, what a damned bad eye!* » Sur le yacht se trouvait aussi le ministre des affaires étrangères, lord Aberdeen, puis lord Liverpool, lord Charles Wellesley, le colonel Wylde et comme dames, cette charmante lady Canning que nous avions connue enfant à Paris et qui est morte vice-reine des Indes, après avoir montré tant de courage au milieu de la terrible insurrection des cipayes ; enfin la non moins charmante miss Liddell, depuis lady Blomfield. Un temps superbe favorisa l'entrée au Tréport, avec la petite darse tout encombrée de barques de pêche, la vieille église que doraient les rayons d'un beau soleil couchant, et devant elle, sur le rocher, dominant le port, la grande croix de pierre au pied de laquelle les femmes des marins viennent s'agenouiller dans la tempête. Le débarquement se fit au bruit du canon et du roulement de milliers de sabots sur le galet, au milieu d'une foule de bonne humeur, de matelots, de matelottes en jupons courts, de paysannes normandes en bonnets blancs qui faisaient à haute voix leurs observations et, par-ci par-là, le tricorne d'un gendarme ou le grand chapeau d'un curé. Le tout faisait un tableau si pittoresque, si gai, si bruyant, si français que la jeune reine parut enchantée de sa nouveauté. Pas d'escorte de cavalerie, pas de haies de troupes sur la route du Tréport, mais en pleins champs se trouvaient échelonnés, de distance en distance, de superbes escadrons du 1er de carabiniers aux cuirasses de cuivre, saluant tour à tour de leurs trompettes, tandis qu'au château le service d'honneur était fait par un bataillon de chasseurs à pied serrés en masse, dont la tenue sombre et l'aspect si militaire arracha à lord Charles Wellesley, fils du duc de Wellington, et soldat de race, cette exclamation : « Oh! les admirables petits soldats! »

Mon père avait embarqué la reine dans une immense voiture découverte, à douze places, en forme de corbeille, traînée par un attelage de huit chevaux à la française, avec piqueur, cocher, valets de pied, garçons d'attelage, tous en rouge, tandis que le postillon en grosses bottes à la Van der Meulen portait seul une livrée bleue. Ce contraste de couleur provenait d'une tradition conservée dans les écuries royales, qui voulait que le postillon, ayant censé ôté son habit pour avoir moins chaud, fût toujours habillé de la couleur du gilet. Livrée d'Orléans, rouge à gilet bleu, — postillon bleu. Livrée de Condé, chamois à gilet amarante, — postillon amarante, et ainsi des autres.

La royale guimbarde avec ses huit chevaux n'était pas facile à manœuvrer dans les routes étroites de Normandie. Aussi se produisit-il un petit accident dont je fus malheureusement cause. J'escortais à cheval à la portière et, dans un tournant, je gênai si bien la manœuvre que la voiture accrocha et resta un moment accrochée. Mon père tempêtait, la reine Victoria riait comme une folle, mais le pauvre vieux cocher, un vétéran des grandes écuries, me lança un regard pareil à celui que dut lancer Vatel avant de se passer l'épée au travers du corps. Je l'avais déshonoré dans la circonstance peut-être la plus solennelle de sa vie.

Le lendemain, nouvelle couleur locale. On mena la reine en poste dans la forêt. Les postillons, coiffés à la catogan, avec la poudre, le chapeau enrubanné, partirent assez sagement, mais une fois hors des foules, lancèrent leurs chevaux ventre à terre, toutes les rênes flottantes, avec grand cliquetis de coups de fouet. Ça allait un tel train que j'avais peine, au grand galop de mon cheval, à tenir mon poste à la portière. L'amusement était doublé d'un peu d'anxiété, ce qui en augmentait la sa-  veur. Tout le séjour se passa ainsi en courses, en promenades, dont on s'efforçait de bannir toute contrainte officielle. Le soir, c'était tantôt un concert, avec les artistes du Conservatoire, chantant le chœur d'*Armide* : « Jamais en ces beaux lieux, » l'orchestre exécutant l'andante de la symphonie en *la*, et Vivier faisant un solo de cor ; ou bien Auber amenait l'opéra-comique avec Roger, Chollet, Anna Thillon, ou bien encore Arnal jouait l'*Humoriste* avec madame Doche.

Les ministres étaient là pourtant ; lord Aberdeen et M. Guizot avaient des entretiens où ils se faisaient des confidences politiques, ou bien évitaient de s'en faire. Le maréchal Soult, président du Conseil, parlait peu et, lorsqu'il parlait, ce n'était pas toujours des paroles de bonne humeur qui tombaient de sa bouche, ainsi qu'en fit l'épreuve un malheureux général. Ce brave homme, assez âgé, commandant un département voisin, était général de brigade, et, sentant venir l'heure de la retraite, désirait passionnément décrocher auparavant les trois étoiles. Il guettait l'occasion de bien disposer le maréchal en sa faveur et crut l'avoir trouvée un matin où, après déjeuner, il se rencontra avec lui à la sortie de la galerie des Guise. Le maréchal s'en allait, boitant de sa vieille blessure, une main derrière le dos, en proie à une méditation qui ne semblait pas couleur de rose, à en juger par une lippe qui lui était propre en pareille occurrence. Mon général aborde le maréchal qui s'arrête court en fronçant le sourcil : « Je suis heureux, monsieur le maréchal, de trouver cette occasion de vous présenter l'hommage de mon respect. — Peuh ! fait le maréchal. » L'infortuné poursuit : « Et puisque j'ai cette bonne fortune, monsieur le maréchal, je la saisis pour vous entretenir de l'état des esprits dans mon département et des bons résultats que j'y ai obtenus. Tenez, pas plus tard qu'avant-hier, j'ai réuni à ma table, avec des personnages dévoués à l'ordre de choses actuel... un légitimiste et... un républicain ! — Ah ! vous avez fait ça ! Eh bien ! vous les avez fait dîner avec un imbécile ! » Et le maréchal s'en va, laissant son malheureux interlocuteur tout saisi devant l'écroulement subit de ses espérances. J'ai ouï dire qu'il en est mort.

En revenant d'Eu, la reine débarqua à Brighton, où j'eus l'honneur de l'accompagner et où elle fut reçue avec l'accueil universellement enthousiaste qui ne lui a jamais fait défaut. Je restai un jour l'hôte de la reine dans cet affreux pavillon indien de Brighton, alors un palais de la Couronne, où l'on ne pouvait faire un mouvement, ouvrir une fenêtre, sans être sous le feu de toutes les lorgnettes des maisons d'en face. Ce chef-d'œuvre de mauvais goût et d'inconfortable est aujourd'hui un casino ; c'était sa vraie destination.

Puis, je ramenai devant le Tréport, pour y faire un service

de garde-côte pendant le séjour du Roi à Eu, ceux de nos navires qui avaient escorté la reine. Quelques années auparavant, il s'était passé une bonne scène à bord d'un de ces garde-côtes. Le Roi, suivant son habitude, était allé le visiter et passer son équipage en revue, en compagnie du ministre de la marine d'alors : un vaillant officier que je ne nommerai pas, mais qui était plus fait pour lancer un commandement que pour improviser une allocution. Une fois à bord du... *Pélican* (je mets ce nom-là, mais le navire ne s'appelait pas ainsi) et la revue passée, le Roi dit au ministre qu'il voudrait laisser un souvenir de son passage et donner au moins une croix d'honneur. Le cas n'avait pas été prévu; mais, après une consultation, on se décide à décorer le chirurgien-major, qui avait montré beaucoup de dévouement dans une récente épidémie de choléra. L'équipage était toujours assemblé; le Roi prend position à l'arrière, mais le ministre, totalement ignorant du cérémonial à suivre, ne disait mot. C'est ici que la scène commence :

« Voyons, amiral, dit le Roi, ordonnez au tambour d'ouvrir le ban. » L'amiral, d'une voix de stentor : « Tambour, ouvrez le ban!... » (Silence.) Le roi tout bas : « Dites-leur quelque chose, amiral, pour annoncer la décoration. » L'amiral fait signe que oui, s'avance, et, de la même voix de stentor, commence : « Equipage du *Pélican!...* » (Nouveau silence) « Le Roi!... » (silence) « Le choléra!... » (Silence) « Le brave docteur » (Il le désigne du geste) « Oui, brave docteur! Le Roi, voulant récompenser l'équipage du *Pélican*.... du choléra! » (choléra prononcé comme un coup de canon) « Le Roi vous nomme légionnaire. » (chevalier, souffle le Roi tout bas) « Oui, chevalier légionnaire. » (Le Roi baisse la tête avec désespoir.) « Chevalier légionnaire de son ordre *rrroyal* de la Légion d'honneur! Tambour, fermez le ban! » L'unique tambour du bord ferme le ban, le brave major vient recevoir sa croix que le Roi, dont le sérieux ne se dément pas, lui remet, avec quelques bonnes paroles, pendant que tous les visages des assistants font des efforts surhumains pour se contenir. En ai-je vu des scènes de ce genre?

Je finis ma saison à Eu. On y était encore au souvenir de la visite de la reine d'Angleterre, dont Isabey, Eugène Lamy, Alaux, Siméon Fort étaient très occupés à retracer tous les épisodes. Puis ma petite division navale fut licenciée. Je revins à Paris où je passai l'hiver et rentrai non pas dans le mouvement politique, mais dans le mouvement mondain. J'allai même aux courses de Chantilly, que mes frères venaient de fonder et qui sont devenues une institution. Les courses avaient, dans leur commencement, un caractère différent de celui qu'elles ont aujourd'hui. Le bel hippodrome de la pelouse, en face du château des Condé, les chevaux, le monde des entraîneurs et des jockeys anglais étaient les mêmes, mais le public était autre. Il n'y avait pas de chemins de fer déversant des foules énormes par de nombreux *spéciaux*, foules qui regagnent la capitale le soir même. Il venait moins de monde, mais ce monde, plus choisi, émigrait à Chantilly pour la semaine des courses, s'y logeait comme il pouvait, décidé à braver tous les inconvénients d'une sorte de grand bivouac, et à employer toutes les heures du jour et de la nuit à s'amuser de son mieux. C'était une variété de carnaval d'été avec parties de campagne, dîners, bals, fêtes de toute sorte où le monde et le demi-monde largement représentés se mêlaient quelquefois dans une gaieté un peu bruyante. Je me souviens d'un bal ultra-tapageur où l'excellent maire de Chantilly, M. Jaquin, crut devoir intervenir, escorté de la gendarmerie, pour calmer le désordre. A son entrée, le brave magistrat, réclamant au nom de la loi la cessation du tapage, demanda qui était le maître de la maison : « C'est Brochet ! » répondirent cent voix à l'unisson. Brochet était le surnom d'une charmante cocotte. « Eh bien, continue paternellement l'excellent maire, je demande à parler à M. Brochet. — C'est moi ! » hurlèrent les mêmes cent voix à l'unisson. Puis un cri de : « Vive Jaquin ! » fut poussé, et le brave maire fut porté en triomphe pendant que ces dames s'élançaient pour prodiguer leurs caresses séductrices à la gendarmerie. Le moyen de se fâcher ? Aussi représentants de l'ordre et du désordre fraternisèrent-ils et... tout finit par des chansons. Voilà pour les soirées. Le jour, il y avait chasse à courre que tout le monde suivait à cheval, en voiture, à pied, en joyeuses sociétés, au bruit des fanfares sonnées par les piqueurs rouges de la maison d'Orléans. L'entrain était extrême, et je me rappelle avoir vu une très jolie femme, impatientée de la lenteur de sa voiture à suivre la chasse, supplier un ami de lui prêter son cheval, et s'y élancer à califourchon, non pas en amazone, mais en tenue de ville. Cette jolie femme s'appelait Lola Montès, et a eu plus tard en Bavière une certaine célébrité.

Ainsi se passait le beau mois de mai. Mais, au mois de juin, il me survint des occupations plus sérieuses. Je fus nommé au commandement d'une escadre envoyée sur les côtes de l'empire du Maroc, où de graves événements, intéressant à la fois la consolidation de notre conquête algérienne et nos relations internationales étaient à la veille de se passer.

Abd-el-Kader, aux abois depuis le coup terrible porté à son prestige par la prise de la smalah, jouait en désespéré sa dernière partie. Il avait de nouveau soulevé contre nous et la haine de l'envahisseur et le fanatisme musulman. Partout nous étions obligés de combattre, et pendant que mon frère Aumale avait, du côté de Constantine, des engagements très vifs dans l'un desquels mon frère Montpensier fut blessé, le général Bugeaud était en lutte de tous les jours avec les tribus guerrières de la province d'Oran. Ces tribus, repoussées, passaient la frontière du Maroc, formée par la rivière Moulouia, devant laquelle nos troupes devaient s'arrêter, par respect pour les susceptibilités européennes, et échappaient ainsi au châtiment. De cet arrêt de notre poursuite, nos adversaires concluaient ou que nous n'osions pas affronter la colère de l'empire du Maroc, ou bien que les puissances européennes, et en particulier celle dont le pavillon flottait sur Gibraltar, garantissaient le sol marocain de toutes atteintes. Ce sol devenait alors une sorte de citadelle d'où l'on pouvait tout tenter contre nous, sans crainte de représailles. Il en résultait des irruptions continuelles, auxquelles prenaient part non seulement les fanatiques du Maroc, mais aussi, sous le couvert de l'anonyme, les propres soldats de l'empereur, rassemblés, sous prétexte d'observation, à deux pas de la frontière, irruptions qu'il devenait à la longue insupportable d'avoir sans cesse à repousser au prix de précieuses existences.

Cette situation ne pouvait durer : le gouvernement français résolut d'y mettre un terme, et son premier acte fut l'envoi de l'escadre que j'avais l'honneur de commander. Je devais sommer l'empereur du Maroc de retirer à Abd-el-

Kader la protection qu'il lui avait jusqu'ici accordée, de ne pas permettre à nos ennemis d'organiser sur son territoire des expéditions contre nous, et enfin de réduire à une simple force de police le rassemblement considérable, menaçant par son nombre et son attitude, qu'il avait réuni à la frontière. Faute d'un prompt acquiescement à ces demandes, je devais, pendant que le général Bugeaud emploierait la force sur terre, l'employer de mon côté sur mer, afin de contraindre Mulai Abderrhaman à s'y soumettre. Seulement il m'était expressément recommandé de pousser la longanimité jusqu'aux dernières limites, et, si nous étions obligés d'agir, de déclarer bien haut qu'aucune pensée de conquête ne nous animait. Je devais surtout éviter avec soin tout ce qui aurait pu blesser les susceptibilités internationales, et là était le côté délicat de ma tâche, car ces susceptibilités étaient très vives. Je n'ai pas besoin de dire qu'elles venaient surtout de l'Angleterre. En faisant la conquête de l'Algérie, nous en avions éloigné son négoce; elle ne voulait pas que ses relations commerciales avec le Maroc eussent le même sort. Gibraltar, toujours en semi-état de blocus du côté de l'Espagne, est obligée de tirer du Maroc tous les approvisionnements nécessaires à son énorme garnison, à sa population de contrebandiers, et cela depuis si longtemps qu'on y est habitué à considérer Tanger et la

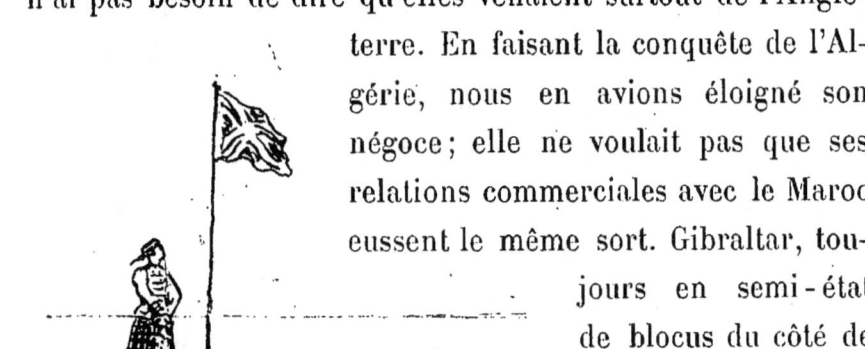

Pointe d'Europe. Gibraltar.

côte marocaine comme une dépendance, une annexe nécessaire du Roc, de l'orgueilleuse citadelle qui garde la porte de la Méditerranée. Qu'on ajoute à cela un certain sentiment national, qui fait considérer aux Anglais la mer comme leur appartenant, et qui éveille leur jalousie chaque fois qu'une action navale est exercée par une flotte autre que la leur, et on aura idée des matières inflammables dont j'allais être entouré. Sur la seule annonce de l'envoi d'une escadre au Maroc, la sensitivité nationale se fit jour dans les Chambres anglaises. Un ancien ministre, lord Minto, s'en fit le premier l'écho à la Chambre des lords, où il me fit même l'honneur de se plaindre que le commandement de l'escadre m'eût été confié. On décida l'envoi de vaisseaux pour nous surveiller : l'amiral Owen, commandant en chef l'escadre de la Méditerranée, reçut ordre de se rendre en toute hâte à Gibraltar et, bien entendu, au milieu de cette agitation, la presse ne resta pas en arrière.

Pendant ce temps j'organisais à Toulon ma petite escadre à laquelle on avait adjoint environ douze cents hommes de troupes de débarquement, et j'expédiais mes navires, à mesure qu'ils étaient prêts, à Oran, comme point de rendez-vous. Il se passa, au moment de ce départ, un petit incident qui, si j'avais été superstitieux, aurait assombri le début de mon commandement. J'avais mené au large un beau soir le vaisseau *le Triton*, chargé de soldats d'infanterie de marine. Une fois dehors, nous rencontrâmes un bâtiment à vapeur, qui amenait de Montpellier la compagnie du génie du capitaine Coffinières, destinée, elle aussi, à faire l'expédition. Par suite d'une fausse manœuvre, le vaisseau et le vapeur s'abordèrent. Le premier fit quelques avaries, mais le second perdit sa cheminée, sa mâture et eut sa muraille enfoncée. Pas d'accident de personnes, sauf un bain forcé que je pris, étant tombé à la mer en allant à bord des deux navires m'assurer de la gravité plus ou moins grande de la collision. Comme détail, je me souviens que, rentrant de nuit à Toulon à bord du remorqueur d'où j'avais assisté à l'abordage, nous fîmes des essais de lumière électrique, dont le cône, dirigé sur une corvette américaine, fit courir en tous sens ses gens de quart aveuglés par cette lumière éclatante venant tout à coup ils ne savaient d'où. Il a fallu près de quarante ans pour que cet essai reçût une application générale... Oh la routine !

Mais je reviens à mes vaisseaux. Après avoir rallié mon monde à Oran, être entré en communication avec le général Bugeaud, je me rendis droit à Gibraltar, pour conférer avant tout avec les autorités anglaises, et prendre nettement et loyalement l'initiative de toute explication qu'elles auraient pu me demander sur mes intentions pacifiques ou belliqueuses, et sur le rôle que nous réservions aux neutres. Disons de suite que dès le premier jour et pendant toute la campagne, je n'eus qu'à me louer sans réserve des rapports que j'eus avec les commandants des forces navales anglaises, l'amiral Owen, les capitaines Lockyer et Provo Wallis en particulier. Nos relations ont toujours été franches, cordiales, *straightforward*, disaient les Anglais, et par suite très agréables. Il n'en a pas été de même de mes rapports avec le gouverneur de *Gibraltar*, le général Sir Robert Wilson, un ennemi acharné de la France. Dès ses premiers pas dans la carrière, attaché à l'état-major de l'armée russe, il avait fait contre nous la campagne de 1812 et pris sa part de tous les désastres qui nous furent infligés dans la terrible retraite de Moscou.

Commissaire anglais près des armées alliées en 1813, il joua là un rôle très actif, payant vaillamment de sa personne devant Dresde comme à Leipsick, et donnant des conseils qui nous furent souvent funestes. Que de fois, dans ses très intéressants Mémoires, n'énumère-t-il pas avec complaisance les pertes qu'il nous aurait infligées là où ses conseils n'ont pas été suivis ! Sir Robert Wilson acquit depuis une certaine notoriété à Paris, en se faisant, en 1815, l'agent principal de l'évasion de M. de Lavalette. Nature chevaleresque à ses heures, mais passionnée, agitée, incapable de se tenir tranquille, Sir Robert avait vu dans son gouvernement de Gibraltar, non seulement un grand commandement militaire, mais un poste d'action politique, et toute cette action, il l'avait tournée, par le Maroc, contre notre conquête d'Algérie, c'est-à-dire contre la France. Ses allées et venues de Gibraltar à la côte voisine étaient connues de tous ; son journal, le *Gibraltar Chronicle*, rédigé par son secrétaire colonial, se faisait l'écho de tout ce qui pouvait abaisser la France, dénigrer nos armées, exciter contre nous. L'exportation des armes, des munitions de guerre à Tétouan ou autres villes marocaines se faisait ouvertement sous ses yeux. Enfin il était facile de faire remonter à lui, en grande partie, la confiance dans l'impunité qui rendait le gouvernement de Mulai Abderrhaman si hostile dans sa conduite à notre frontière, si insolent dans ses réponses à nos agents diplomatiques. Tel était le personnage avec qui j'eus principalement affaire dès le début de ma mission.

En arrivant, ma première démarche fut vis-à-vis de lui, et je me rendis au *Convent*, comme s'appelle sa résidence, en grande tenue, accompagné des capitaines de l'escadre. Il me reçut avec une politesse voisine de l'obséquiosité, et me parla aussitôt des dangers qu'il entrevoyait à la présence de mon escadre sur la côte, devant les villes du Maroc, danger pour la paix générale à cause des conflits qui ne manqueraient pas de se produire, danger d'exciter encore davantage les passions belliqueuses des musulmans, dangers pour la sécurité des chrétiens, des Européens, des consuls établis au Maroc, danger enfin pour M. Hay, le consul général d'Angleterre, qui venait justement de partir, pour porter en personne à l'empereur Mulai Abderrhaman des conseils de modération.

« Mais, mon général, répondis-je, je ne demande pas mieux que de ne pas aller avec mes vaisseaux à Tanger, ni sur aucun point de la côte du Maroc pendant qu'on négocie. Nous sommes las de la situation que les insolences et les hostilités marocaines nous font à notre frontière ; nous allons présenter un ultimatum destiné à y mettre un terme ; nous donnerons un délai pour y répondre, au bout duquel, suivant la réponse, nous irons à Tanger pour punir ou pardonner. *D'ici là*, nous serons heureux de tous les efforts faits pour calmer les esprits et aider à l'acceptation de nos justes demandes. *D'ici là*, je suis prêt à ne pas conduire l'escadre sur la côte marocaine, mais à une condition, c'est que les vaisseaux anglais n'y paraîtront pas non plus. Nous ne souffrirons pas que nos affaires soient traitées, qu'il s'agisse de protection ou d'intimidation, sous le canon d'une escadre étrangère. Si donc, vous et les autorités maritimes me promettez que vos vaisseaux n'iront pas à Tanger, je mène l'escadre à Cadix, sans toucher à cette dernière ville, et j'attends là une réponse à notre ultimatum. Il est entendu que je n'ai aucune opposition à faire à l'envoi de vos bâtiments légers sur la côte pour la protection de vos nationaux ; les miens iront également. »

La conférence finit là, et j'allais me retirer, mais Sir Robert prolongeait toujours l'entretien sur des sujets divers, lorsque, tout à coup, il se frappa le front : « Ah ! j'oubliais l'heure, les portes vont se fermer. Si vous voulez retourner en rade, partez, courez, il n'y a pas une minute à perdre ! » J'ai toujours pensé que cette petite scène avait été préparée, non pas pour se donner le spectacle ridicule d'un amiral français et de ses capitaines en grande tenue courant essoufflés comme des gens qui vont manquer le train, mais pour nous donner l'impression de la rigidité des consignes dans son gouvernement. Nous eûmes une nouvelle preuve de cette rigidité le lendemain soir. Le canot de l'état-major du *Jemmapes* allant chercher les officiers du vaisseau qui avaient dîné à terre, à la poterne appelée le *Ragged Staff*, qui avait été laissée ouverte, se trompa dans l'obscurité de la nuit et se présenta à un autre embarcadère dont le poste prit les armes et fit un feu de peloton, qui heureusement n'atteignit personne.

Ce que j'avais proposé dans ma première visite à Sir Robert se réalisa. Il me fut promis que les vaisseaux anglais ne se présenteraient pas devant Tanger et, de mon côté, je conduisis l'escadre à Cadix, pendant que M. de Nion, notre consul général, expédiait notre ultimatum à Moulai Abderrhaman. Puis il s'écoula une longue période d'incertitudes. Des vaisseaux arrivèrent directement d'Angleterre à Tanger. Informé, je mis aussitôt à la voile pour les y suivre, mais les autorités de Gibraltar les avaient déjà rappelés quand j'y arrivai : je retournai donc à Cadix. Les réponses à notre ultimatum arrivèrent fâcheuses; le gouvernement marocain refusait de dissoudre le rassemblement de troupes que le général Bugeaud avait devant lui et réclamait même la punition du général qui, en poursuivant les bandes venues pour l'attaquer, avait plusieurs fois violé la frontière. Rien sur Abd-el-Kader, le sujet principal de nos réclamations.

Devant ces nouvelles, nous aurions pu agir de suite, mais il fallait auparavant pourvoir à la sécurité de nos consuls et de nos nationaux, que le premier coup de canon tiré pouvait livrer à tous les excès du fanatisme musulman. Puis il y avait la présence du consul général d'Angleterre auprès de l'empereur du Maroc, et si ce consul n'avait pas de mission officielle du gouvernement français, il en avait certainement une officieuse; il fallait attendre son retour. Pour colorer nos retards, M. de Nion envoya une nouvelle sommation à Sidi Bousselam, pacha de Larrache, un homme éclairé, chargé par Mulai Abderrhaman des relations avec nous. Un nouveau délai fut fixé. J'en profitai pour faire retirer nos consuls et j'allai de ma personne, à Tanger, procéder à l'enlèvement par surprise de notre consul général et de sa famille. Il s'en fallut d'une minute que les Marocains n'y missent obstacle. Tous les Français et protégés qui avaient retardé leur embarquement furent arrêtés; seul un juif arrivant à toute course et se jetant à l'eau put encore rattraper mon canot. J'ajoute que, grâce à l'intervention énergique de tous les consuls étrangers et surtout de celui de Naples, M. Martino, jeune homme capable et courageux, qui depuis s'est élevé aux plus hautes positions en Italie, et qui s'était chargé de nos intérêts après la retraite des consuls, cet embargo sur nos nationaux fut de peu de durée.

L'enlèvement des consuls fit un effet considérable, soit sur les chefs marocains, soit sur les représentants étrangers, qui s'inquiétèrent. A leur appel, la rade de Tanger se couvrit de bâtiments de guerre de toutes nations, espagnols, danois, suédois, etc., etc.; les vaisseaux anglais y revinrent. J'y conduisis à mon tour l'escadre. Mais le temps s'écoulait toujours et M. Hay ne paraissait pas. Le général Bugeaud s'impatientait à la frontière et m'écrivait lettres sur lettres pour se plaindre de mes *tergiversations!* Je lui répondais : « Mais, tirez le canon, mon général ! Commencez la guerre, je vous imiterai à l'instant. » Le général n'entendait pas de cette oreille-là ; il me répondait alors qu'on lui faisait à la frontière des ouvertures pacifiques, qu'il fallait voir, que cependant la situation ne pouvait durer, que ses troupes souffraient de la chaleur, s'impatientaient de leur immobilité : en somme, il ne voulait pas prendre la responsabilité des conséquences internationales qui pouvaient résulter de l'hostilité ouverte avec le Maroc, mais il brûlait de se jeter sur l'armée postée devant lui et de lui infliger une défaite éclatante. S'il ne me poussait ni en avant ni en arrière, la diplomatie me retenait tant qu'elle pouvait. Le chargé d'affaires de France à Londres m'écrivait pour me signaler « l'importance majeure que ce pays-ci (l'Angleterre) attache aux affaires dont vous êtes chargé... Si nous avions des blocus, des prises de possession de ports, de côtes, etc., etc., les rapports des croiseurs anglais avec Votre Altesse Royale mettraient à toute heure, j'en suis convaincu, la paix du monde en péril... Et la mer montait, montait toujours... » c'est-à-dire que le temps s'écoulait dans l'inaction, inaction où certains voulaient voir l'impuissance.

Enfin, le 4 août, M. de Nion reçut une réponse inacceptable à sa dernière note : toujours « la punition du général ». Nous n'en étions plus là. Le 5, un aviso m'apportait la nouvelle que le plénipotentiaire anglais, M. Hay, était en sûreté sur un navire de guerre de sa nation et que sa mission avait échoué. Le 6, j'attaquai les fortifications de Tanger, en présence de navires de guerre de tous pavillons, de vaisseaux anglais comme de frégates espagnoles. La démonstration était claire. Aux Marocains que nous frappions, aux étrangers qui étaient présents, nous prouvions que la France entendait faire respecter sa frontière algérienne et qu'aucune protection étrangère ne sauverait du châtiment ceux qui la violeraient. La canonnade de Tanger fut bien plus un bombardement politique qu'une action de guerre. Si, au début, quatre-vingts pièces répondirent à nos coups, leur feu fut rapidement éteint par le tir admirable de nos excellents canonniers. Pas un boulet ne s'écarta des embrasures de l'ennemi ; pas un boulet n'atteignit les maisons, le quartier consulaire. Nos pertes furent insignifiantes ; je n'en ai plus le chiffre ; je crois que nous n'eûmes que quinze ou vingt hommes hors de combat ; nos avaries nulles ; mon vaisseau, *le Suffren*, ne reçut pas cinquante boulets dans sa coque et sa mâture.

Le général Bugeaud, informé aussitôt, m'écrivait peu après : « Je vous disais le 11 que l'armée ne tarderait pas à acquitter la lettre de change que la flotte avait tirée sur elle. La copie ci-jointe d'une dépêche télégraphique à Son Excellence M. le Ministre de la guerre vous fera voir que nous avons tenu parole. » La dépêche contenait le récit de la bataille d'Isly, qu'il venait de livrer, et la lettre qu'il m'écrivait était datée du champ de bataille, le 14 août. Ce même 14 août j'étais avec l'escadre devant Mogador. Des reconnaissances faites par des officiers très intelligents, le lieutenant-colonel du génie Chauchard, le capitaine de la même arme Coffinières et un capitaine de frégate, héritier d'un beau nom, le vicomte Duquesne, m'avaient décidé à choisir cette ville et son port, comme offrant à une attaque le plus de chances de succès. Une autre raison m'avait déterminé : le produit des douanes de Mogador était le principal revenu de Mulai Abderrhaman. Nous avions dissipé ses illusions à Tanger. Pendant que le général allait abattre son orgueil sur le champ de bataille d'Isly, j'allais faire un trou à sa bourse.

Le mauvais temps, la grosse mer, des avaries graves de chaînes, d'ancres brisées sur cette côte inhospitalière, nous causèrent bien des ennuis ; enfin le 15 août une mer plus calme et une brise favorable nous permirent d'aller prendre nos positions d'attaque devant Mogador. Bien fortifiée, pourvue d'une nombreuse artillerie et ayant eu le temps de se préparer, la ville fit une défense plus sérieuse que Tanger. Mais nous en vînmes à bout, et le feu de la place ayant été éteint par l'artillerie des vaisseaux, *le Suffren*, *le Jemmapes*, *le Triton* et de la frégate *la Belle-Poule*, je fis entrer la flottille dans la passe, et jeter cinq cents hommes sur l'île qui forme le port. Le débarquement se fit sous un feu de mousqueterie très vif, mais avec un entrain admirable, les hommes blessés dans les canots sautant à terre les premiers. Les batteries furent enlevées à la course, et toute la garnison de l'île, environ quatre cents hommes, tuée, noyée ou rejetée à la nuit dans une grande mosquée qui se rendit le lendemain. Rien de pittoresque comme cette fin de combat par un soleil couchant, semblable à celui que j'ai vu peindre à Horace

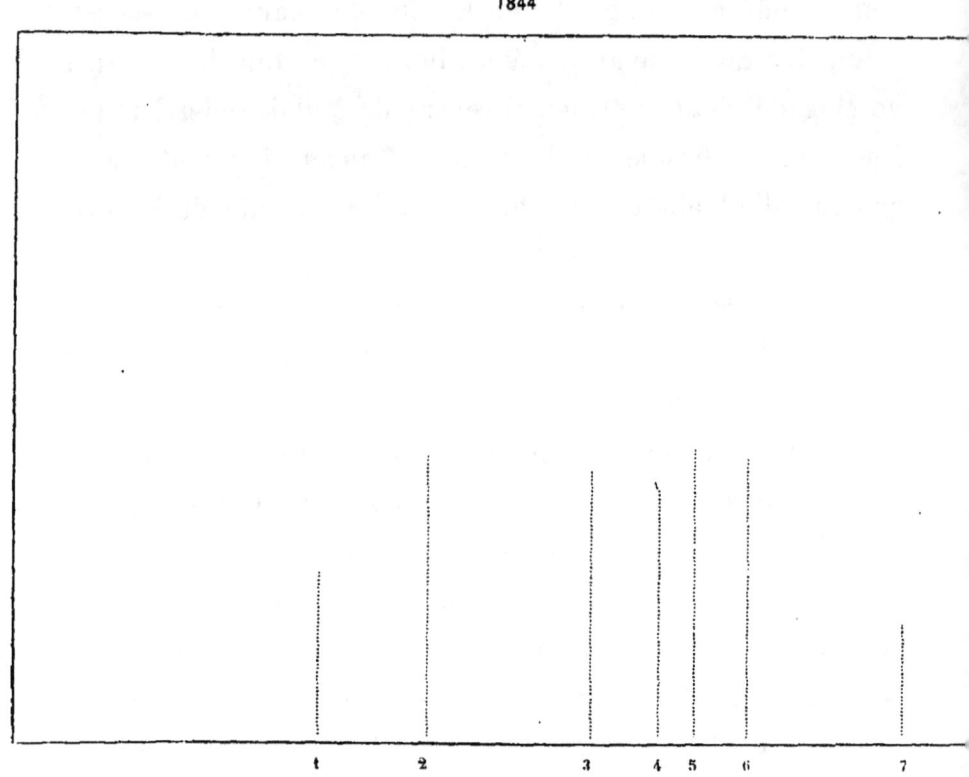

N° 30.

1. M. Coffinières, capitaine du génie. — 2. M. Sigmorte, sergent de sapeurs, tué. — 3. Pottier, lieutenant d'a⟨rtil⟩lerie, tué. — 4. M. Coupvent des Bois, lieutenant de vaisseau, blessé. — 5. Vicomte Duquesne, capitaine de frég⟨ate,⟩ blessé. — 6. M. de Labadie, capitaine des chasseurs d'Orléans. — 7. Martin des Pallières, sous-lieutenant d'infanterie marine, blessé.

MAROC. — Mogador. Attaque de la mosquée.

Vernet dans son beau tableau de la bataille de Montmirail. Les Marocains aux costumes éclatants se retiraient, en tiraillant, vers la mosquée dont la haute tour s'élevait en silhouette vers le ciel, pendant que nos embarcations, longeant la côte sur une mer dorée, joignaient leur fusillade à l'action de nos soldats. Je me souviens qu'à ce moment je me trouvai à côté d'un jeune sous-lieutenant, tout frais sorti de Saint-Cyr, M. Martin des Pallières, à qui, sur ses instances, j'avais permis de descendre à terre en volontaire, bien que sa compagnie ne dût pas débarquer. Il me montra avec fierté son bras fracassé par une balle en me disant : « Vous voyez que vous avez bien fait de me laisser venir ! » Toute cette prise de l'île fut très bien menée par le colonel Chauchard et le commandant Duquesne qui y fut blessé.

Le lendemain, mon premier soin fut de renvoyer au pacha de Mogador quelques-uns des prisonniers avec la déclaration que, s'il était touché un cheveu de la tête du consul anglais, de sa famille et de quelques autres Européens qu'il avait refusé de laisser embarquer avant l'attaque, je ferais passer par les armes en représailles tous les autres prisonniers. J'eus la satisfaction de recueillir ce consul et les siens et de les faire reconduire à bord de la frégate anglaise *Warspite*, qui suivait nos opérations. Il était temps ; car les Arabes, les Kabyles de la campagne, envahissaient la ville pour la piller, la saccager. Le pacha, débordé, n'ayant plus les moyens de maintenir l'ordre, obligé de s'enfuir, aucun chrétien n'aurait pu rester en ville sans courir les plus grands dangers. Peu après nous débarquâmes à Mogador même, pour y achever l'œuvre de destruction de la veille, enclouer les canons, briser les affûts, détruire les munitions de toutes les batteries de la marine, tout cela sans l'ombre d'opposition. Puis je mis une garnison dans l'île que j'armai de canons de gros calibre, afin de tenir en respect la ville que nous ne voulions pas occuper, et je déclarai le port en état de blocus.

Toutes choses réglées, je renvoyai le gros de l'escadre à Cadix pour se ravitailler et se mettre en état, s'il le fallait, de recommencer de nouvelles opérations. Pour faire naviguer, combattre et surtout approvisionner en vivres, charbon, munitions, une force navale qui s'éleva jusqu'à dix-sept navires, plus le corps de débarquement, je n'eus, pendant la durée de la campagne, comme état-major qu'un lieutenant de vaisseau faisant fonction de chef d'état-major, d'aide de camp, etc., un aspirant de seconde classe pour faire les courses et le guet, et enfin le commissaire de mon vaisseau *le Suffren*. Tous les trois, il est vrai, étaient bons. Les deux officiers sont devenus tous deux amiraux : l'un l'amiral Touchard, l'autre, l'amiral Pierre. Le commissaire s'appelait Rouffio. Si je mentionne ce détail, c'est qu'aujourd'hui, avec la manie des gros états-majors, les choses se passeraient moins simplement. J'ajoute que ce qui m'a le mieux secondé, ç'a été la bonne volonté, l'entrain, l'intelligence, le dévouement au pays que j'ai, à toute heure, trouvé chez tous, sans distinction. En somme, la force navale que j'ai eu l'honneur de commander s'est montrée au-dessus de ce qu'on pouvait attendre d'elle. Il en a été depuis et il en sera toujours de même tant qu'on ne portera pas une main sacrilège sur une organisation qui a fait ses preuves, et qui repose maintenant sur de longues et glorieuses traditions.

Nous eûmes pourtant un accident. Un grand transport, *le Groënland*, fit naufrage à quelque distance au sud de Lar-

MAROC. — Perte du « Groenland ». Evacuation des blessés.

rache. Par un temps de brume, et par suite de je ne sais quelle erreur, il échoua, filant neuf nœuds, au moment de la pleine mer, un jour de grande marée, au pied d'une falaise haute comme les falaises de la Manche. La brume se dissipant, il fut aperçu par les Arabes, heureusement en petit nombre, qui du haut de la falaise le fusillèrent impunément. Un de nos avisos, *la Vedette*, eut connaissance de la catastrophe et vint à son aide, aide bien impuissante, sa machine n'étant pas de force à retirer un grand navire échoué dans de si déplorables conditions. Les coups de canon qu'il tira de bas en haut contre les Arabes, perchés sur la falaise, ne servirent qu'à en appeler d'autres. Ils servirent cependant à me donner connaissance du sinistre. Je passais au large, me dirigeant vers Cadix à bord du *Pluton*, lorsque le bruit du canon insolite en pareil lieu, attira mon attention, et courant vers le son, je ne tardai pas à apercevoir le malheureux *Groënland* presque à terre, pendant que la lueur des coups de feu scintillait à la crête de la falaise. La nuit tombait quand j'arrivai auprès de lui. Je me rendis de suite à bord, ce qui n'était pas facile, un fort ressac brisant contre son arrière, seul point par lequel on pût l'approcher. Mais on me lança un cordage à l'aide duquel on me hissa à bord. Le malheureux commandant Besson, une fois le navire à la côte, avait fait ce qu'il avait pu : élonger des ancres, alléger le navire, couper sa mâture. Puis on avait viré avec courage sous le feu des Arabes. Quatorze hommes avaient été tués ou blessés au cabestan. Mais les grelins avaient cassé et si l'allégement avait servi à quelque chose, ç'avait été de permettre à la houle de porter le navire plus à terre. Je descendis dans la chambre des machines ; elle était pleine d'eau : évidemment le navire était crevé. Toute tentative de renflouement d'un grand bâtiment dans ces conditions, bien difficile en pays ami, était hors de question sous la fusillade de milliers de Marocains, qui ne manqueraient pas dès le lendemain, de garnir la falaise. Si la mer se levait, non seulement le navire serait mis en pièces, mais le sauvetage de l'équipage deviendrait impraticable. Je décidai l'évacuation immédiate des blessés d'abord, puis de l'équipage. Elle se fit sans accident. Le capitaine Besson quitta le dernier son navire, après y avoir mis le feu par mes ordres, afin qu'aucun trophée ne tombât aux mains de l'ennemi.

Rentré à Cadix, j'y trouvai, outre les lettres du ministre de la marine, l'amiral de Mackau, contenant l'approbation donnée à ma conduite par le gouvernement du Roi, une lettre du général Bugeaud, devenu maréchal, où il me disait : « Je viens de recevoir avec bonheur votre dépêche du 17: Les opérations des armées de terre et de mer ont été en harmonie complète, quoique à très grande distance. L'armée marocaine a été vaincue le 14 et Mogador bombardé et pris le 15. Entre ces deux victoires la princesse de Joinville vous a rendu père. Il serait bien, ce me semble, de nommer la jeune princesse : Victoria... J'aurais grand bonheur à vous dire que si vous êtes content de votre flotte, l'armée de terre est contente d'elle et de vous. » J'étais occupé à ravitailler, réapprovisionner, réorganiser mes bâtiments lorsque M. Martino prévint que Mulai Abderrhaman demandait la paix et avait donné à Bousselam tous les pouvoirs pour la conclure.

Nous avions à Cadix tout un congrès de diplomates. A M. de Nion notre *déchargé* d'affaires à Tanger, M. Guizot avait adjoint le jeune Decazes, que tout le monde a connu, depuis, ministre des affaires étrangères du maréchal de Mac-Mahon. Puis derrière la toile nous avions le ministre d'Angleterre en Espagne, M. Bulwer, qui s'intéressait aussi beaucoup à nos affaires et désirait sincèrement, à l'exemple de son chef, lord Aberdeen, voir la question marocaine enterrée. Tout le monde était empressé de protocoliser; je pensai qu'il fallait cependant se faire tirer un peu l'oreille, faire désirer aux gens du Maroc la levée de ce blocus de Mogador qui leur coupait les vivres. Je proposai d'envoyer à Bousselam l'interprète de l'escadre, le docteur Warnier, homme de courage et d'intelligence, un de ces Français qui, avec le général Daumas, Léon Roche et autres, avait partagé jadis la fortune d'Abd-el-Kader, et qui était très capable de démêler toutes les finesses de la diplomatie arabe. Il demanderait à Bousselam de déclarer si réellement il avait pleins pouvoirs de l'empereur, et de lui donner alors une pièce officielle en faisant preuve. Dans le cas de l'affirmative, l'escadre reviendrait à Tanger, amenant les plénipotentiaires de France qui apporteraient un traité tout rédigé, contenant les conditions imposées, à signer dans les vingt-quatre heures.

Ainsi fut fait.

Mais ce traité, que stipulait-il? Pas grand'chose. Il donnait seulement le dernier coup à Abd-el-Kader, que l'empereur Mulai-Abderrhaman s'engageait à mettre hors la loi. Les vrais articles de paix avaient été signés à Tanger, Isly, Mogador. Il ne nous servait de rien, après ces victoires, d'imposer à l'empereur des conditions trop dures, qui affaibliraient, renverseraient peut-être son autorité. Mieux valait avoir à notre frontière un souverain ayant éprouvé à la fois la force de nos armes comme notre générosité, et ayant, par suite, intérêt à bien vivre avec nous, qu'une anarchie musulmane contre laquelle nous aurions à lutter et qui ouvrirait peut-être la porte à des interventions européennes.

Le traité, inspiré par ces pensées, fut signé ; l'ordre d'évacuer l'île de Mogador et de lever le blocus expédié. Le pavillon du consulat de France fut relevé, salué par la terre et par nous. Le différend marocain était clos. Comme résultat, Abd-el-Kader, traqué au Maroc comme en Algérie, après une courte période de vie errante et impuissante, s'est vu contraint de faire sa soumission à mon frère Aumale en 1847. De la date du traité de Tanger jusqu'à nos jours, aucun embarras sérieux n'est survenu entre nous et le gouvernement marocain.

La signature de la paix fut le signal de la dislocation de l'escadre réunie sous mes ordres. Quant à moi, je revins à Paris par le Havre, où j'appris qu'on m'attendait à Toulon où l'on m'avait préparé une réception officielle. Je fus heureux d'y avoir échappé ; j'avais la conviction intime d'avoir, pendant cette campagne de quatre mois, bien servi mon pays et éloges comme injures m'étaient également indifférents.

XII

1844-1848

Vers la fin de 1844, grandes fêtes à Naples pour le mariage de mon frère Aumale avec sa cousine, la charmante fille du prince de Salerne. Mariage civil au palais, pendant lequel le roi ne fit que tarabuster le syndic de Naples, qui instrumentait en costume espagnol du xviie siècle, tout noir, avec perruque à longues boucles flottantes. Au mariage religieux se pressaient en toilettes de cour, autour de la famille royale, une foule de femmes ravissantes et d'hommes portant de grands noms historiques : le marquis de Pescaire del Vasto, les princes Colonna et de Campo Reale, les ducs d'Ascoli, de San Cesarea et tant d'autres. La France était représentée par l'amiral Parseval, les officiers de l'escadre, le général Durosnel, aide de camp de mon père, après l'avoir été de Napoléon, un vieux soldat, l'honneur en personne, dont la mémoire était chargée de souvenirs bien intéressants. A côté d'eux l'ambassade de France faisait grande figure avec le duc et la duchesse de Montebello, M. Lutteroth et sa femme, sœur du comte Bathyani, exécuté en Hongrie en 1848, dans des circonstances désolantes.

L'assistance civile, le public, se composait de M. Glais-Bizoin, qui faisait moins grande figure, comme le comprendront ceux qui ont connu l'ancien triumvir de Tours en 1870, un des hommes les plus laids de la création. Puis venait le corps diplomatique et, remarquable entre tous ses membres, le ministre d'Autriche, prince Félix de Schwarzenberg que j'eus grand plaisir à connaître. C'était un homme charmant, le type de la distinction aristocratique, avec une tête superbe, à la fois spirituelle et hautaine sur un corps élancé. Il portait avec une suprême élégance l'uniforme blanc de général autrichien et tournait la tête à toutes les femmes. Ses aventures amoureuses ont été innombrables et quelques-unes sont restées célèbres, comme l'enlèvement de cette grande dame anglaise, peinte par Edmond About dans *le Roi des Montagnes*, et qui, délaissée, est allée finir ses jours sous la tente d'un chef arabe, aux environs de Palmyre.

Pour lui, lorsque la passion l'entraînait il n'y avait pas d'obstacle, et je n'ai jamais vu d'homme poursuivant publiquement une femme, sans égard pour sa situation, avec une plus superbe indifférence du qu'en-dira-t-on et des conséquences possibles. Cette audace, d'ailleurs, lui réussissait. Il la porta plus tard et avec succès dans la politique. On sait qu'il prit le pouvoir en 1848, quand les affaires de la Maison d'Autriche étaient au plus bas, avec Vienne en révolution, la Hongrie insurgée, la Lombardie envahie. Confiant dans la force du principe dynastique, il fit abdiquer deux empereurs incapables, mena lui-même le jeune François-Joseph recevoir son investiture au milieu des tirailleurs de Radetsky à Santa-Lucia, la veille de Novare, fit l'alliance russe qui soumit la Hongrie, et, après avoir ainsi arraché son pays à la dissolution révolutionnaire, mourut debout, au sortir d'un rendez-vous. C'est de lui le mot si connu et bien caractéristique : « On peut tout faire avec des baïonnettes, excepté s'asseoir dessus. »

Les fêtes se succédèrent sans interruption : spectacle de gala à San-Carlo, avec ballet dansé par de jolies ballerines dont les maillots n'étaient roses qu'au-dessous des genoux ; le reste était vert pomme. Ainsi l'exigeait la pudeur administrative ; je ne sais pas si la vraie pudeur y trouvait son compte. Après San-Carlo, San-Carlino où Pulcinella, ce type local, originaire, prétend-on, d'Acerra, comme Arlequin de Bergame, escorté de son inséparable Bisceliais, Pancrazio, s'en donnait à cœur joie avec sa verve burlesque sur les nouveautés du jour, dans une pièce intitulée : *Pulcinella alla strada ferrata*.

Des théâtres on allait au bal, chez le roi, à l'académie, à l'ambassade. Le jour il y avait chasse à Capo di Monte, à Caserte. On ne reverra plus ces chasses de Naples. J'ai entendu raconter à mon beau-frère, le roi Léopold, que convié par le roi à une chasse au gros et petit gibier à Mondragone, où l'on avait tué en quelques jours, entre autres pièces, trois mille bécasses, et resté seul un jour de plus que les autres chasseurs sur le terrain qu'on venait de battre, il avait tué, en une matinée, soixante bécasses à l'arrêt de son chien.

Comme fin de séjour nous baptisâmes un des fils du duc de Montebello. La cérémonie se fit à l'italienne, dans un salon du prince de Salerne, ce prince si napolitain par son esprit, ses exagérations bouffonnes et le vacarme qu'il faisait et excitait partout où il allait. Ce vacarme avait déjà terrifié l'enfant, lorsqu'on vit sortir d'une armoire faisant chapelle, un brave chapelain, monsignore Corbi, vieil ami de ma mère. Ce monsignore, extrêmement laid et d'une taille minuscule, était coiffé d'une mitre gigantesque et avait un aspect si diabolique que l'enfant se débattit avec horreur à sa vue, en poussant des cris inhumains. Pour le calmer, monsignore Corbi hurlait d'une voix glapissante : « *Bello ! Bello !* » Ce qui épouvantait l'enfant encore plus.

En revenant de Naples, nous fûmes pris, en dehors des bouches de Bonifacio, par un violent coup de vent qui nous occasionna quelques avaries et démoralisa les dames. Par suite, au lieu d'aller à Marseille où l'on avait préparé à la duchesse d'Aumale une brillante réception, on relâcha à Toulon où la duchesse débarqua et continua sa route pour Marseille par terre, pendant que je m'y rendais par mer. Mais cette bifurcation ne faisait pas le compte des maîtres de cérémonie officiels et dérangeait tous leurs préparatifs d'ovation. L'arrivée avait été machinée par mer et, sous peine de tout compromettre, devait se faire par mer. Aussi la pauvre duchesse fut-elle amenée sans bruit et par voie détournée à la vieille darse où on l'embarqua et d'où, après un petit crochet, elle put arriver nautiquement et débarquer au pied de la Cannebière, *au milieu d'un enthousiasme difficile à décrire*, suivant le cliché habituel.

De ces fêtes de Marseille, je ne conserve que des souvenirs musicaux. Premièrement le souvenir de la musique du roi René avec galoubets et tambourins escortant les prud'hommes, pêcheurs costumés à la Henri IV, et secondement celui d'un solo de violoncelle admirablement exécuté par Offenbach, alors tout jeune, musicien dans l'âme, mais n'ayant pas encore révélé son grand talent de compositeur.

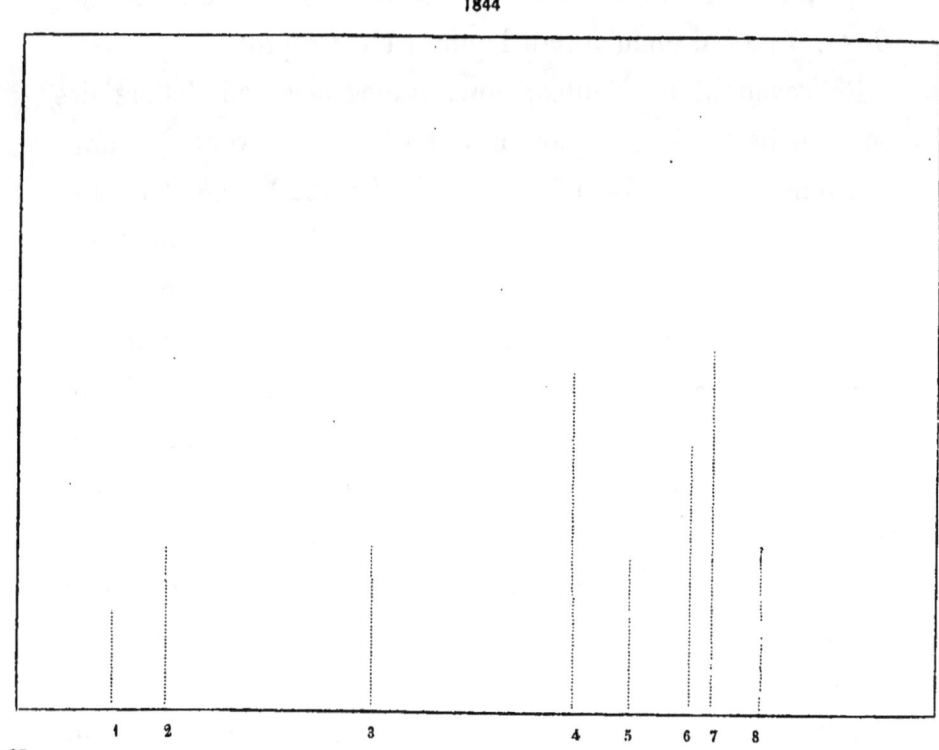

1. M. Lutteroth. — 2. Duc et duchesse de Montebello. — 3. Monsignor Corbi. — 4. Princesse de Salerne. — 5. Prince de Salerne. — 6. Prince de Joinville. — 7 Duchesse d'Aumale. — 8. Duc d'Aumale.

BAPTÊME DU FILS DU DUC DE MONTEBELLO, A NAPLES. — « Bello ! Bello ! »

Je m'arrachai d'ailleurs à toutes ces réjouissances qui m'assommaient, pour aller visiter le port de Bouc, les Martigues et l'étang de Berre, lieux où il faudrait bien peu de chose pour compléter une œuvre naturelle incomparable, et en faire le premier port du monde. Accompagné de l'amiral Baudin et des ingénieurs de terre et de mer, porteurs de tous les plans, je m'intéressai vivement à cette visite, mais le commerce va à Marseille, les flottes de guerre à Toulon et il y a là des habitudes enracinées, contre lesquelles il n'y a pas à lutter. Notre conclusion fut donc que, sauf l'entrée du port de Bouc à approfondir, et approfondie depuis, l'état des choses ne changerait pas. J'entends encore un jeune ingénieur des ponts et chaussées, qui faisait partie de notre expédition, murmurer entre ses dents, en repliant ses plans, qu'il y avait alors bien d'autres choses à ne pas changer en Provence, notamment la pureté des formes des filles d'Arles. Il prononçait mal *pureté* et on entendait *dureté*. Peut-être y mettait-il malice, car il se prit à rire en me regardant.

Toutes ces allées et venues du Maroc à Naples m'avaient tenu assez éloigné de Paris et du théâtre politique. Quand je rentrai, dans l'hiver de 1845, la monarchie de Juillet avait encore trois ans à vivre, mais cela sentait déjà le malade. La danse de Saint-Guy parlementaire ne satisfaisait personne à l'exception des Jérôme-Paturot à qui elle procurait une position sociale. Mais, pour un satisfait, combien d'envieux! Le parlement donc n'apportait aucune force au gouvernement que la presse attaquait presque unanimement. Et, par une étrange contradiction, le principal reproche adressé à ce régime, que chacun s'efforçait de déconsidérer et d'ébranler, était de manquer de vigueur. Que de fois ai-je entendu dès cette époque le : « Soyez forts, » qui sonne toujours le glas des gouvernements aux abois. Si le besoin de détruire, qui est l'essence de l'esprit révolutionnaire, l'envie démocratique, la spéculation politique, poursuivaient ouvertement, et sans autre opposition que de stériles verbiages et de futiles entraves, leur travail de termites, la vie sociale de tous les jours gardait pourtant les apparences de la santé. Le régime pacifique de 1830, qui avait eu la chance de doter la France des premiers chemins de fer et qui en poursuivait l'extension avec une activité intelligente, allait voir éclore une des plus fécondes découvertes de la science, la télégraphie électrique, dont la première application date de 1845. Les beaux-arts, encouragés par un prince éclairé, brillaient d'un vif éclat. Eugène Delacroix envoyait au musée de Versailles, cette création personnelle et généreuse du roi Louis-Philippe, des toiles admirables, l'*Entrée des Croisés à Constantinople*, entre autres. Meissonier se faisait connaître par des chefs-d'œuvre, et à côté de lui se rencontrait tout un essaim de grands paysagistes : Corot, Jules Dupré, Rousseau, Troyon. Henriquel Dupont, le prince de la gravure, produisait des estampes merveilleuses : le *Gustave Wasa*, l'*Hémicycle !* Et sur la scène, quels artistes ! Sans parler du Théâtre Italien où l'on entendait un incomparable trio, Grisi, Lablache, Mario, des Parisiens d'adoption, alors dans toute la plénitude de leur talent, les Français, la Porte-Saint-Martin, le Gymnase nous montraient des représentations voisines de la perfection. J'ai toujours présent à mes souvenirs le *Menteur*, joué sur le théâtre des Tuileries par Firmin, Samson, Regnier, mesdames Plessy, Anaïs, Augustine Brohan ; à la Porte-Saint-Martin, Frédéric Lemaître, madame Dorval, effrayants de poignante vérité, de puissance dramatique dans le terrible drame : *Trente ans ou la vie d'un joueur*. Et Rose Chéri au Gymnase ! Si je parle théâtre, c'est parce que le théâtre est une de nos gloires. Quel est le pays qui possède une Comédie-Française, une institution vieille de deux siècles, que le marteau révolutionnaire a jusqu'ici miraculeusement respectée, au milieu de toutes nos ruines ! Je parle du théâtre aussi parce que j'y passai bien des soirées. Les autres s'écoulaient doucement dans le salon de famille, salon bien nommé, car nous nous y rencontrions tous, jeunes et vieux, grands et petits, après les repas toujours pris en commun.

Dans ce salon, situé au premier étage des Tuileries, entre les pavillons de Flore et de l'Horloge, ma mère faisait de la tapisserie près d'une table ronde, garnie de flambeaux à abat-jour, ayant auprès d'elle ma tante Adélaïde, nos jeunes princesses et les dames de service. Sur une banquette de la salle de billard adjacente au salon, le Roi recevait les dépêches que lui apportait son chef de cabinet, le baron Fain et lisait le *Times*, le seul journal qu'il lût quotidiennement. C'est là que les visiteurs, principalement les diplomates qui désiraient lui parler, allaient le trouver, tandis que les visiteuses s'asseyaient autour de la table de la Reine où la conversation était générale, bien que parfois soporifique. Elle se relevait quand il venait des dames dont l'esprit ou la beauté faisait serrer les rangs aux hommes dispersés dans le salon. C'était le cas lorsqu'on voyait arriver mesdames de Sainte-Aulaire, de Castellane, de charmantes diplomates, la princesse de Ligne, mesdames Firmin Rogier, de Stockhausen ou bien trois sœurs filles de M. de Laborde, mesdames Delessert, Bocher, Odier. Trois superbes Anglaises, les trois sœurs Shéridan, y avaient fait sensation jadis ; c'était maintenant le tour de la princesse Mathilde, dans tout l'éclat de sa beauté. Tant d'autres encore. En fait d'hommes, un fort contingent de visiteurs était fourni par les étrangers de passage à Paris : le prince Paul de Würtemberg, le prince Max de Bavière, le prince Paul Esterhazy ; des Anglais : MM. Disraëli, Ellis (Bear), Charles Fox, Monkton Milne, etc., etc. ; beaucoup d'Espagnols. M. de Humbold y faisait quelquefois des lectures pas toujours amusantes. En revanche, j'y ai entendu chanter, avec une voix ravissante, le prince Belgiojoso, mari de la belle Trivulce aux yeux profonds. Mais le catalogue serait interminable. Je ne puis cependant passer sous silence, parmi les habitués de tous les jours, le maréchal Sébastiani, l'un des intimes d'un petit cénacle présidé par ma tante Adélaïde. Cette réunion, dont M. de Talleyrand avait été un assidu, et où se rencontraient le maréchal Gérard, M. Dupin, Flahaut, un général de Lavœstine (plat courtisan de ma tante, de son valet de chambre, de son perroquet), et quelques autres fidèles, se tenait le matin, dans le charmant appartement qui formait le rez-de-chaussée du pavillon de Flore, avec fenêtres sur le coin du Pont-Royal et la grille du jardin des Tuileries. On avait, de ces fenêtres, de curieux tableaux dont les plus amusants étaient les luttes homériques soutenues par les factionnaires de la garde nationale, esclaves de la consigne, pour empêcher les chiens non attachés de suivre leurs maîtres dans le jardin des Tuileries, luttes où la vaillante garde citoyenne, malgré des prodiges de valeur, avait souvent le dessous.

Cette excellente tante Adélaïde s'en alla, vers le printemps de 1845, visiter pour la première fois une terre qu'elle possédait à Arc-en-Barrois dans la Haute-Marne, et comme elle me la destinait dans sa succession, elle m'y emmena. Cette terre, jadis la propriété de Vitry, le capitaine des gardes de Louis XIII qui tua le maréchal d'Ancre, avait passé ensuite à la maison de Penthièvre et était échue, avec l'héritage de cette maison, à notre famille. C'était un vaste et sauvage domaine forestier, peuplé de loups et de sangliers. M. le duc de Penthièvre, mon arrière-grand-père y habitait souvent dans un beau château, pillé et démoli, bien entendu, pendant la Révolution, quoique ce brave prince fît beaucoup de bien dans le pays, où il a laissé une mémoire vénérée. Nous vîmes, à cette première visite, affluer toutes les autorités du pays, et entre autres le préfet du département, M. Romieu, dont la jeunesse s'était signalée par de joyeuses excentricités de carnaval, en compagnie d'une célèbre bande de viveurs que je me rappelle parfaitement. C'était lord Henri Seymour qui, entouré de femmes élégamment costumées, parcourait les boulevards, dans une voiture à quatre chevaux, avec des postillons poudrés et enrubannés et s'arrêtait dans les carrefours pour haranguer dans un langage pittoresque une foule ravie qui

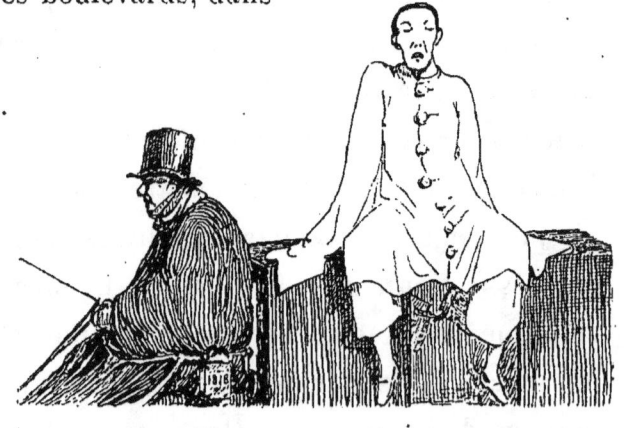

criait : « Vive milord l'Arsouille ! », ou bien un autre Anglais, lord Clanricarde, inimitable en Pierrot, à calotte noire, avec sa figure patibulaire enfarinée, qui prenait l'impériale d'un fiacre pour plate-forme de mille facéties nocturnes. Puis le comte d'Alton, M. de Châteauvillard, etc., etc., metteurs en train de toutes sortes de folies spirituelles. L'exploit le plus connu de Romieu fut, une belle nuit, de déposer au milieu de la rue, avec un lampion sur la poitrine pour le préserver d'être écrasé, un ami qui avait trop fait la fête. Notre préfet n'aimait pas ce souvenir, car il ressentit vivement une allusion bien indirecte que j'eus le malheur d'y faire au milieu des familiarités d'une partie de chasse où il figurait en blouse bleue et casquette de cuir. Se redressant, il m'apostropha d'un : « Je vous prie de croire, monseigneur, que je suis un préfet sérieux. » Je me le tins pour dit, et ne lui parlai plus que des ravages des hannetons et de la difficulté de trouver des cailloux assez durs pour le macadamisage des routes. Le pauvre homme, après avoir joué un rôle dans la réaction qui suivit la révolution de 1848, comme auteur d'une brochure à sensation, intitulée le *Spectre rouge*, est mort de chagrin de la perte d'un fils tué à Sébastopol.

Souffrant d'une maladie de foie, suite de toutes les fièvres successives que j'avais attrapées dans les pays chauds, je fis, pendant l'été, une saison à Vichy. Ma cure se faisait du château de Randan, où je passai par de cruelles angoisses, ma fille y étant tombée dangereusement malade. Elle s'en tira heureusement, grâce aux soins d'un jeune et très habile médecin militaire et en même temps un homme des plus aimables, Alphonse Pasquier, assassiné en 1871, par les communards, lors de la reprise de Paris. De Randan, je me rendis à Eu, pour une nouvelle visite de la reine Victoria, visite que favorisa un temps superbe et qui fut aussi simple et aussi affectueuse que la première.

L'année 1845 prit fin, et le premier souvenir qui me revienne à l'esprit pour 1846 est celui d'une chasse, marquée par un nouvel attentat contre mon père. C'était le 16 avril ; nous étions tous à Fontainebleau où le Roi aimait à se rendre pour assister aux progrès des admirables restaurations des galeries François Ier et Henri II, qu'il faisait exécuter. Je chassais ce jour-là le sanglier avec l'équipage de Henri Greffulhe. Pendant un défaut, nous avions rencontré, au carrefour des Monts de Fays, le Roi descendu de son char à bancs et s'amusant, suivant sa coutume un peu américaine, à tailler des bâtons avec son canif. « La chasse est là-bas, dans le fond du pays, » nous dit-il d'un air gouailleur qu'il prenait toujours quand il était question de la chasse, qu'il détestait. Il avait même l'habitude, quand on lui en parlait, de la définir ainsi : « Un beau plaisir ! car j'ai chassé aussi autrefois pour complaire à mon père. On se réunit cinquante cavaliers, et tout d'abord distribution générale de coups de pied de cheval ; tout le monde est habillé de la dernière élégance ; tout à coup on crie : *C'est attaqué !* En une minute on est couvert de boue des pieds à la tête. On court comme cela ventre à terre pendant deux heures sans rien voir. Nouveau cri : Hallali ! et tout le monde rentre fourbu. Un beau plaisir vraiment ! »

Nous laissâmes le Roi à ses petits bâtons, prîmes notre sanglier, et nous revenions, lorsqu'en redescendant de Franchard, un officier de hussards, arrivant au galop, nous cria ! « On a tiré sur le Roi ; il n'est pas atteint. »

Si jamais la Providence a protégé un homme, c'est bien ce jour-là. L'assassin, Lecomte, un ancien garde des forêts royales démissionnaire, mécontent qu'on ne lui eût pas accordé, au lieu d'une pension qu'il recevait, le capital de cette même pension, et aussi surexcité par les calomnies, les injures, les attaques et menaces de toute sorte dont la presse quotidienne abreuvait le Roi, avait résolu de le tuer. Excellent tireur, il avait construit une plate-forme derrière le mur du Parquet d'Avon, devant lequel il savait que le char à bancs du Roi devait passer. Il tira, son fusil appuyé sur le mur, lorsque la voiture passa à un tout petit trot, à dix pas de son embuscade. Mais au moment du crime la main lui trembla, car personne ne fut atteint, ni l'officier d'ordonnance de service, le capitaine Brahaut, qui se trouvait à cheval entre le Roi et le mur, ni Montalivet qui causait avec mon père sur le premier banc de la voiture, ni ma mère, ma tante Adélaïde, la duchesse de Nemours, le prince et la princesse de Salerne qui étaient sur les autres bancs. La balle avait seulement coupé, juste au-dessus de la tête du Roi, une frange d'une espèce de tendelet qui recouvrait la voiture. Au bruit du coup de feu, sur le sens duquel personne ne s'était trompé, les officiers d'ordonnance Brahaut et de Labadie, suivis du colonel Berryer et de plusieurs officiers de hussards qui avaient accompagné la promenade royale, s'élancèrent au galop pour cerner le parquet, avant que Lecomte pût s'échapper. En même temps un garçon d'attelage nommé Millet avait accosté son cheval contre le mur et, debout sur sa selle, aperçut l'assassin qui s'enfuyait. Se jetant courageusement à sa poursuite, il engagea avec lui une lutte terrible, qu'il soutint jusqu'à l'arrivée des officiers. Quand je rejoignis mon père et les princesses, je les trouvai affligés de ce retour au régicide, mais d'un calme et d'une absence d'émotion que j'étais loin de ressentir. Tant il est vrai que nos plus poignantes anxiétés sont les dangers et les souffrances de ceux que nous aimons !

C'est à cette époque que je fus rendu à la vie utile en étant appelé au commandement de l'escadre d'évolution de la Méditerranée. Pendant mes deux années de commandement, je n'eus qu'à suivre les errements de mes devanciers quant à l'organisation, l'instruction des équipages et au maintien dans leur rang de l'esprit de hiérarchie, de discipline, de dévouement qui en font encore aujourd'hui l'excellence. Mais une tâche nouvelle s'ouvrit pour moi par l'adjonction faite pour la première fois à l'escadre d'un certain nombre de navires à vapeur. J'avais navigué déjà dans plusieurs escadres : quel que fût le nombre des vaisseaux qui les composaient, les manœuvres de ces vaisseaux, les tactiques de combat ou de navigation dépendaient toutes d'un seul élément, uniforme, le même pour tous : le vent, sa direction, sa force, et cette tactique, fruit d'une expérience séculaire, nous l'avions tous mise en pratique et la connaissions sur le bout du doigt. C'était notre catéchisme ; mais l'art nouveau de faire naviguer ensemble, sans se heurter, des navires pour qui la loi du vent n'existait plus, et qui pouvaient se mouvoir en tous sens et avec de grandes vitesses, suivant les fantaisies de leurs capitaines, était tout à créer.

Ma tâche fut donc d'expérimenter et de commencer la réglementation de cette navigation nouvelle. Dès le début, je fis de nombreux essais d'évolution, m'inspirant de la tactique des galères, comme aussi des manœuvres de cavalerie, au pas et au galop. Puis nous fîmes du remorquage sous toutes les formes. Nous attelâmes d'abord un bâtiment à vapeur sur deux vaisseaux ; la seconde année de mon commandement, chaque citadelle flottante eut son cheval de renfort. Désormais la conquête du calme et des petites brises était faite et la célérité des opérations navales fort accrue. Seulement plus on essayait, et plus les embarras, les dangers de l'accouplement de deux navires dont l'un, la nuit surtout, est forcément passif, crevaient tous les yeux. Le mariage du remorqueur et du remorqué n'était pas loin ; le vaisseau à vapeur, le bâtiment de combat à grande vitesse, indépendant du vent et de la mer, allait naître.

Depuis longtemps la création d'un pareil navire était l'objet des études de Dupuy de Lôme. Il était allé en Angleterre, tout voir, tout étudier, chantiers de l'État, chantiers de Liverpool et de la Clyde. Souvent nous avions causé de tout cela ensemble, étant en complète communauté de vues, lorsqu'un matin, dans un moment d'intervalle de mon commandement, il arriva chez moi, avec un grand rouleau contenant deux plans complets. Le premier était le plan d'une frégate à batteries, *entièrement construite en fer* ; le second le plan d'un vaisseau de ligne en bois, tous deux à grande vitesse. Le premier projet, celui de la frégate en fer, avait toutes les prédilections de Dupuy de Lôme : « L'avenir est aux constructions en fer, » disait-il, et il avait raison. Mais les expériences de tir que nous faisions faire à Lorient sur les murailles en fer étaient désastreuses, les dégâts faits par le tir oblique sur ces murailles, effroyables. On faisait bien parallèlement des expériences en vue d'un cuirassement des machines, mais ce cuirassement n'apparaissait que dans l'avenir le plus nébuleux. Comment faire accepter à des comités timorés, mais tout-puissants, la construction d'une frégate à vapeur où tout, absolument tout, serait nouveau, inexpérimenté ? Tout au plus, disais-je à Dupuy, obtiendrons-nous la construction de votre vaisseau. L'introduction à son bord du moteur à vapeur submergé sera la part faite aux novateurs ; le vieux vaisseau en bois, mâture et batteries, la part des vieilles traditions. — Eh bien ! me dit-il en roulant le plan de sa frégate en fer, je vais proposer mon vaisseau. »

Il le proposa, et échoua. De l'eau bénite de cour, des compliments, mais refus d'ordonner la mise en chantier. Le pauvre Dupuy vint me retrouver désespéré et nous étions à confondre nos douleurs et chercher le moyen de revenir à la charge, lorsque survint une bienheureuse crise ministérielle qui confia l'intérim du ministère de la marine à M. Guizot. Nous vîmes là le joint. J'allai le trouver et lui contai toute notre affaire ; comment un vrai et considérable progrès naval était ajourné pour des questions de forme ; comment le ministre sortant, malgré toute sa bonne volonté, n'avait pas osé s'affranchir en cela des lenteurs administratives ! M. Guizot m'écouta et me demanda ce qu'il fallait faire : « Mais simplement passer outre, et toute la marine vous en saura gré. Vous avez la signature, signez seulement un ordre de mise en chantier d'un vaisseau à vapeur sur les plans de M. Dupuy de Lôme. » Ce qu'il fit aussitôt et, la porte enfoncée, le premier vaisseau à vapeur fut immédiatement commencé. Si Dupuy en avait la paternité, je pouvais en réclamer le parrainage mais il était sans nom quand éclata la révolution de 1848 qui le baptisa : *le 24 Février*, nom bientôt changé en celui de *Napoléon*. J'en ris encore.

Je retourne maintenant aux souvenirs personnels de mon commandement, qui débuta comme toujours par une station de dégrossissage des équipages aux Salins d'Hyères. De là, je devais, suivant l'usage, conduire l'escadre à Tunis. Ces deux mouillages, Hyères et Tunis, étaient depuis quelque temps les deux seuls lieux de séjour permis à l'escadre. Elle faisait la navette de l'un à l'autre, navigation des plus ennuyeuses. A Tunis, rade ouverte, on ne faisait que rouler, très loin de terre, sans possibilité de donner aucune distraction aux équipages. J'avoue que je me récriai contre ce champ d'exercice étroitement circonscrit, dont nous avions l'air de ne pas oser sortir. « Nos équipages, dis-je au ministre, sont comme des écoliers. Pour les faire bien travailler, il faut en même temps les distraire, occuper leurs imaginations et leurs yeux. Pour combattre l'ennui et le découragement qui s'ensuit, laissez-moi promener l'escadre, faire voir du nouveau à ma jeunesse, et la conduire dans des ports où je puisse, sans inconvénient, rompre l'énervante monotonie de la vie de bord en l'envoyant se divertir à terre. »

Je gagnai ce point et nous allâmes d'abord au golfe Jouan. Croirait-on que jamais nos escadres ne visitaient ce mouillage excellent et ce lieu charmant. On était aux îles d'Hyères, on en sortait pour évoluer au large, mais on rentrait bien vite le samedi aux mêmes îles d'Hyères, afin que les maris de l'escadre pussent aller le dimanche accomplir leurs devoirs de famille à Toulon. Je fus le premier à rompre cette règle. Le golfe Jouan, Cannes, pays délicieux, n'étaient pas alors ce qu'ils sont maintenant. Il n'y avait à Cannes qu'une villa, une seule, la villa Eléonore, construite par lord Brougham, le Christophe Colomb de la contrée. En allant et venant de sa villa en Angleterre, il passait toujours par les Tuileries et nous vantait les charmes de cette côte adorable : il fit un soir, pour ma mère, un dessin représentant sa villa, dessin que j'ai encore. Les distractions de Cannes à cette époque consistaient uniquement en fêtes villageoises appelées en Provence *Romerages*, équivalentes aux Pardons de Bretagne. On s'y rendait à pied, le pays ne possédant aucune voiture. Je me souviens d'être allé au Romerage de Valauris où les petites Provençales en jupons courts,

bas bruns et chapeaux noirs à grands bords, s'en donnaient à cœur joie sous les ombrages, au son du *galoubet*, pendant que le regard s'étendait à travers les chênes-verts sur ces immenses horizons de mer bleu-lapis, propres à la Méditerranée. C'était plus primitif qu'aujourd'hui, mais non moins séduisant.

Après Cannes il nous fallut aller à Tunis, mais en passant nous nous arrêtâmes aux Baléares et à Palma de Majorque, où les autorités espagnoles nous firent grand accueil et m'autorisèrent avec bonne grâce à faire d'intéressants exercices de débarquement. Le capitaine général qui me donnait ces autorisations s'appelait Tacon et avait reçu le titre de *Duque de la Union de Cuba*, par suite de services rendus comme gouverneur général de Cuba. C'était un homme supérieur qui, pendant le plus éclairé, mais aussi le plus absolu des gouvernements, avait porté cette colonie au plus haut degré de prospérité. Quelques difficultés avec le gouvernement de la métropole l'avaient fait rappeler et il était à Majorque en semi-disgrâce. Déjà âgé, il était coiffé d'une perruque d'un noir éclatant, et la chronique locale affirmait que cette perruque était faite avec les cheveux d'une amie qu'il avait fait raser par jalousie. Don Jaime, roi d'Aragon, est enseveli dans la belle cathédrale de Palma. Son corps repose dans la sacristie, enfermé dans le tiroir d'une espèce de bahut où je l'aperçus étendu, tandis que l'un des chanoines, pour me montrer sa parfaite conservation, lui tambourinait sur le ventre avec ses doigts.

En passant aux Baléares, nous remplîmes un pieux devoir. Après la triste capitulation de Baylen et son indigne violation, nos malheureux soldats, victimes de cette faiblesse et de cette déloyauté, furent jetés sur un îlot appelé Cabrera, îlot pelé, désert, où la plupart moururent de faim, oubliés, abandonnés du monde entier. Informé que leurs ossements gisaient sans sépulture, épars sur l'île, je les envoyai recueillir et rassembler en terre chrétienne, et sur cette terre s'éleva, par les soins de notre consul Cabarrus, un monument souscrit par l'escadre tout entière avec cette inscription :

A la mémoire des Français morts à Cabrera,
l'escadre d'évolution de 1847.

A l'inévitable Tunis, nous fîmes un court séjour. Nous le quittâmes couvert d'une pluie de présents, allant du Nicham en diamant à six mille douzaines d'œufs. Mais le peu de durée de la relâche était une nouveauté qui réclame quelques mots d'explication. Un de nos premiers soins, après notre conquête définitive de l'Algérie, avait été d'assurer la tranquillité de ses frontières de l'ouest et de l'est, du Maroc et de Tunis.

Du côté du Maroc il avait fallu recourir au canon pour atteindre ce but. Du côté tunisien, où la population est moins fanatique et moins guerrière, on avait procédé différemment. On s'était acquis l'amitié du bey, en lui assurant le maintien de son pouvoir contre les revendications de suzeraineté de la Porte. Mais tous les ans le sultan faisait mine d'équiper à Constantinople une force navale destinée à aller à Tunis, exercer cette suzeraineté, en renversant le bey, et tous les ans notre escadre se rendait à Tunis pour couvrir ce prince de notre protection et restait là à se morfondre tant que les ministres turcs, les diplomates hostiles à notre influence, les journalistes vendus au divan, s'amusaient à agiter l'épouvantail de la sortie du Capitan-Pacha. A force de se répéter chaque année cette fausse sortie de la flotte turque, cet envoi précipité de notre escadre à Tunis et son immobilisation dans ses eaux devenait une comédie, dans laquelle le rôle ridicule était pour nous. Aussi lorsque je pris le commandement de l'escadre avec perspective de la voir encore condamnée à cette pantalonnade, je ne pus m'empêcher de faire à ce sujet quelques représentations à M. Guizot, esprit large et résolu, aussi soigneux de la dignité de son pays que de la sienne. Justement cette année 1846 le bey de Tunis avait à se plaindre d'intrigues, d'agitations soulevées sur sa frontière orientale, par le pacha turc, gouverneur de la Tripolitaine.

« Au lieu de laisser l'escadre croquer le marmot à Tunis, dis-je à M. Guizot, envoyez-la à Tripoli où sa présence sera une surprise, car les escadres des nations étrangères n'y vont jamais. Je ferai une visite au pacha et lui tiendrai un ferme langage. Les rôles seront renversés et nous serons débarrassés, je le crois, des taquineries diplomatico-turques à l'endroit de Tunis. »

M. Guizot approuva le raisonnement ; j'eus l'ordre secret d'aller à Tripoli et, à la joie de toute l'escadre, nous quittâmes Tunis. Bien avant d'apercevoir la côte tripolitaine, on la devine aux reflets d'un rouge sinistre dont elle colore le ciel. Bientôt quelques bouquets de dattiers sortent de l'eau, et enfin apparaît une langue sablonneuse, horrible, dont l'uniformité rectiligne n'est interrompue que par l'amas de maisons blanches, à terrasses, les minarets et les fortifications de la ville de Tripoli. Quelques récifs forment un port, peu sûr pour de petits navires, remarquable par la transparence de ses eaux. A huit ou dix mètres de profondeur, on peut suivre dans ses plus minimes détails toute la vie sous-marine. Nos vaisseaux, vu leur grand tirant d'eau, durent mouiller en pleine mer, en face de la ville, et y furent secoués par la houle d'une espèce de coup de vent du nord dont le souffle ne parvint pas jusqu'à eux. Notre arrivée, rapide, imprévue et totalement inusitée, causa une certaine sensation dans les consulats comme au château du pacha, et nous vîmes accourir à bord une foule de personnages porteurs de compliments, mais surtout très anxieux de connaître le but de la visite de toute une escadre. L'envoyé du pacha se présenta avec le flot de paroles mielleuses de la politesse orientale, escorté de la *diffa* classique. Il n'apportait pas six mille douzaines d'œufs comme à Tunis ; je crois qu'on aurait eu de la peine à les trouver dans ce pays déshérité, mais un contingent respectable de poules caquetant et de moutons en proie au mal de mer. Nous acceptâmes ces bêtes, premier témoignage de nos intentions pacifiques, qui lui causa une évidente satisfaction, et je lui fis dire que je ferais demander une entrevue à son maître par notre consul.

Sitôt cette entrevue convenue, je m'y rendis accompagné de nombreux officiers. Les rues par lesquelles nous dûmes passer étaient sales, étroites, misérables, et ne donnaient pas l'idée d'une ville enrichie par le commerce du Fezzan et de l'Afrique centrale dont Tripoli est l'entrepôt. Ces rues étaient sur notre passage encombrées de curieux et principalement des trois mille oisifs composant la garnison, en grande majorité des Arnautes d'Albanie, hommes superbes, aux yeux bleus et longues moustaches blondes, portant la fustanelle et le pittoresque costume palikare. Je ne dirai pas que les regards qu'ils lançaient sur nous fussent bienveillants, mais leur attitude fut parfaitement convenable. Nous grimpâmes au château du pacha, au *Konak*, par de nombreux escaliers et on nous introduisit dans une salle presque à jour, avec de grandes fenêtres ayant vue sur la mer et laissant entrer  une brise rafraîchissante. Le pacha me fit asseoir auprès de lui sur un large divan et, après les compliments classiques, les pipes, le café, les confitures furent apportés cérémonieusement par de nombreux serviteurs. Ces préliminaires accomplis, je dis au drogman de prier le pacha de bien faire attention aux paroles que j'allais lui adresser. Il se fit alors un grand silence; tous nos officiers, qui remplissaient une moitié de la salle, et tous les officiers ou secrétaires turcs, qui remplissaient l'autre, tendant l'oreille. Mon discours fut court.

« Nous venions saluer à Tripoli le représentant du Sultan avec qui nous étions en amitié séculaire. Mais pour que cette amitié ne fût pas troublée, il était *essentiel* qu'aucun acte d'hostilité directe ou indirecte, par terre ou par mer, ne fût commis contre le bey de Tunis, également notre ami, *essentiel* que des deux côtés rien ne vînt compromettre les rapports de bon voisinage. Nous en avions fait la recommandation à Tunis et nous venions également la faire à Tripoli. Notre visite, *toute amicale*, était la preuve du prix que nous attachions au maintien des bons rapports entre les deux régences et, par suite, entre la France et le gouvernement du Sultan. »

C'était tout.

Quand j'eus fini, le pacha dont le visage avait, bien entendu, conservé pendant mon discours l'impénétrabilité la plus orientale, me fit un salut avec la main sur la poitrine en me regardant fixement. Il avait compris et je crus saisir dans son regard un éclair de soulagement. Peut-être sa conscience lui avait-elle fait craindre pire. Il envoya un bâtiment à Malte, porteur de plis pour Constantinople. De même je rendis compte à M. Guizot et avisai notre ambassadeur près de la Porte, M. de Bourqueney, mais notre rôle de sentinelle à Tunis n'eut plus à se renouveler.

Je repris immédiatement la mer avec l'escadre. L'ennui de cette visite tripolitaine fut la quarantaine dont elle nous frappait à notre retour sur les côtes civilisées. Pour utiliser cette séquestration obligatoire, je demandai au gouverneur de Malte de me donner des garde-santé et, sous leur surveillance de me compter comme temps de quarantaine les dix jours que je passerais en croisière en vue de l'île, arrangement auquel le bon vouloir et l'esprit pratique des autorités anglaises se prêta sans hésiter. Ces dix jours s'écoulèrent en exercices et en manœuvres de tous genres, puis l'escadre alla se distraire sur les côtes de Sicile, de Naples. Des relâches charmantes furent faites à Syracuse, Augusta, Messine, puis à Naples. Je profitai de ces relâches pour satisfaire ma passion des montagnes, en faisant l'ascension de l'Etna, ascension dont Alexandre Dumas a fait une description à laquelle je renvoie le lecteur.

Arrivés la nuit au sommet, nous vîmes d'abord à nos pieds l'immense cratère, de plusieurs kilomètres de tour et tout feu et fumée, d'où s'élevaient de gigantesques monolithes de pierres noires, vertes, rouges, jaunes, de toutes couleurs. Puis le soleil levant nous éclaira en laissant autour de nous l'horizon dans la nuit, et quand enfin sa lumière se fut répandue partout, excepté sur l'ombre géante de la montagne, nous vîmes la Sicile et la Calabre à nos pieds, comme une immense carte, entourée de tous côtés par la mer bleue : un spectacle d'une grandeur saisissante ! Nous descendîmes rapidement, en faisant des enjambées de dix mètres, par le talus croulant de *pouzzolanes* du Val de Bove, à Giarre, où un des vapeurs de l'escadre devait nous reprendre et où, en l'attendant, nous prîmes un délicieux bain de mer. Nous allâmes au-devant du bateau à la nage et je m'amusai de l'étonnement de son commandant, perché sur sa passerelle, en entendant sortir de la mer une voix impérative qui lui était bien connue, le hélant et lui ordonnant de stopper. L'escadre se trouva à Messine le 15 août, jour de la *Barra*, fête en l'honneur à la fois de l'Assomption de la Vierge et de l'entrée à Messine du comte

Rogèr, après sa victoire sur les Sarrasins. Comme coup d'œil et couleur locale, cette fête, qui ne le cède qu'à celle de Sainte-Rosalie à Palerme, fut des plus intéressantes. Mais un détail me fit horreur, la vue d'un char immense, traîné à bras par une foule ivre d'enthousiasme, char couvert du haut en bas de saints, de vierges et d'anges représentés par des jeunes gens des deux sexes, le tout surmonté, à une grande hauteur, d'un immense soleil à rayon dorés. Jusque-là rien à reprocher, mais quand le char était en mouvement, un mécanisme ingénieux faisait tourner le grand soleil et au bout de chacun de ses rayons, de barbares parents avaient suspendu, à l'aide d'espèces de ceintures de pompiers, de malheureux marmots costumés en chérubins et couronnés de roses. On devine quel supplice pour ces pauvres petits êtres, ainsi suspendus par le ventre, exposés à un soleil ardent, avec toutes les secousses que le fonctionnement cahoteur de l'appareil leur imprimait. Quand l'abominable machine passa devant ma fenêtre, au milieu des chants, de la musique, des acclamations, la plupart de ces pauvres enfants pendaient sans connaissance au bout des rayons du soleil qui tournait avec de violentes secousses. C'était hideux, mais nous étions seuls à nous en apercevoir et à nous en indigner.

A Naples je reçus l'ordre d'aller à Rome, complimenter au nom de la France le nouveau pape Pie IX, dont l'élection venait d'avoir lieu. Je me mis en route immédiatement par Civita-Vecchia et arrivai à Rome, au palais de l'Ambassade, la nuit. Au jour, un grand bruit me fit ouvrir précipitamment ma fenêtre, désireux d'avoir l'explication de ce vacarme et de jeter un premier coup d'œil sur la Ville éternelle, où je n'étais jamais venu. Il pleuvait, et aux fenêtres de toutes les maisons, comme à celles d'une caserne en face, habitants et soldats criaient tous à tue-tête : « *Acqua ! Acqua ! Acqua !* » comme si tous les cacatoès d'Australie se fussent abattus sur la cité papale. Il paraît que la pluie s'était longtemps fait attendre. Mais cette première impression romaine ne fut pas très émouvante. Du reste je n'eus guère l'occasion d'en recevoir d'autres. Pour bien marquer que je venais à Rome uniquement pour le pape, j'y restai seulement deux jours. Hors le pape, je n'y vis donc rien, ou je passai tellement au galop devant tout ce qu'on me montra que cela revenait au même. J'appartins complètement pendant ces quarante-huit heures à notre ambassade, et je ne pouvais être en meilleures mains. Nous avions alors des représentants dignes de ce nom, de vrais diplomates. L'ambassadeur était M. Rossi, mon ancien professeur, une âme généreuse et un grand esprit destiné à être bientôt victime d'un des crimes les plus lâches de la gent révolutionnaire. Le secrétaire d'ambassade était le duc de Broglie actuel. Ce fut par eux que je fus conduit près du pape. Très ignorant du cérémonial à observer, je demandai à M. Rossi comment je devais appeler le pape. « *Très chaint-Père ou cha Chainteté,* » me répondit-il avec un accent que je n'eus garde d'employer. Après avoir passé devant les charmants gardes-suisses en costume du xvie siècle, l'officier en cuirasse et casque de ligueur, — puis devant les gardes-nobles et un immense état-major ecclésiastique en violet, je m'inclinai profondément devant le Saint-Père et baisai son anneau en grande émotion. Relevant les yeux, je vis un beau vieillard, de taille élevée, à physionomie très douce et tout vêtu de blanc, à qui je délivrai le message dont j'étais chargé. J'eus en cet instant la vision d'un beau rêve que M. Rossi chercha à réaliser plus tard. Ce rêve était l'alliance intime de la France avec une confédération de tous les États italiens, déjà nos alliés, soit par relations de familles souveraines, soit par communauté d'intérêts de toutes sortes, sous le protectorat du pape, à la fois notre ami dévoué et chef de la catholicité dans le monde entier. Mais ce beau rêve ne devait pas se réaliser ; son patriotique promoteur, M. Rossi, fut assassiné, et toutes les passions révolutionnaires, anti-religieuses, anti-françaises se coalisèrent pour le faire échouer. A sa place nous avons l'Unité italienne et le pape détrôné !!!

Après une agréable soirée à l'ambassade en compagnie du cardinal Gizzi, de monseigneur de Falloux, des princes et princesses Massimo et d'une très aimable jeune femme, la princesse Rospigliosi sœur d'un aspirant de marine attaché à mon état-major, Champagny, plus tard duc de Cadore, je retournai à Naples par les Marais Pontins et Terracine où tous les refrains du *Fra-Diavolo* d'Auber me revinrent sur les lèvres.

L'escadre resta dans les eaux de Naples jusqu'à la fête de Pie di Grotta, à l'occasion de laquelle le roi passa une grande revue où il m'emmena, revue bruyante, animée, passée dans la rue de Tolède, cette grande artère de la ville, à échappées pittoresques sur le Vésuve. Il y avait là une garde nationale de récente et fâcheuse création, puis l'armée, mais il y avait surtout quatre régiments suisses avec leur artillerie, formant une magnifique division en uniformes rouges. Tant que cette division sera là, me dis-je, pas de révolutions à craindre, mais précisément parce que sa vaillante fidélité promettait aux entrepreneurs de séditions une réception peu de leur goût, les prudents condottieri modernes, agitant leur plume de guerre, réclamaient déjà à grands cris son licenciement. J'eus le cœur serré de voir l'accueil glacial fait à ces braves régiments lors du défilé, et je ne pus me défendre de sombres pressentiments. Cette ancre de salut de la monarchie napolitaine ne tarda pas à être brisée par une de ces capitulations devant l'émeute si fréquentes de nos jours, capitulations désastreuses, dont le funeste et démoralisant exemple mène droit aux capitulations bien autrement lamentables hélas ! les capitulations devant l'ennemi.

Au moment où j'accompagnais le roi à cette revue, ce n'étaient pas seulement ses régiments suisses qui se trouvaient en butte aux attaques des agitateurs, mais sa personne, son gouvernement ; une sorte de conspiration générale s'organisait contre eux. Fomentée principalement par des agents étrangers, diplomatiques même, abusant ouvertement de l'impunité que leur assuraient leurs fonctions, elle se propageait par le fléau des sociétés secrètes, fléau endémique chez les Italiens. Contre ce courant révolutionnaire, roi et gouvernement se défendaient comme ils pouvaient et faisaient bien, dans l'intérêt général, toute révolution n'engendrant que des ruines. Mais à côté des aventuriers ne reculant devant aucun crime, prêchant le pillage et l'assassinat, se trouvaient des Napolitains honorables, éclairés, voulant la réforme des abus (et Dieu sait s'il y en avait !) et l'amélioration progressive des conditions morales et matérielles de l'existence. Malheureusement c'était surtout contre ces hommes coupables du seul délit d'opinion, que s'acharnaient de préférence les brutalités, et j'ajoute les horreurs de la répression. Les prisons où on les enfermait étaient à cette époque de véritables bouges, et je crains bien qu'elles ne le soient encore aujourd'hui dans toute l'Italie; que le bagne actuel de Pescara, par exemple, ne le cède en rien, en fait d'abominations, à ce qu'était, il y a quarante ans, le bagne de Nisida. Quand les peuples longtemps arriérés veulent faire tout à coup un nettoyage, en imitation de nations plus avancées, ils ne s'occupent guère que de nettoyer la façade, laissant subsister derrière elle les immondices cachées, dont ils ont l'habitude. Si je mentionne ici ces affreuses prisons, c'est que pendant le séjour de l'escadre je me rendis coupable de leur arracher deux hommes distingués, très recherchés par la police pour ce délit d'opinion dont je parlais plus haut. M. Lutteroth, secrétaire de l'ambassade, alla les chercher la nuit dans leur cachette et je les fis embarquer de suite sur un de mes navires qui se rendait à Tunis. J'ai oublié leurs noms. Ce n'est pas du reste le seul sauvetage fait par nous, et par pure humanité, dans le personnel politique italien. Bien après la circonstance dont je parle, un officier piémontais qui avait fait une brillante carrière dans notre armée d'Afrique à côté de mes frères, demanda à Aumale de le mettre en rapport avec ma mère. Il la conjura, en sa qualité de femme et de napolitaine, de sauver de la potence un prisonnier gravement compromis, son parent ou son ami (je ne me rappelle plus lequel des deux) et, sur ses instances, ma mère écrivit au roi Ferdinand une lettre des plus pressantes. Le roi, qui avait conservé pour sa tante la plus respectueuse et la plus tendre affection, heureux aussi, je n'en doute pas, car il était bon, d'avoir l'occasion de faire passer l'indulgence avant la raison d'Etat, accorda à ma mère la grâce demandée. L'homme ainsi épargné s'appelait Nicotera.

Ceci posé, comme on dit en mathématiques, je me retrouve avec l'escadre à la Spezzia, une baie magnifique, dont nous étions alors seuls à faire usage, mais où, depuis, les Italiens ont fondé un grand arsenal. Baie très sûre, très favorable aux exercices. Je lui reproche cependant un inconvénient : je n'y ai jamais mené nos vaisseaux sans qu'une épidémie de rhumes, d'influenza, atteignant trois ou quatre cents hommes par navire, n'ait sévi sur nos équipages, épidémies dues, selon moi, à l'élévation des montagnes boisées qui abritent la baie du côté de l'ouest, et aux transitions subites du soleil dans toute sa chaleur à une ombre très fraîche. La vue de nos vaisseaux attira quelques touristes, et je vis paraître un matin à bord de mon vaisseau une société composée entre autres du marquis de Boissy, un spirituel et remuant pair de France, marié à la comtesse Giuccioli, de byronienne mémoire, et du marquis Oldoini qu'accompagnait une ravissante jeune personne, sa fille, devenue plus tard la superbe comtesse de Castiglione. M. de Boissy voulut me parler politique et me répéter la fameuse phrase : « Soyez forts ! » Mais quand on abordait avec moi les questions de politique intérieure, où je n'avais aucun rôle, ma surdité partielle devenait complète.

De nouvelles croisières, de nouvelles manœuvres navales conduisirent l'escadre à Alger où elle se trouva en juin 1847, au moment où le maréchal Bugeaud quittait le gouvernement général de la colonie. A son départ nous lui rendîmes les honneurs vice-royaux, et je vois encore sa tête blanche et énergique, lorsque, debout et découvert sur la passerelle du bâtiment qui l'emportait, il traversa lentement les lignes des vaisseaux, au bruit du canon, des tambours, des musiques jouant la *Marseillaise* et des acclamations des équipages. Il quittait avec tristesse et pour toujours cette terre d'Algérie qu'il avait tant contribué à faire française ; mais l'horizon s'assombrissait en Europe, des événements graves s'y préparaient sans aucun doute, et si la guerre sortait de ces événements, la France aurait trouvé, dans l'homme que nous saluâmes, un général que tous, sans exception, auraient suivi avec le même dévouement et la même confiance profonde. Pour nous, Français, cette confiance dans le chef, qui enhardit tout le monde et supprime les hésitations, est la moitié du succès. Non seulement Bugeaud la possédait entière, mais elle était également acquise à ses lieutenants. Pendant quinze ans de combats, d'expéditions partielles où ils avaient tous, à tour de rôle, exercé des commandements isolés, ils avaient donné, au soldat comme à l'officier, la mesure de leur valeur, de leur intelligence, de la manière dont ils portaient le poids de la responsabilité non partagée, la grande épreuve du chef! C'était immense! A-t-on tiré tout le parti qu'on pouvait de cet ensemble d'hommes de guerre, ainsi sacrés d'avance par l'opinion militaire, et la funeste politique n'en a-t-elle pas éparpillé le faisceau?

Je profitai du séjour de l'escadre à Alger pour faire une excursion à Boghar, à la frontière du désert, et l'excursion fut aussi amusante qu'intéressante. Ma première étape fut Blidah où je fis une entrée originale, entouré des autorités venues au-devant de moi, au monument du sergent Blandan. Je n'avais pas fait cent pas au milieu de ces messieurs que la plus franche cordialité s'établissait entre nous. A ma droite le colonel Claparède, commandant supérieur, que je voyais pour la première fois, me demandait si j'avais jamais eu la *bêtise* d'être amoureux; à ma gauche, le colonel Bâville, des chasseurs d'Afrique, dont le visage était également nouveau pour moi, s'informait si je ne trouvais pas comme lui que le climat d'Afrique portait fortement à la génération, pendant que Bourbaki, chef du bureau arabe, le fusil à la main, faisait furieusement la fantasia devant nous, à la tête du goum des Hadjoutes. A Médéah, où je me rendis par le col de Mouzaïa, afin de visiter ces lieux témoins de tant de combats où souvent les miens avaient pris une part glorieuse; nouvelle réception, nouvelle fantasia, mais cette fois faite à pied par les Coulouglis et les Beni-Mzab, en grands chapeaux garnis de plumes d'autruche, et imitation grotesque de cette fantasia par des miliciens colons ivres, qui viennent me tirer des coups de pistolet dans la figure et me criblent le visage de grains de poudre. Le général Marey, qui commandait à Médéah, était propriétaire du vin de la Romanée en Bourgogne et il nous en fit boire au dîner qu'il nous donna, ce qui ajouta à la cordialité universelle. Eh oui! un verre de bon vin de France, bu loin de la patrie et de ses discordes, entre camarades toujours prêts à se faire tuer pour elle, est un bon souvenir!

Boghar, laid, brûlant, serait un lieu inhabitable, n'étaient les eaux du Chéliff qui l'arrosent. Les nécessités de la conquête en avaient fait un poste de ravitaillement de nos colonnes, et on venait d'y faire l'essai d'approvisionnements d'un nouveau genre, qualifiés de *rations maigres*. Ces rations se composaient de biscuit et de morue sèche, qui, faute d'être distribuées dans les délais prévus, commençaient à se détériorer. Pour éviter une perte financière, on s'était empressé d'envoyer à Boghar une garnison assez considérable, chargée de la mission peu agréable de consommer ces vivres. Sous la direction énergique du chef qui la commandait, M. de Monet, depuis général et amputé des deux bras en Crimée, le moral était bon, mais l'état sanitaire détestable. Aussi, quand je reçus les officiers, un capitaine du génie se fit-il, avec l'assentiment tacite de son chef, l'interprète de tous pour me demander d'élever la voix, afin de mettre un terme à des souffrances cruelles. « A l'insalubrité locale, me dit-on, s'ajoute l'empoisonnement. On nous a envoyés ici uniquement pour manger du biscuit avarié et de la morue gâtée. Le soldat n'a pas d'autre nourriture et le pays ne produisant rien, il est impossible d'y apporter la moindre variété. Aussi tout le monde est-il plus ou moins malade et si cet état de choses se prolonge, nous y mourrons tous. » On m'avait attaché comme aide de camp dans ma tournée un officier distingué, M. de Cissey, qui sur mes instances prit en mains la cause de ces braves gens et se chargea de mettre leurs plaintes sous les yeux du gouverneur général.

J'eus à ce même Boghar un spectacle moins triste : celui d'une nouvelle et colossale fantasia faite par des milliers d'Arabes accourus de tous côtés. Elle était dans son plein, lorsqu'on vit arriver une tribu, et la plus pittoresque de toutes, la tribu des Ouled-Naïls, qui avait fait trente lieues pour venir rendre hommage, en ma personne, au *fils du Sultan*. La tribu avait amené quinze cents cavaliers et leurs femmes, portées sur une centaine de chameaux, dans ces espèces de palanquins couverts d'étoffes éclatantes qu'on appelle des atatichs. A leur arrivée, la fantasia devint furibonde ; les cavaliers du sud, en élégants costumes, y déployaient toute leur adresse et, quand l'un d'eux avait accompli quelque brillant tour de force, de tous les palanquins, comme des tribunes d'un cirque, partaient les you-you assourdissants les femmes.

Comme fond de tableau à cette scène éminemment pittoresque, je voyais, sous un soleil ardent, un horizon immense, borné par les montagnes de Bou-Cada et de Taguin, où mon frère Aumale prit la smalah. A mon retour de Boghar, je visitai les ateliers militaires de la gorge de la Chiffa, où le 33e de ligne construisait dans des conditions difficiles et dangereuses une route monumentale, et je rapportai de ma course africaine de nouveaux sentiments d'admiration et de respect pour nos soldats, aussi patients devant la misère, aussi rudes travailleurs sur des ateliers périlleux que braves au combat.

Après son séjour d'Alger, l'escadre reprit le cours de sa croisière. Nous fîmes beaucoup de mer, bien plus qu'on n'en peut faire aujourd'hui où la moindre navigation coûte des sommes considérables de combustible. Un soir, l'escadre jeta l'ancre dans une baie de l'île de Sardaigne où jamais, au grand jamais, on ne mouillait, mais qui, en belle saison et pour une nuit, offrait un lieu de repos agréable. J'autorisai, après dîner, les états-majors à aller à terre. Ils trouvèrent le rivage désert, les quelques maisons qu'ils aperçurent barricadées, mais si la population humaine faisait défaut, le gibier abondait dans une proportion incroyable ; on marchait sur les lièvres. Enfin on joignit un habitant, puis d'autres et les bonnes relations s'établirent. La population avait fui devant nous, nous prenant (je ne plaisante pas) pour les Barbaresques venant faire une razzia d'esclaves. Les informations arrivent lentement dans ces parages. Cagliari, Palerme, Livourne, Spezzia, Gênes, furent successivement visitées, puis l'escadre rentra à Toulon pour hiverner.

Sauf ces mois d'hiver, j'avais terminé mes deux ans de

commandement. Je devais être remplacé au printemps. Très fatigué et assez souffrant, je demandai à être relevé de mes fonctions, et le 26 novembre, je remis le commandement de l'escadre à l'amiral Tréhouard, qui venait de commander une de ses divisions sous mes ordres. Un brave Breton que ce Tréhouard, ayant dans sa carrière un superbe fait d'armes, le combat d'Obligado dans la Plata, où il commandait la partie française d'une escadrille anglo-française, chargée de forcer le passage du fleuve, défendu par un barrage et de nombreuses batteries. La petite flottille rencontra une résistance énergique et tenace. Plusieurs de ses navires furent mis hors de combat, entre autres celui de Tréhouard, désemparé et ayant la moitié de son équipage par terre. La lutte se prolongeait et menaçait de tourner en échec pour les nôtres, quand d'une part le commandant anglais Hope, se jetant dans ses embarcations, alla sous une grêle de projectiles couper le barrage, tandis que Tréhouard passait sur le dernier de ses bâtiments resté valide, l'*Expéditive*, et ordonnait à son commandant, M. de Miniac, une jambe de bois de Saint-Jean-d'Ulloa, d'aller l'échouer à bout portant de la principale batterie ennemie. Après une lutte d'un moment et malgré les cris des officiers argentins de : « *Fuego al pelo blanco!* — Feu à la tête blanche! » — blanche avant l'âge, de Tréhouard, debout sur son gaillard d'arrière ; l'effet naval et matériel de ce corps à corps amena la débandade de l'adversaire. Tréhouard fut fait contre-amiral, et jamais grade ne fut mieux mérité. A ses côtés fut tué un jeune officier plein d'avenir, Hello, que son père, un de mes amis, m'avait confié à sa sortie de l'École navale et dont j'avais, pendant plusieurs années, affectueusement dirigé la carrière. Chaque fois que je passe sur nos places publiques devant une de ces banales statues élevées à des bavards décédés tranquillement dans *leurs lits*, je pense à tous ces braves gens, morts obscurément pour la patrie, sans autre oraison funèbre que les larmes de la famille désolée, mais emportant avec eux, là-haut, la fière consolation du devoir accompli.

Je revins à Paris. Dans quel état le trouvai-je ? La politique avait tout envahi. Toujours assommante, elle allait devenir néfaste pour les hommes d'ordre, glorieuse pour les agents de désordre, mais surtout désastreuse pour le pays, comme les événements ne l'ont que trop prouvé. Je n'en dirai pas long sur cette triste époque où mes souvenirs personnels se confondent avec une page d'histoire connue de tous.

Vers le commencement de l'hiver de 1848, les médecins déclarèrent que ma femme très souffrante devait aller passer dans le Midi le temps des grands froids et je m'embarquai avec elle et mes enfants pour Alger où je rejoignis mon frère Aumale, devenu gouverneur général de la colonie. J'y arrivai plein de sombres pressentiments et convaincu qu'à force de vouloir respecter ces entraves, soi-disant légales, qui paralysent les gouvernements, et gênent si peu les révolutionnaires de tous les temps, on finirait par être débordé, et par entendre sonner l'heure fatale, le *trop tard* de toutes les révolutions. Je ne croyais pas, seulement, que ce moment fût si proche, car j'étais à peine installé à Alger, lorsqu'un beau matin la bombe éclata avec l'annonce de la révolution de Février et de la proclamation de la République. La nouvelle se produisait sous forme de bruits vagues, de renseignements incertains, de *on-dit*, transmis de Marseille. Quel était leur degré d'authenticité ? Le mouvement était-il général ou confiné à

Paris seulement? Y avait-il quelque part un centre de résistance? Sur ces divers points, les premiers bruits étaient muets ; muets aussi sur le sort du Roi et des miens dans la bagarre. Nous en étions aux conjectures les plus diverses et à nous demander si nous ne devions pas partir à l'instant pour la France, lorsqu'une corvette à vapeur, expédiée de Toulon, m'apporta la dépêche suivante :

Du 25 février 1848, à 8 h, 1/2 du soir.

Le Ministre de la marine à Monsieur le Prince de Joinville.

« Prince,

» Le salut de la patrie exige que vous ne fassiez aucune tentative pour détourner les équipages ou les soldats de la marine de l'obéissance au Gouvernement provisoire.

» Il importe que vous renonciez jusqu'à nouvel ordre à mettre le pied sur le sol de la France et à communiquer avec aucun navire de la flotte.

» Prince,

» Votre cœur patriotique saura se résigner à ce sacrifice et l'accomplira sans hésitation. Tel est l'espoir que le Gouvernement provisoire met en vous.

» ARAGO. »

Le signataire de cette dépêche avait été mon professeur, et j'étais resté en rapports affectueux avec lui, mais l'aplomb avec lequel cet homme, ce grand savant, sans doute, qui jusqu'ici n'avait fait que des chiffres et manié que des télescopes, s'investissait lui-même d'une autorité suprême, me confondit. Indigné de la sommation qu'il m'adressait, de ne faire « aucune tentative pour détourner les équipages ou les soldats de la marine de l'*obéissance* » à son gouvernement d'une heure, en d'autres termes de la violation de serment qu'il allait imposer à tous ces braves gens, j'oubliai et mes vieilles relations avec l'homme et la forme courtoise de sa dépêche. Aussi fût-ce avec un premier mouvement de colère que je tendis la dépêche à lire à Changarnier, commandant des troupes, et à M. Vaïsse, le secrétaire général civil, qui étaient présents dans le cabinet de mon frère. Je leur dis : « C'est la sommation d'un ennemi, il faut faire le contraire ! » Mais M. Vaïsse resta silencieux, Changarnier hocha la tête. Je me souvins, hélas ! qu'à notre époque de progrès la religion du serment n'était plus qu'un vain mot, — je rentrai dans mon sang-froid.

Par la même corvette à vapeur qui m'avait apporté la dépêche, était arrivé de Paris mon aide de camp, le commandant Touchard. Il avait assisté à l'écroulement, aux injures dont la garde nationale avait accablé mon frère Nemours, lorsqu'il était venu lui demander une démonstration de résistance à l'émeute ; il avait assisté à l'abdication, aux scènes de la Chambre, au départ du Roi. De même par toute la France qu'il venait de traverser, excepté à Toulon où la main ferme de la marine se faisait sentir, Touchard avait été témoin de l'empressement du grand nombre à spéculer sur le fait accompli, dans une lutte de vitesse à qui offrirait le premier ses services au Gouvernement provisoire, avant même que le cadavre de la monarchie constitutionnelle fût refroidi.

Evidemment celle-ci était morte, morte sans s'être défendue. Le courage du Roi était indiscutable, il en avait donné maintes preuves : sur les champs de bataille, à Valmy, Jemmapes, Nerwinde, sous les balles des assassins, vingt fois dirigées contre sa personne. Avec un courage plus rare encore, jamais il n'avait hésité à braver l'impopularité là où l'intérêt du pays lui était clairement apparu. Seulement, aussi honnête que courageux, il avait voulu rester fidèle aux institutions qu'il avait juré de maintenir, bien que l'opposition eût depuis longtemps cessé de respecter la fiction constitutionnelle, pour se faire révolutionnaire, et s'attaquer non pas à d'éphémères ministres, mais à sa personne et à tout l'édifice dont il occupait le sommet. Si en face d'une révolution menaçante, il eût voulu prendre une initiative prévoyante, les moyens ne lui eussent pas manqué. Quand on dispose de l'armée et de l'administration, on peut faire ce que l'on veut. La révolution a tué chez nous tout respect, hors celui de la force, et il est bien vrai de dire que si la force engendre le respect, le respect engendre l'affection. Mais le Roi, le plus modéré des hommes, ne voulait sortir de la légalité qu'à la dernière extrémité et ce trait de son caractère était connu de tous, amis comme ennemis. S'il décourageait quelque peu les uns, il encourageait au contraire les autres ; aussi le signal du recours à la force partit-il d'en bas ; les prétoriens de la rue s'insurgèrent et la défensive légale se vit partout débordée. En quelques instants, le désordre fut général et la révolution faite.

Et cependant, même à cette heure tardive, on a vu, dans d'autres pays que le nôtre il est vrai, des généraux, des chefs investis du commandement des troupes, tirer l'épée et sauver presque malgré eux souverains et gouvernements. On les a vus maintenir envers et contre tous le principe tutélaire de la monarchie traditionnelle inviolable, principe séculaire, absolu, traçant à tous la ligne du devoir indiscutable, sans hésitations ni compromissions possibles, principe pour lequel on se dévoue avec d'autant plus de fierté qu'il est impersonnel, le Roi n'étant pas l'élu de vainqueurs opprimant les vaincus, mais un vivant drapeau, signe de ralliement national pour tous les défenseurs de la patrie, soit contre l'ennemi du dedans, soit contre celui du dehors. Ce sauvetage quand même s'est vu, dis-je, en d'autres pays préservés ainsi des divisions, des désorganisations et catastrophes de tous genres, suites inévitables de révolutions, de bouleversements successifs. Mais malheureusement la royauté de Juillet était loin de représenter le principe héréditaire traditionnel, d'en avoir la force. Née d'une émeute, une émeute la renversait.

Édifiée sur le principe électif, elle succombait, comme en dérision de ce principe, en pleine majorité électorale. Vingt-deux ans après, l'empire s'écroulait à son tour, le lendemain d'un plébiscite triomphant. Suffrage restreint et suffrage universel ont donné tous deux la mesure de leur impuissance à défendre un gouvernement *qui a cessé de plaire*, contre les assauts de l'armée des : *Ote-toi de là que je m'y mette*, toujours déguisés en austères patriotes. Et je ne puis ici m'empêcher de faire un douloureux retour sur les fatales conséquences qu'ont eues pour nous cette impuissance du régime électif comparé au régime monarchique. Pourquoi le soir de Sedan, lorsque l'empereur s'est rencontré avec M. de Bismarck qui lui demandait de traiter au nom de la France, a-t-il refusé? Pourquoi ce malheureux prince n'a-t-il pas fait comme deux souverains franchement investis du droit et du devoir héréditaires, comme Victor-Emmanuel après Novare, comme François-Joseph après Sadowa, qui tous les deux ont sauvegardé leur territoire et l'honneur de leurs armées ? C'est que, souverain bâtard, il n'osait pas, une fois vaincu, reparaître devant ses électeurs.

Mais je reviens à mon récit, auquel je n'ai plus que quelques lignes à ajouter : on aurait pu prévenir la révolution et prolonger les jours du gouvernement de 1830. Une fois renversé, et la digue qui s'opposait au torrent démocratique emportée, ce gouvernement d'occasion et non de droit n'avait plus de raison d'être.

Cela étant, qu'allais-je faire ? Le rétablissement de la royauté légitime était hors de cause. Les désastres de la première période révolutionnaire ne s'étaient pas encore renouvelés avec leur terrible logique ; Sedan ne nous avait pas encore donné un second Waterloo. Aussi, bien peu de personnes songeaient-elles à cette époque à revenir au principe qui tient son investiture de tant de siècles d'unité et de grandeur assurés à la France, au seul principe capable de l'arrêter sur la pente de démembrement, de dépopulation, de destruction sociale sur laquelle elle glisse. Il était évident qu'au régime électif qui s'écroulait allait succéder un autre régime électif, un de ces édifices modernes, atteints, de quelque nom qu'on les décore, de la même faiblesse originelle. « Ce que le nombre a fait, le nombre a droit de le défaire. » C'est, comme on l'a dit naïvement à la tribune, le provisoire perpétuel. Sous ces créations éphémères, l'infériorité nationale vis-à-vis de gouvernements stables, à longues visées, est flagrante ; le sentiment du devoir s'effritte, les dévouements ne sont plus que prêtés avec réserve du lendemain, de ce lendemain inconnu, mortel aux initiatives hardies. Ainsi constituées, toutes ces créations se valent ; elles ne diffèrent que par l'étiquette, et ce n'était pas aux princes de la Maison de France à tirer l'épée pour imposer une forme plutôt qu'une autre de l'affaiblissement national.

Le gouvernement de mon père disparu, et le dévouement filial absolu à sa personne ne me dictant plus la ligne du devoir invariable, je voyais sans colère s'établir la forme républicaine dont je préférais la sincère netteté à toutes les combinaisons mixtes qui prétendent réconcilier deux principes opposés en leur mettant à tous deux les menottes aux mains.

Comme bien des gens aussi, je ne doutais pas que la secousse révolutionnaire n'entraînât, à brève échéance, une guerre générale. C'eût été crime alors d'ajouter aux dangers de la patrie les déchirements de la guerre civile.

Dès lors, la ligne du devoir était toute tracée.

La patrie avant tout! Dieu merci, ce mot d'ordre existe encore pour montrer leur chemin à ceux qui aiment leur pays quand même.

Donc, le premier accès d'irritation passé, je n'eus pas l'idée de revenir d'Afrique à main armée pour relever le trône renversé. Je me bornai à adresser à Arago une dépêche banale, puis j'utilisai les derniers jours qui me restaient à passer sur la terre française à suivre les travaux de défense ordonnés par mon frère, en vue de cette guerre, imminente peut-être, où, *soldats avant tout*, nous croyions, dans nos illusions de jeunesse, pouvoir conserver nos places de bataille.

Enfin le moment arriva où notre présence à Alger devint incompatible avec l'existence à Paris d'un gouvernement révolutionnaire, et où nous dûmes aller rejoindre à l'étranger notre famille exilée. Nous nous décidâmes, mon frère Aumale et moi, à nous embarquer pour l'Angleterre, avec nos femmes et nos enfants, à bord de l'aviso *le Solon*, commandant Jaurès.

Ce ne fut pas sans fierté, mais avec un profond serrement de cœur, que nous descendîmes la rue de la Marine, salués par le canon des forts et accompagnés jusqu'au bout par tous les corps d'officiers de terre et de mer, parmi lesquels nous comptions tant de vieux amis, de bons camarades.

Trente ans de ma vie s'étaient écoulés en France. En dépit du ver rongeur révolutionnaire, ma famille la laissait prospère, intacte, respectée, avec de magnifiques armées et une non moins magnifique colonie.

Je ne devais revoir mon pays que vingt-deux ans après, au milieu des horreurs de l'invasion, du démembrement, de la Commune.

FIN.

TABLE

DES

PLANCHES HORS TEXTE

		Pages.
1. — MA NAISSANCE		2
2. — ESCALIER DES TUILERIES		4
3. — LOUIS XVIII		6
4. — ARRIVÉE D'UN PRÉCEPTEUR		8
5. — BILLARD DU CHATEAU DE NEUILLY		20
6. — AU COLLÈGE HENRI IV		28
7. — BAL AU PALAIS-ROYAL		32
8. — LA GARDE ROYALE. — LES SUISSES		34
9. — UNE HÉROÏNE DE BARRICADE		40
10. — LES ZOUAVES A ALGER		52
11. — UN ACCIDENT A BORD DE LA « SIRÈNE »		66
12. — ATTENTAT DE FIESCHI		72
13. — INTÉRIEUR A BEYROUTH		82
14. — ÉMEUTE DANS LA MOSQUÉE D'OMAR		84
15. — CONSTANTINE APRÈS L'ASSAUT		98
16. — FUNÉRAILLES DU GÉNÉRAL DAMRÉMONT, A CONSTANTINE.		100
17. — SURPRISE DE VÉRA-CRUZ		134
18. — COMBAT DANS VÉRA-CRUZ		136
19. — LE GRAND BAZAR A CONSTANTINOPLE		150

TABLE DES PLANCHES HORS TEXTE

	Pages.
20. — LE BOSPHORE. — ÉCHELLE DE BÉCHIK-TASCH	152
21. — INCENDIE DE PÉRA	154
22. — SAINTE-HÉLÈNE	182
23. — SUR L'AMSTEL, EN HOLLANDE	192
24. — « BELLE-POULE » ET « CASSARD » APRÈS LA TEMPÈTE	228
25. — GRAND BAL AUX TUILERIES	232
26. — DANSE BRETONNE	250
27. — LE TAGE A LISBONNE	262
28. — DINER INTERNATIONAL SUR LES CÔTES DE GUINÉE	284
29. — UN ROI MÉLOMANE AU GABON	298
30. — ATTAQUE DE LA MOSQUÉE A MOGADOR	332
31. — PERTE DU « GROENLAND » AU MAROC	334
32. — BAPTÈME DU FILS DU DUC DE MONTEBELLO, A NAPLES	342

ÉVREUX, IMPRIMERIE DE CHARLES HÉRISSEY

www.ingramcontent.com/pod-product-compliance
Lightning Source LLC
Chambersburg PA
CBHW071059230426
43666CB00009B/1765